同志社大学人文科学研究所研究叢書 XLVII

カルチャー・ミックス

——文化交換の美学序説——

岡林　洋 編著

晃　洋　書　房

はじめに

まず編者がどのようにして本書のテーマを意識するようになり正式に決定したのかをすこし過去へ時間をさかのぼりながら明らかにしておきたい。私の心の中には、後に正式に本書のテーマに発展して行く話題のようなものが芽生えていた。最初の話題がいわば無意識のままに次の正式のテーマへの繋がりを求めだしたのである。しかしおそらく読者からすると発展して正式のテーマとなったものの方が、意味内容が分かりにくい。発展して正式のテーマとなったのが「文化交換」であり、最初に芽生えた話題というのが、「文化による国際交流」の考え方である。読者からすると、こちらの方が数段分かりやすい。私の無意識の世界ではこの二つはつながりを持っていたのである。これらの二つの話題とテーマが私に、時間差をもって現われたのである。今から振り返って考えてみると、この読者にとって分かりやすい方と分かりにくい方は、一つのものであって、前者は後者のまだ未成熟な段階にあった姿だと考えている。普通は、無意識の世界にあったものの説明が難しいのが普通だが、この場合は逆である。

先ほど読者に理解しやすいと言った方であるが、「文化による国際交流」は、本書においては正確には「ものカルチャーによる国際交流」という正式名称で使われていて、我々の研究会名もこれであった。接頭語として付けられている「もの」は何を意味するのであろうか。これについては何らかの説明がいる。「ものカルチャー」とは、「もの（物）」によって運ばれ、広まる文化の意味であり、したがってそれは、はっきりとした文字や文献史料を通じて伝えられる文化ではなく、あくまで物体としての形式を持ったものが文化内容を支えるというような意味合いを持っている。もちろん「ものカルチャー」という言い方が本来持つ幅の広い意味を狭く限定してしまってはいけないが、編者は一応これを工芸品や造形芸術などの形でもって伝えられる文化と理解している。私は、この「ものカルチャー」が日米、日欧の間で、あるいはグローバルなアジアの中で国際交流を引き起こす起爆剤の役割を担っていると漠然と思っていたのである。そうするとおのずと以下のような声が挙がるのではないだろうか――「どこかでそれとよく似たことがどこかの展覧会やそれと関連したシンポジウムで話されていた」、「それはあの有名な昭和二年に実際に日米間で行われた和人形と青い目の人形の交流（交換＊）のことではないか」と（＊編者は本書を編集する段になって交換という言葉を使った方がよいように思えてきている）。

日米間で人形の交流がかつて行なわれたということはこれまで文化史的出来事という認識を人々が持っていたのかというと、それはむしろ米国で起きた日系移民への差別をなくそうという民間人の努力があって、そこに登場するのが青い目の人形というのが比較的よく知られているシナリオである。それと同じ昭和二（一九二七）年に日本から見事な和人形（市松人形）がお返しに贈られたという話がくっつくのである。この日米二種類の人形の登場する出来事は本書の当初のテーマ「もの（物）カルチャーによる国際交流」にうってつけの実例である、というより人文研での研究テーマは、まさにこの文化史的出来事を正式に学問的に取り上げたいと思って付けたのである。またわが大学で行う研究プロジェクトならではのというか、わが大学ゆかりの人物がこの出来事の中心にいることも研究会をはじめるに当たって強く意識されていた。その同志社ならではは人物というのが、シドニー・ギューリック（一八六〇―一九四五、明治期の同志社神学校一八八九―一九一二の創設メンバーの一人、一九〇七―一九一三年在職）のことである。彼はこの日米人形交流の一方の主役（もう一方の主役が渋沢栄一一八四〇―一九三一）であり、米国から日本への人形送付の責任者である。この人形交流の話はついに展覧会の企画・開催（「海を渡った人形大使」展二〇一二年三月）へと結び付くのであるが、その原動力となったのがギューリック博士である。この人形交流での、人間ではないが、れっきとした当事者である市松人形（「答礼人形」とも呼ばれた）たちがこの展覧会に出品され、さらにそれと関連したシンポジウムまで開かれ、専門家、研究者がこの交流の意義を議論している。そこで明らかにされたのは、政治の力ではなく、まさに人形という

「ものカルチャー」が国際交流の主役となったということ、そして日系移民に対する人種差別によって悪化した日米両国の関係を、友好と相互理解の方向に向かわせようとギューリックらが努力したという事実である。太平洋をはさんでしかも民間人だけの手で行われた文化事業には、一種のスペクタクル的要素や浪漫をすら感じさせる面、現代風にいうとグローバルなアートプロジェクトのような側面がある。

実はこのことが私の言いたいことなのだが、日米「人形交流」や「人形大使」という用語で言い古されてきたその説明の仕方では、我々はここで起こった文化事例、人形交換の現代的意義を解明できない。そして我々は常に一種の判断停止の状態に追い込まれてしまう。これもよくこれまでに耳にしてきた言い方であるが、日本に米側から送られてきた約一万二千点にも及ぶいわゆる「青い目の人形」と比べて、米国に日本側から贈られた五十数体の和人形の質は遥かに高かったというのである。しかしこれは何も言っていないに等しい。和人形の質の素晴らしさは当然、当時の日本の人形師たちの中で最高の人形職人としての技能に由来しているのであって、これ位のことは誰にでも分かる。

しかしこれまでのこの周知の事実、常識的な問題の捉え方から一歩前へ踏み出してみて、あるひとりの作り手（職人を超えた芸術家）および作られた「もの」（作品）が我々の常識を打ち破ってしまっていることは美学者や芸術学者にとっては大いに注目すべき問題である。しかしそのことはほとんど気づかれてはいない。またそこに美学的観点を持ち込もうとする人などだれもいなかった。

本書に先立つこと三年、編者はようやく一書『パサージュ文化論』（二〇一一）をもってそのこと（職人芸的常識を打ち破ったのが平田郷陽一九〇三―一九八一であることを世に知らしめたこと）は今となってはすでに過去の事実である。本書は、旧著の三年後に世に出るものであるから「人形交流」という「ものカルチャーによる国際交流」の次元にとどまるものではない。まったく異なった一般原理としてこの人形交流、いや人形の「交換」という文化コンセプトを目標に話を繰り広げるつもりである。それが本書の第Ⅰ部第二章以降の箇所で正式に浮かび上がってくる「文化交換」の方法なのである。

本書第Ⅰ部第二章の「グローバル・アジアの文化交換」や「文化交換の美学」は、インターラクティヴつまり双方向的な文化の役割交換を、アジアの文化や芸術の理解と解釈の新しい方法論とする発想を持った議論の場である。これまでにも芸術のインターラクティヴな活動の必要性については積極的な発言があるが、それらも含めて本書はアジアを中心とした文化と芸術の理解と解釈の方法として採用することを試みる。なぜその方法が必要なのかというなら、我々は世界の各地で起こる芸術や文化現象の解釈や評価に関して、各所で一種のどん詰まりの状況に陥っていると感じざるを得ないからである。この状況は特にアジアに押し寄せてきている。本書のテーマ「文化交換の美学」の流れは、「ものカルチャーによる国際交流」を源流として、さらにこの文化交換の発想をアジアからの視点で採用する流れが合流したものである。

「グローバル・アジアの文化交換」は、特にアジアの植民地支配を受けてきた諸国からの文化の捉え方の要望とそれに対する日本からの新提案とが踏まえられている。アジアには長い過去の植民地支配を受けた歴史がある。第二次世界大戦後の自国の文化の民族主義的、反植民地主義的見地から学問的方法論を再構築しようという流れが起こるのは当然の帰結だが、そうかといってアジアにおける過去の植民地主義を巡る宗主国側と植民地化された側の両陣営の対立と対峙にとどまることは、何の未来への学問的発展もないことは双方とも認識できていた。では未来志向の学問の建設的発展は見通せないのか、双方の共有できる学問的方法論はないのだろうか。

一九九〇年代以降、今度は文化権力論という名でポストコロニアルの流れがかつての植民地宗主国の側から押し寄せてきた。美学の学問分野でも一九九〇年代以降にポストモダンに代わる新方法論として現れたのが、文化論（カルチュラルスタディーズ）であり、この方法は、サイードの幾つかの著作の後押しを受け美学の目にとても頼もしく映ったのであり、美学によって大幅に取り入れた。ポストコロニアルの視点はアジアの文化・芸術研究の場において時代の寵児となった感がある。かつてアジアにおいて支配された側も支配した側も、例えば国際学会の場などでコロニアル異文化接触が本当に両陣営の共通テーマになるのではないかとしばらく様子見を決めこんでいた。しかしアジアの諸国の研究者（特に日本の植民地支配を受けた国の学者）との共同討議では、すでにポストコロニアルの文化把握は彼らの側の望まれざる立場であることも分かっている。かつての植民地宗主国側の自己弁護としか受け取れないようなポストコロニアルの立場にはアジアの学問の未来への希望を託せないとされる。アジアではポストコロニアルは一転して冷ややかな眼差しにさらされている。アジアを巡る例えば国際シンポジウムでも切り札となるとみられたポストコロニアルの化けの皮がはがされ、その学問的有効性に信頼が持たれなくなり、このアジアの文化、芸術問題で我々はもうこれ以上一歩も前へ進めない状況に立ち至っている。

ここでのどん詰まり状況が、アジアの特に台湾の原住民の美術の研究方法にも、中国の少数民族の音楽文化の研究方法にも起こっている。本書では、たとえば台湾南部の原住民の美術をポストコロニアルでも民族学や文化人類学でもなく、日本のオタクカルチャーの文脈によって解釈、評価することが提案される。また同じアジアの今度は中国南部の少数民族の音楽文化がまさに「文化交換」の方法でドイツ中世のニュールンベルク職匠歌手の文化文脈で解釈されることになる。ここでは日本と台湾が、中国とドイツが、お互い「文化交換」どうしの関係になる。今日までに約二〇年がたって美学はポストコロニアルをようやく卒業し、少なくともその方法論への盲従を改めることが課題であることを自覚してきている。本書の基本的立場は美学であり、我々は、はっきりと民族主義とも、反植民地主義的立場とも、またポストコロニアルとも袂を分かつ必要がある。しかしその一方で我々はアジアの文化・芸術問題解決の打開策を「文化交換」の方法を用いて探ろうとするのである。それは、ある芸術現象がもともと置かれていた文化文脈から別の（疑似）文脈にそれを置き直してみる方法であり、今までなかった刺激的な芸術の解釈の仕方を可能にする方法なのである。

第Ⅱ部第一章の「すべての人は芸術家」は、文化交換の行われる両文化をつなぐ共通項として考えられる芸術概念というか、芸術思想のようなものである。もともとそれはドイツの美学史の文脈から生まれ、シラー、シュライアマハーからヨーゼフ・ボイスに至るまでこの思想は決してやむことはなかった。ボイスの有名な「人は誰もが芸術家である」は、形を変えて現代日本の芸術家の川俣正にも受け継がれている。芸術活動の分野で早くから川俣は、芸術家と鑑賞者、作り手と受け手の間にインターラクティヴ（双方向的）な関係がなければならないと発言し、実際にこの考えを作品としてきた。インターラクティヴな作る側と見る側の関係ができてこそ、「人は誰もが芸術家である」が実際に実のある思想となるのである。彼には鑑賞者になることをテーマとしたプロジェクトもある。また彼の《日韓炭住交換移築計画》（二〇〇二）は本書の「文化交換」のテーマを芸術プロジェクトとして実践したものとも考えられ、日本の福岡県田川市の廃坑の炭住と韓国北部の炭坑の炭住とを解体して釜山で合体し、残りの廃材を使って炭住を異国の地にまで輸送し再構成しようとするものである。

本書に共に関わっている執筆者たちも各自が芸術や文化への独自の興味、関心を持ちながら同様に芸術現象の解釈や美学・芸術学的問題の解決においてある種の行き詰まりに立ち至っていたのであろう。この文化交換の美学の発想を本書の全員が共有するものとなり、我々は芸術解釈の新次元に導かれることになるのである。

最後に本書は同志社大学人文科学研究所研究叢書として出版助成を受けていることを付記する。

二〇一四年二月一五日

編　者

目次

はじめに

第Ⅰ部　文化交換の美学序説

第一章　「ものカルチャーによる国際交流」
——「文化交換」の先駆けとして——……2
1　昭和二年日米人形交流とシドニー・ギューリック　岡林　洋（2）
2　海を渡った人形大使　田中圭子（18）
3　シンポジウム「シドニー・L・ギューリックと渋沢栄一　日米親善の架け橋」
1　アメリカに渡った黒い目の答礼人形——歓迎と反響——　アラン・スコット・ペイト（33）
2　渋沢栄一と日米人形交流　是澤博昭（39）

第二章　グローバル・アジアの文化交換……46
1　二つの日常生活アート間の文化交換（カルチュラル・インターラクション）
——「台湾原住民アート」と「オタクのフィギュア・マネキン」を交換事例として——　岡林　洋（46）

2　文化交換の美学
——ドイツ・中国両文化圏における歌への疎外を事例として——　岡林　洋（61）
3　古都の記憶と西洋文化の形
——奈良基督教会の和風——　清瀬みさを（72）
4　ベンヤミンから見る現代日本文化　村上真樹（88）

第Ⅱ部　カルチャー・ミックスと「すべての人は芸術家」

第一章　「すべての人は芸術家」を巡るドイツ美学とヨーゼフ・ボイス……107
1　シラー美学とボイスの思想
——美的国家の構築を巡って——　平山敬二（107）
2　「すべての人は芸術家」を巡る十九世紀ドイツ美学とボイス
——新解釈への転換点としての「文化交換」——　岡林　洋（122）

第二章　カルチャー・ミックス……131
1　一九三〇年：日本の色彩論　越前俊也（131）
2　想像的自然と映画における音楽
——武満徹の映画音楽観再考——　田之頭一知（147）
3　ルクセンブルクのスタイケン・コレクションについて
——パブリック・ディプロマシーとしての二つのアメリカ写真展——　竹中悠美（166）

4　芸術における周縁的なものと人間の生　三木順子（187）
――「限界芸術」の概念を手がかりに――
5　「ひとは誰もが音楽家」　岡林　洋（206）
――中国・ドイツの「文化交換」の発想生まれる――

第Ⅰ部　文化交換の美学序説

第一章　「ものカルチャーによる国際交流」
――「文化交換」の先駆けとして――

1　昭和二年日米人形交流とシドニー・ギューリック

岡林　洋

1　『海を渡った人形大使』展　開催以前
――郷陽作　答礼人形の芸術原理――

これまで、同志社大学人文科学研究所第一〇研究会は、二〇〇七年三月の『球体関節人形展――四谷シモンを中心に』をかわきりに三月の人形展を毎年のように開催してきた。ふりかえってみてなかでも思い出されるのが、二〇〇八年三月の『みんなで増やそう市松人形展　特別展示　平田郷陽と青い目の人形』での郷陽作の「櫻子」との出会いだった。この人形は、今回の展覧会で展示が現実のものとなった彼の在米「答礼人形」のちょうど「妹」格にあたるといわれている。そのときから彼の「答礼人形」の実物を米国において是非見てみたいものだと考えてきた。

私の願いはボストンの「子供ミュージアム」を訪問して一応かなえられ形になったが、次に私が郷陽の「答礼人形」に関して懐きはじめた疑問は人形の顔が全部違っていることであった。

普通は、ひとりの人形師の作る人形は、ひな人形でも市松人形でも顔が全部同じで、人形職人の家に代々伝えられてきている「顔」の型を守っているのが当たり前である。ところが昭和二年の日米間で行われた人形交流において、郷陽は作品一点ごとに違うモデルを選んで市松人形の顔を制作した。五八点にのぼる「在米答礼人形」の中で米国各地から郷陽作品だけでもすべてを選び出し、それらを米国各地で直に確認し、その顔の画像データをデジタル・アーカイブ化して公開することはできないものか。郷陽以外にも、当時の大物人形師や、今ではその名前さえも忘れ去られている何人かの市松人形師たちの人形を各一点ずつでもデジタル・アーカイブを使って写真を保存し、バーチャル空間での展示も可能かもしれない。

昭和二年当時「答礼人形」として米国へ贈られた市松人形五八体は、後にも先にも日本国内では制作されたことのないほどの大きさと美術品的な質の高さを備えている。我々はこれらの人形と現在では母国である日本ではなく米国でしかお目にかかれない。昭和二年に制作されてより後、すでに現在まで八〇年が経過しており、そのうちの幾つかの人形は幸運にも日本に里帰りする機会を得て修理されている。第一に、現在の米国における当該人形の所蔵地には、それを世話できるスタッフがほとんどいない。従ってそのためにそれが展示されている環境も極端に悪い。毎年米国での人形の保存の状況がますます悪くなっている。第二に、二〇〇八年の秋よりこのデジタル・アーカイブ化の作業がはじまって間もなく、従来日本国内で入手できた在米「答礼人形」の写真資料が作品自体のごく限られた視覚情報でしかなかったことが判明してもいる。これまで我々は二、三の文献資料に付属されていた人形写真でのイメージしか持ち合わせなかった。それをはるかに超える美的品質と細部にわたる精巧な技巧が最新のデジタル技術によって撮影できるようになること請け合いである。

筆者の待ちに待った展覧会を前に踊るような気持を込めた文章が会場入口にかかげられた。

同志社大学で人形交流展（二〇一二年）開催——在米「答礼人形」続々登場

すでに述べたように毎年のように人形展を開催していたのは同志社大学人文研の第一六期（二〇〇七―二〇〇九年）の期間であった。ここで話題にする『海を渡った人形大使』展（二〇一二年三月）は第一七期の研究会の最初の人形展企画で、三点の在米「答礼人形」が集められている。平田郷陽、岩村松乾斎東光、京都の大木人形店製と、昭和二年に渡米した日本人形のオールスターが堂々のそろい踏みを行った感がある。米国メジャーリーグでは日本人選手が活躍しているのは我々の知るところである。彼らがチーム作って里帰りしたようなもの、京都の同志社スタジアムいやミュウジアムでは試合開始前、ファンの前にメジャー人形たちのチームのラインナップが明かされた。楽しみどころはたくさんあるし、各バッターいや人形のレベルも相当に高い。

当時行われた答礼人形を選ぶコンテストに入選した人形師たちの集合写真が今回発見され、これまで謎とされてきた答礼人形の制作者の九名（平田郷陽、滝澤光龍斎、岩村松乾斎東光、林重松、樫村瑞観、本多秀月、太田徳久、山本錦正、篠原新作）の名前が明らかとなった。同志社展の目的の一つも、作品展示を通じてできるだけ多くの答礼人形師たちの作風を世に知らしめることにあった。そのためできる限り答礼人形の実物展示を望むとはいえ、小ぶりの市松を交えることを拒みはしなかった。展覧会に出品された「答礼人形」は三体であった。まず米国で最近新しく発見された平田郷陽作の素晴らしい市松人形（この作品は米国で発見されてからまだ日がたっておらず、元々府県市の名前がついていたはずだが不明）の初お目見えということになるが、現在までに在米「答礼人形」の郷陽作として所在の確認されていた四点（すでに紹介した二点と《ミス静岡》カンザスシティ博物館蔵）以外にもう一点の所在が確認されたことになる。

ところでこの人形であるが、先に性格を紹介した郷陽の「答礼人形」と比べてかなり年長の娘の雰囲気も感じられる。すぐ私はその理由がこの人形の髪の毛にあることに気付いた。確かに髪の長さが必要以上ロングである。展覧会場で何度も人形を見る機会があって気づいたことであるが、普通の市松より髪の毛の裾が数センチ長過ぎる。そのせいで年長に見えるのだ。この人形は米国で発見されたときにはかなり傷みがひどく、来日時にカツラも新調した。東京の吉徳にこの件を聞いてみると「確かにわざと長くしてあります。カツラを新調したのですが、短く切り過ぎると取り返しがつかなくなりますので、はじめは長めにしておけば後でいくらでも短く切れますから」という納得のゆく答が返ってきた。それと気になるのは、前髪が眉をほとんど隠してしまっている点である。郷陽の市松は眉の形に特徴があり、まるみを帯びた「へ」の字眉が目じりにかけて下がっている。これが彼の市松人形の顔の特徴の一つになっている（すでに私は郷陽には家に伝わる顔の型がなく、モデルになった人間の顔があると述べたが、眉にだけはいつも同じ特徴が見られる。その特徴が前髪に隠れてしまっていてほとんど見えない。

先に性格描写云々を話題に挙げた三体の郷陽作品については、あるものは京の都にいたお公家さんのお姫様のような上品な顔立ちであるとか、またあるものは気が強そうとか逆に幼く優しいとかいろいろな言い方で性格の描写が行われた。それに対して、この新発見の人形の性格はそうした言い方では描写できないように思われる。この人形のモデルはやはり浅草にあった郷陽の家の近所に住んでいた幼子であろうが、そこに描写される人形の性格は世俗の言葉では言い表せない超越的なムードを漂わせているようである。郷陽がこの人形の顔で描こうとしたものは仏陀のイメージではなかったのか――私は三年前に一書を著し、その中で郷陽の答礼人形の妹格の市松人形《桜子》をそう評した。「仏陀のような市松さん」という文節を自分でえらく気に入ったことを覚えている。ここでさらに私は、この妹の仏陀性が郷陽の新発見の、あえて姉の市松と呼ぶが、郷陽の新発見の作品にも繋がっているはずだ、と確証もなしに自分の妄想を前面に押し出そうというのである。もう少しこの話は続く。仏陀の子として繋がっていたのは《桜子》と新作品の二体の人形の間だけではなく、両作のモデルの人間どうしが血の繋がった姉妹だったとしたならこの話はもっとドラマチックに展開するのだがと、私は想像の翼をどこまでも広げることになる。

さて次に京都での修復のため今回里帰りした大木人形店製の《ミス京都府》であるが、これは昭和二年大木人形店に注文された五点《ミス京都市》以外の四点は《ミス新潟》、《ミス名古屋市》、《ミス大阪市》、《ミス大日本》のうちの一点である。《ミス京都市》が大木人形店で制作された経緯は概ねこうである。この大木人形店への注文分の五点のうち結果的に《ミス京都市》が地元京都の人形師に制作させたことは判明している。今回この《ミス京都市》の修復を米国の所蔵先の博物館がある人を通じて大木人形店に依頼したが、その際不思議なことに大木人形店はこの人形の修理を、昭和二年当時の原作の京都の人形師の家に依頼しなかった。結果的にオリジナルの大木人形店の《ミス京都市》と今回京都で修理された《ミス京都市》は全く別のものになってしまった。最近イタリアで、不適切な修復行為でキリストの顔が猿のようになってしまったことは有名だが、かえってその絵のある教会が観光名所になって人々が押し寄せているというニュースがマスコミを賑わしている。しかしここ日本で起こったことは、同じ修復ミスの例とはいえ、イタリアでのようにお笑い話で済ませられる類のことではなかった。

昭和二年当時、大木人形店に発注された七点は、米国に贈られるために「答礼人形」候補作となるために踏まなければならない一連の手続きをすべてパスすることの許された特別待遇を受けていた。京都の特別枠というか京都の老舗人形店の格で特別ランクの人形が認められたのであろう。京都の大木からの依頼に応えた人形師たちの作品も、後に人間国宝に認定される平田郷陽の作品と同様に重要文化財級の価値のあるもので（残念ながら答礼人形はすべて米国で所蔵されているのでそのような認定を受けられないが）あるにもかかわらず、母国日本で不適切な修復を受けることになってしまった。

一方、東京で集められた五一点の答礼人形の人形師たちはコンテストに参加する前にも制約を受けていたというか、ハンディーを背負っていた。彼らは他人（他の有力職人）から渡された人形のかしらの原型を使って自分の人形を作らなければならなかった。自作の土台として他人の作ったものを使用しなければならず、各職人はいわば他の職人の未完成のかしらを自分流の人形の顔に変えるという奇妙な選択を行わざるを得なかった。したがって彼らにとって自由に人形を作ることはそこでは二重の意味で禁じられていたに等しい（職人は本来自由な創造を行わないが、ここでのように二重の意味で不自由なことはないはずであり、職人として家に伝わる型の顔を作り、自分独自の顔が作れないことは職人にとっては制約ではなく当然の事である。しかし昭和二年には職人たちは自分の家の顔を作ることにも困難を背負わされる）。

実は五一体のコンテストに合格した人形は、すべて東京の人形師第一人者である龍斎の工房で生産されたかしらの原型を使い、その表面だけに仕事を施して各職人の家の顔とすることを強いられていた。他人のかしらの表面を細工することによってしか自作は完成されないというような制約からも、大木人形店製の七点は解放されていたのである。

また五八体すべての「答礼人形」には、府県名や六大都市名による名前が付けられたが、これに関しても大木人形店製の人形は特別待遇を受けていた。日本の地方の県名ではなく、「京都市」「大阪市」「名古屋市」などの六大都市の名前や当時の帝国主義的な国の呼び方を反映した「大日本」の名前が、大木人形店製のそれには与えられていた。ことの良し悪しは別として日本の古都、京都の老舗の人形店には、大日本という当時の日本国家の呼称が与えられ、最高の格が認められた人形が制作されることが認められたのである。

今回修復が終わりアメリカに《ミス京都市》が帰国してからこの修復結果に対してネガティヴな反応が米国からあったというわけではない――今後このような重要文化財クラスの人形の破壊や喪失につながるような間違った修復行為が二度と起こらないようにするため何らかの仕組みが必要であろう。傷みの激しい答礼人形が修復のために日本に里帰りした際、基本はその元々の人形師（の家）のもとで修復を行うことであろうが、その人形師（の家）が存在しない場合はどうするかについて東西が一緒になって「答礼人形」の里帰り修理の際の約束を定めておく必要がある。例えばこの人形に関して人形師、学会、業界会が一緒になって修理をどうするかをアドバイスするような機関が必要であろう。

すでに何度か東京の昭和二年当時の最有力人形職人として名前が挙がっている光龍斎自身の答礼人形がこの展覧会に出品されなかったことは残念である。けれども私が過去に光龍斎の「答礼人形」を何度か見た経験から、市松人形であれば「答礼人形」クラスの大作でも小ぶりの作品でも家の顔はみな同じであって、見る人はやはり型にはまった人形であることを痛感させられる。かつて見た光龍斎の「答礼人形」の場合、巨大とも思えるその顔には人間の幼子のそれというより、むしろ人間以外の例えば昆虫の目鼻のような顔のパーツが配置されているように思え、グロテスクなものを見ている印象を受けた。その印象は、小品の場合も「答礼人形」の場合でも変わりはないが、特に後者では眼鼻立ちが強調されるので私にとっては見づらい。同志社での展覧会でも光龍斎の小振りの市松を展示し、それを参考作品として「答礼人形」を連想してもらうことにした。今回の参考作品を見ても光龍斎の市松の顔の表情は全体に人間的な生気に乏しく、眼、鼻、唇も機械的に顔の決められた位置にはめ込まれているようでぎこちなく見える。そういう意味では当時、光龍斎と並ぶ人気を誇った東光の「答礼人形」が今回展示できたことは喜びであった。東光の《ミス青森》を展覧会場で見た人は、ふとこんな思いが胸をよぎったかもしれない。「これはむしろ光龍斎に似ている。小ぶりの東光は一目見て東光と分かるほど個性的な表情をしているのに、この《ミス青森》にはその東光調の顔の表情がほとんど見られない」と。私が展示場にこの大きな東光作品が搬入された時に感じたのもこれと同じ印象だった。だがこの展覧会の開催期間の二週間程、私は毎日入り口近くの受付に座ってこの答礼人形の顔を眺めた経験から言えることがある。その人形の顔を右手前の角度から眺めることによってこの人形の顔が少しうつむきかげんであること右頬が膨らんでいること、眼から頬そして口元へのラインにこの人形の憂いを帯びた表情が見て取れたのである。同じ展覧会場の反対側には、小ぶりの東光を展示しておいたが、ここにはあの丸顔というより少し四角い目の特徴ある顔があり、うつむき、不安げな東光ならではの表情が確認できた。東光の市松の顔は、例えば果物のメロンの形でいうと、それはそのままの形で成長するときれいな球の形になるが、わざと四角い箱をかぶせてメロンの果実の成長をコントロールするとメロンそのものの形が四角くなる。ちょうど東光の市松の顔は両の頬が膨らんでいて顔全体が少し四角く見えるようになっている。したがって東光の人形が作られる場合、かしらの原型が作られる段階ですでにその形は、球ではなく、特に顔の底部は四角い形をしている必要があるはずである。あくまで私の推測であるが、答礼人形のコンテストに出される作品がすべて光龍斎の工房で作られたかしらを使わなければならなかったといった。光龍斎の市松は典型的な丸顔であり（メロンでいえばそのままの形で成長した真ん丸の特別ランク）、他の答礼人形師も彼の作ったかしらの原型を使ったためすべての人形の顔が光龍斎調の丸顔になってしまっている（別の考え方もできる。それは実は計画的に行われたことで、米国に贈られる「答礼人形」五八体に大きい小さいがあり、一目で顔の違いが分かるようでは、同じ役割を持った人形大使にならないであろう）。したがって我々は「答礼人形」のあちこちに光龍斎のそれと一目で分かる眼や鼻や口の特徴を見つけることができる（何人かは光龍斎の弟子であったのだろうから何の抵抗もなく受け入れることができたのだろ）。これと同じことが東光の「答礼人形」にも起こっていたことが予想される。光龍斎の球形のかしらの原型から、東光本来の市松の四角い顔を作ることはほぼ諦めなければならない。それで東光は次善の策として光龍斎の球形のかしらの特に右の頬を膨らませたのではないだろうか。その結果、正面から《ミス青森》を見るとかなり右頬が膨らんでいるように見える。

2　シドニー・ギューリックと《人形プロジェクト》

この『海を渡った人形大使』展は、昭和二年に日米間で行われた人形交流についての研究的な展示を行う企画であった。今から思えば三年前のこの企画こそ、本書の次章以降で本格的に議論の的になる「文化交換」の美学研究の展覧

＊　シドニー・L・ギューリック（Sidney Lewis Gulick 1860–1946）は、マーシャル諸島エボンで宣教師L・H・ギューリックの長男として生まれた。ニューヨークのユニオン神学校で学んだ後、一八八八（明治二一）年にアメリカン・ボード派遣の宣教師として来日、九州・四国にてキリスト教の伝道に従事。一九〇六（明治三九）年には京都に移り、同志社神学校で教鞭をとり、多くの学生を育てた。ギューリックは流暢な日本語を話し、日本文化にも造詣が深かったという。健康を害し一九一三（大正二）年に一時帰米した際、アメリカ国内での日本人移民排斥問題を目の当たりにし、日米関係改善のために奔走するようになる。同志社の記録によれば、当初は病気が治り次第日本に戻り教壇に復帰する予定であったが、日米友好のために休暇を延長したと記されている。一九一八（大正五）年には正式に同志社神学校教授を辞職、悪化の一途をたどる日米関係改善のために尽力した。

同志社神学校創設メンバー
シドニー・ギューリック（一八六〇—一九四五）在職一九〇七〜一九一三年

この展覧会用にこんなチラシも作られました。

昭和二年　米国から京都市へ贈られた青い目の人形

昭和二年にアメリカから贈られてきた一万二〇〇〇体以上の青い眼の人形は、各県の小学校や幼稚園に贈られましたが、その多くは戦時中に処分され、戦火をくぐり抜けた人形も長い時間を経るなかで失われ、現在では全国で三〇〇点ほどしか現存が確認されていません。このうち、京都市内に残る青い眼の人形を紹介します。

- メリー（京都市高倉小学校蔵）
- ジョイス・アダムス（学校法人常葉学園　ときわ幼稚園蔵）
- エイダ・ジェンビィ・クノックス（京都市立清水小学校）
- アン（京都市立崇仁小学校）

メリー

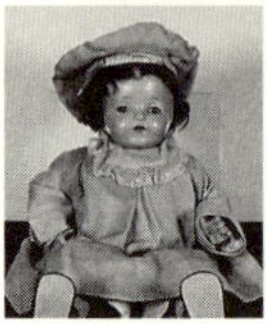

エイダ

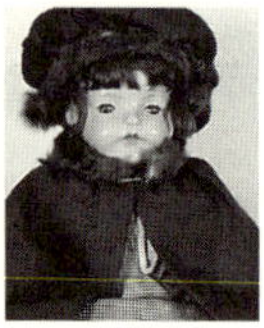

アン

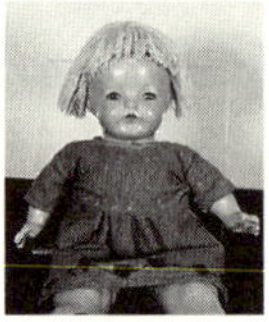

ジョイス

会的先駆けであった。

二〇一〇年頃から私は美学の新しい方法として文化交換を構想していた。この構想は論文にも公表されそれを具体的に台湾のアートや日本の文化の例に当てはめてみたりした。しかし驚くべきことにその八〇年以上も前の一九二七（昭和二）年の段階で、すでにその構想が日米間の実際の国際的な文流の中に具体化されていたのである。しかも我々の展覧会にとってこれ以上ないような贈り物として同志社ゆかりのギューリック博士の名が挙げられる。

「青い目の人形」送付は、そうした日米友好を促す活動のひとつとして発案されたものであった。排日移民法が米国で成立する一九二〇年代、日本では、実業界の第一線を退いた渋沢栄一は、より自由な立場から政府間外交を補完する役割を担っていた。その中でも社会的に大きな影響を与えた事業が日米人形交流であった。渋沢をはじめ日米の一部の民間人有識者は、移民法の成立で悪化した日米関係の改善を模索していた。その一人であるギューリックが、日米両国の世論の緩和などを目的とした“Doll Project”を計画する。渋沢の働きかけもあり日本政府も支援に乗り出すが、これが両国民の反発を生む可能性もあり、渋沢を中心とした民間人による国際文化交流という形式をとることになる。米国から贈られた友情人形は、文部省から全国の小学校・幼稚園を中心に配布され、熱烈な歓迎をうける。

　この昭和二年に実際に起こった日米の文化交流の出来事からは、「文化交換」が現実に行われる際の幾つかの原因、理由が明らかとなる。まずこの場合になぜ「文化交換」が行われなければならなかったのかというと、排日移民法に対してギューリック博士らは政治的運動でこの差別法を撤廃させようと努力するが失敗し、これに代わって日米両国間で人形を交換して子供の心の中で国際理解を活発にしようというのである。もう一つ、この事例は、我々に文化交換の推進者の二人がいわゆる文化や芸術の専門家ではないという実践とを教えている。ギューリック博士は、日本の文化・工芸の領域を専門にしたのではないし、渋沢栄一は、日米協会を代表する立場から日本と米国との国際交流の旗振り役であったとはいえ、彼は経済界の大物である。この文化交換は、ギューリックにしても渋沢にしても、純粋な文化人とは言い難い人によって推進されたのであり、交換されたのもまた、本国から日本へ贈られた「青い目の人形」や、そして日本から米国へ贈られた「答礼人形」が示すように、玩具や工芸品であった。

　ギューリック博士や渋沢栄一にとっては一番の関心事は、例

昭和2年米国から日本のひな祭りに1万2000体の人形送付

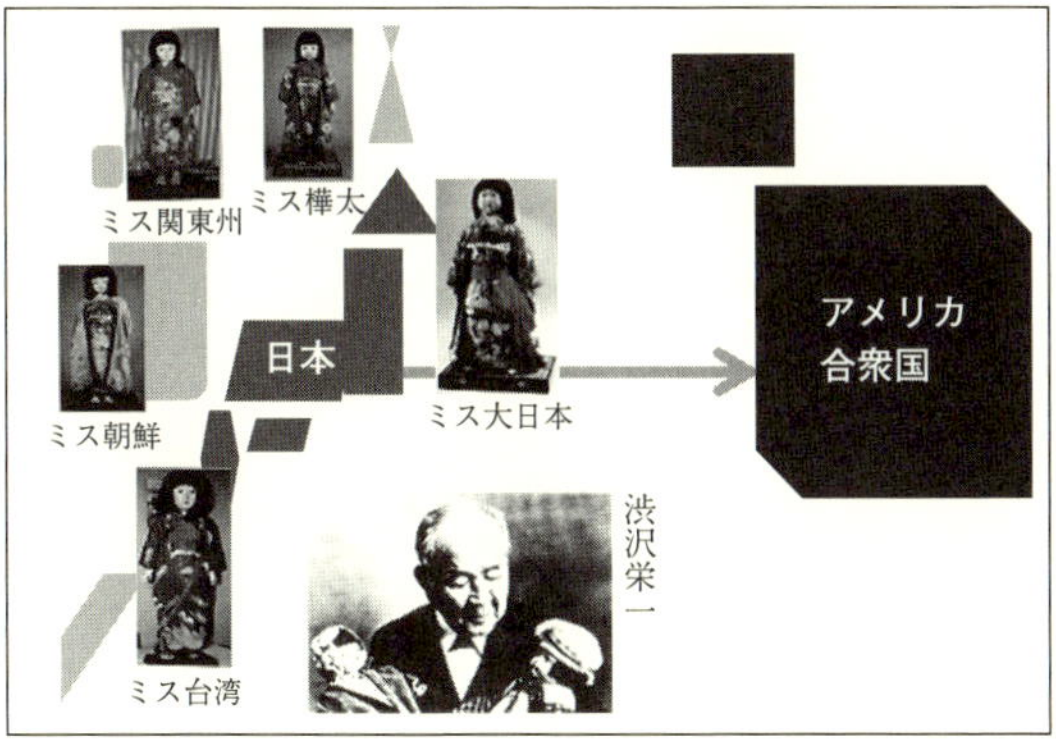

昭和2年日本から米国のクリスマスに58点の答礼人形送付

展覧会場で対面するよう展示された日米人形
手　前　４体の米国からの青い目の人形
奥右手　３体の日本からの答礼人形（市松人形）

えば米国から送られてくる人形は全く初体験の日本のひな祭りにおいて和人形と仲良くしていられるのかに関心を抱くこと、つまり異文化体験的想像力をめぐらすことであったのではないか。またギューリック博士は船で太平洋を越えて一万二〇〇〇体の人形をしかもパスポートを持たせて横浜に上陸させようという発想のできる人であった。これは、日本に米系の移民が一万二〇〇〇人やってきたときのことや日本の各地で生活をし始めたときのことをシミュレートしていたに違いないと少なくとも私には思われる。そして日本からのお礼の市松人形がまた米国でのクリスマスの時期に贈られたというのを聞いて、すごく異文化との触れ合いに繊細な想像力を持った人達だなと思ってしまう。一方、芸術家や芸術の学問的専門家は自らの想像力や知性をそのようには働かせないのではないだろうか。しかしすかさず次のような反論が寄せられるであろう。すなわち彼らは人種差別法を政治の力で撤廃することを求めたが実現できず、それ故人形という子供の心を開かせるのに最適な文化を使って人種差別の撤廃を行おうとしている、と。つまり文化は人種差別の撤廃のための次善の策なのかという指摘である。

3　人種的偏見に凝り固まった人間に精神の創造性はない

答えに詰まった時こそ、《人形プロジェクト》を単独で考えるのではない別の文脈に置きなおして考えてみればどうか。「文化交換」の出番である。それは仮に別の文脈を借りて答えを模索するやり方である。まず《人形プロジェクト》を構成している基本要素（例えばプロジェクトを支える階層、「文化交換」されるものとその範囲、プロジェクト提唱者の人間観や精神の自由の考え方）を別の文脈の中ではどうであるかを探し出すやり方である。まず一つ目の「プロジェクトを支える階層」の局面から見て行こう。一九八〇年代のドイツでは、市民の積極的な資金援助がプロジェクト実現の不可欠の条件となるある環境芸術プロジェクトが試みられた。ドイツの第二次世界大戦後のドイツを代表する芸術家ヨーゼフ・ボイス（一九二一―一九八六）《七千本の樫の木プロジェクト》（一九八二）の文脈が借り受けられることになる。二つ目の「文化交換されるものとその範囲」の局面では、一番目のボイスからも多大な影響を受けたと考えられる日本の現代アーティストのある海を越えて行われたプロジェクトの文脈が借り受けられる。日韓の石炭産業遺産を交換する川俣正の《日韓炭住交換移築計画》（二〇〇二）の文脈である。そして最後に三つ目の「プロジェクト提唱者の人間観や精神の自由観」に関しての吟味となるが、ここではもう一度ボイスの文脈が借り受けられる。ボイスの、イデオロギーに凝り固まった人間に精神の自由はない、創造性はないと説いた彼の根本思想がその文脈になる。以上、三つの文脈を仮に《人形プロジェクト》を考える際の擬似的文脈にしてみたいと思う。

まずギューリックらの《人形プロジェクト》とボイスの《七千本の樫の木プロジェクト》は、その目的が比較的直線的に見えている点で共通している。前者は日米に人形を広く配布して両国の子供たちが異国の文化を理解する心を育てる。後者は芸術家の提案によりドイツのカッセルの街並みに七〇〇〇本の樫の木を植樹する環境芸術プロジェクトである。ここはボイスのプロジェクト自体を説明する場所ではないので、ボイスのこのプロジェクトの基本的考え方だけを《人形プロジェクト》の仮の説明のための文脈として使う。しかしごく簡単なボイスのプロジェクトに関する知識だけは必要であろう。彼のプロジェクトは、一般の市民の資金協力によって一本ずつ植樹が行われてゆき、それによってカッセルに並木道ができる（ただしその進展が逆に近代彫刻の終焉を決定づけるというボイス流の、環境と芸術（批判）の二重構造を持ったものであった）。《人形プロジェクト》の場合もギューリックは全米のキリスト教会の信者の子供たちから日常使っていた人形を提供してもらい、最終的に日本に送る一万二千体が集まったというものである。この点では両プロジェクトは重なる面を持っていることになる。米国から日本への人形が子供たちとその親たちの協力によって集まったように、日本から米国への返礼として贈られたそれも（全答礼人形五八体のうちの五一体分は）普段人形職人たちが国内での需要に応えて作るものとは全く別の、しかもコンテストでの落選を覚悟の上でこの国際人形交換プロジェクトに賛同して力を貸した。京都の老舗人形店も七体の人形の制作に協力した。ボイスのプロジェクトの先ほどすでに述べておいた二重構造であるが、この点についてはこれまで《人形プロジェクト》で触れられたことがない。ボイスの場合、植樹が進むと広場に積み上げられていた七千本の細長い岩石が運び去られ姿を消す（その岩石は植樹の場所に設置される）。したがって植樹の進むベクトルと近代彫刻（終焉）のベクトルは正反対の方向を向いていながらそのベクトルの異なる方向がプロジェクトを推進させる原動力になっていた。このボイス流の環境問題と近代芸術批判との皮肉な文脈の作り方は今回の疑似文脈作りに使えないか。私は《人形プロジェクト》にも少し意地悪な見方を持ち込んでみることにする。世の中には美談という言葉があって、私はこの語を本当はそのようなことなどあり得ない し起こらないにも関わらず、さも実際にこんな幸福な出来事が起こった、良かったですねという顔をする、（喜劇の場合はおなじみの）ハッピーエンドの結果を演出しておくことと解している。米国から青い目の人形が日本の小学校に運ばれ、日本から市松人形が米国の各州に贈られ、両国で子供の異文化理解が進展したという話こそこの美談の典型ではないかと思う。この美談の話をもう少し進めてみよう。ボイスの植樹プロジェクトとギューリックの《人形プロジェクト》とを合体させるとこのような美談のイメージが湧いてくる——異文化人形を米国各州の贈り物とし子供たちの心に異文化理解の芽を育てる、これこそ文化の国際的植樹と言えるかもしれないし、米国の各州に市松の並木ができるという、それこそ美談的空想である。しかし「二重構造」好きのボイスのことである。彼は当然このような美談でもって自らのプロジェクトが語られることを潔いとは考えなかったし、そのような選択を行わなかったはずである。しかしここには、つまり日米の子供を中心とした《人形プロジェクト》では、ボイスの辛辣な近代彫刻批判の文脈をそのまま求めること自体に相当無理があるような気もする。

ギューリック博士の発案で米国から日本に贈られてきたこの人形は実際には来ることのできない一万二千人の米国系移民を意味したであろうし、人形はお雛祭りの時期に贈られてきているが、彼らにまず日本の異文化に触れさせようとの目論見があったであろう。米国からの人形にとってお雛祭りは知らぬことばかりであったであろうが、それを日本の子供たちがじっと見守って何かを考えたと思われる。この問題はこの程度にして専門家の意見を聞くことにしよう。

ところがこの昭和二（一九二七）年、年米国へ贈られた市松人形の名前を点検すると、あどけない顔をした市松人形には似つかわしくない名前が幾つも見つかった――「ミス大日本」、「ミス朝鮮」、「ミス台湾」「ミス関東州」、「ミス樺太」がそれである。それらには明治時代以降の（ようやく第二次世界大戦での敗戦でもって終わる）日本という国の国家拡大像が集約されている。大日本帝国が日清、日露の両戦争を通じてアジアに領土と租借地を拡大して行き、アジアの盟主足らんとする野望の結果がちゃんと人形の名前に込められていることを私は否定できないと言っているだけである。

これらの名前の付いた人形を米国に答礼人形として贈り入れ、それを米国側（国家や政府ではないとしても）が受け入れるとすれば、日本の昭和二年当時の帝国主義的、植民地主義的な国家意思を民間のレベルであったとしても承認している形になる（私は、当時、国際的に承認されていた日本の領土に対してここでとやかく言うつもりはない）。とすると五八体の日本から贈られた答礼人形は人形大使としての顔のほかに当時の日本国家を愛する愛国人形の顔を持っていたようにも思われる（同志社大学で開催された『海を渡った人形大使展』に関連するシンポジウムで司会役の私は右のような趣旨の発言を行っ

＊　大日本帝国と海外領土　「大日本」は明治二三（一八九〇）年に大日本帝国憲法の施行時、国名を大日本帝国と呼んだことから。「台湾」は日清戦争で占領、下関条約で一八九五年清国から割譲され領土に。「朝鮮」は明治四三（一九一〇）年韓国併合、同年改称したことによる。「関東州」は日露戦争で占領した遼東半島先端地域、一九〇五年ポーツマス条約で租借。「樺太」も日露戦争で占領、ポーツマス条約で南樺太を割譲され領土に。

ている)。日本側からの答礼人形に込められた国際的な人種差別の撤廃というベクトルとそれらの名前はある意味では正反対のベクトルの向きがここにも存在していたのである。

ところで『日韓炭住交換移築プロジェクト』で川俣正の行った海を渡った国際的交換の対象は炭住（炭鉱住宅）である。正確に言えば日本のかつての炭鉱の地、福岡の田川市の炭坑で働いた人々の住宅である。二〇〇二年当時炭住が取り壊しになるというので、そこから建物の部材をはぎ取ってそれらを韓国の釜山（ちょうどプサン・ビエンナーレがこの時期に開催された）で組み立てた。同様に韓国の北部の炭坑町の古汗からも炭住の部材が集められ、釜山に集められ、組み立てられた。さらに古汗の炭住部材は海を渡って田川に運ばれ、田川のそれはプサンから北朝鮮国境近くの古汗に運ばれ、交換移築が実施された。

この炭住の交換と《人形プロジェクト》の人形をここで交換可能な文化事例であるとすると、我々が注目するのは、先に挙げた二つ目の「文化交換されるものとその範囲」の局面である。つまり交換される文化事例の海を越えて贈られることになった人形の移動面、つまりどの人形がどこへ贈られたかについてみておきたい。《日韓炭住交換移築計画》での中継基地のプサンに当たるのは《人形プロジェクト》ではどこになるのか。答礼人形が米国に贈られたルートを考えてみるとサンフランシスコになるであろう。そして韓国での炭坑の地、古汗のような交換のもう一方の極になるのが米国の東部にもある。それが米国の首都ワシントンDCであり、さらに米国建国の地で新島穣ゆかりの地、アーモスト大学のあるマサチューセッツ州である。カリフォルニア州に贈られたのは《ミス台湾》である。この答礼人形の制作者は当時の大物人形職人の滝沢光龍斎作で、人形の所蔵先はロサンゼルス郡自然歴史博物館である。しかし日系移民の数も多く、答礼人形輸送の中継基地の役割を果たしたはずのサンフランシスコには答礼人形が贈られた形跡がない。さらに米国の東部、マサチューセッツ州のボストンにあるのが平田郷陽のあの素晴らしい《ミス京都府》（子供博物館蔵）である。大日本帝国の代表の名を付され五八体の答礼人形のリーダー核の《ミス大日本》（大木人形店製）

は米国の首都ワシントンのスミソニアン・インスティチュート所蔵である。答礼という名が人形に就いているからにはギューリック博士が人形を数多く日本へ送った州に重点的に人形が送られていたのか、マサチューセッツ州などにはさらに《ミス関東州》（岩村松乾斎東光作、個人蔵）や《ミス青森》（作者不明、個人蔵）の人形の名前が見られる。

最後に文化交換の三つ目の局面に触れたい。プロジェクト提唱者であるギューリック博士の「人間観や精神の自由観」に関してであるが、もうすでに米国で当時日系移民への差別法が成立したために彼は法律撤廃を政治の局面で行ったが実現せず、子供の心に訴えかけて人種的偏見をなくそうとしたことは明らかになっている。しかし私が今ここで結論を出しておきたいのは博士にこれほど人種差別や人種的偏見を取り除くことに没頭させたものは何であったのかである。私は再び引いてみたい文脈がある。あの純粋な芸術家というより社会造形（運動）家という言い方がぴったり当てはまるヨーゼフ・ボイスによく似た、しかし我々芸術畑の人間には理解しにくい言葉、コンセプトがあったことを思い出した。ボイスは、何よりも人間の自由な創造活動を求め、イデオロギーに基づく人間の行為、思考を厳に戒めた。彼のパフォーマンス（《アクション　掃き清める》）はイデオロギーを振りかざす人間の行動や思考を掃き清め、そして自由な精神の創造性を回復させることを求めたものであった。私はギューリック博士にとって人種的偏見や人種差別が意味していたことは、ちょうどボイスにとってイデオロギーが意味したことと同じではなかったかと考えている。

2 海を渡った人形大使

田中圭子

一九二七年の春、アメリカの子供たちから日本の子供たちへ、「ひな祭りのお仲間に加えてください」と平和と友好の使者として約一万二〇〇〇体の友情人形（Doll Messengers of Friendship）が届けられた。「青い目の人形」の名で知られるこれらの人形は、当時の日米関係の悪化を憂えたアメリカ人宣教師、シドニー・ルイス・ギューリック（Sidney Lewis Gulick, 1860–1945）の呼びかけにより行われた文化交流事業の一環で贈られてきたものであった。本稿では、これら日米関係の懸け橋となるべく海を渡ってきた青い目の友情人形と、その返礼としてアメリカに贈られた黒い目の答礼人形（Doll Ambassadors of Goodwill）に注目し、人形の授受を通じてどのような民間交流が行なわれたのかを見ていきたい。

1 青い目の友情人形

ギューリックは一八八八年に超教派的な外国伝道団体アメリカン・ボードの宣教師として来日、九州や四国にてキリスト教の布教に従事した。流暢な日本語を話し、日本文化にも造詣が深かったという。一九〇六年からは、京都の同志社大学神学部で教鞭をとっていたが、一九一三年に健康を害しアメリカに一時帰国した際、西海岸を中心に激しさを増していた日本人移民排斥運動を目の当たりにし、日米の関係を改善するべく奔走するようになる。療養後は教壇に復帰する予定であったが一九一八年に正式に同志社大学教授を辞職、悪化の一途を辿る日米関係改善のために残りの生涯を捧げる決意をした(1)。

一九二〇年代は第一次世界大戦後の世界的な反動恐慌の影響により、好況下にあったアメリカでも多くの失業者問題を抱えていた。そうしたなかで、低賃金で働く日本人移民労働者に対する蔑視に黄禍論も加わり、排斥運動が激化していく。そして一九二四年には、アメリカへの移民受入数制限を国別に定めた「新移民法」が成立し、ギューリックら親日家による反対運動も空しく、日本人は「帰化不能外国人」に分類され移民が禁じられたのである。そのショックはアメリカに暮らす日系人のみならず日本国内にも拡がり、反米感情が急速に広まっていった。

日本をよく知るギューリックは、排日問題は異文化に対する誤解や偏見が原因であり、お互いに理解を深めあうことで解決できると考えていた。そこで、大人よりも次世代を担う子供たちに希望を託して、議会や世論に対する政治運動から児童教育運動へと活動の支点を移し、アメリカ国内のキリスト教会の人々とともに一九二六年に世界国際児童親善会を設立する。そして、民間レベルの文化交流を通じて子供たちに他国の文化に触れる機会を提供し、人種や国を超えた友好関係を築くことで、将来に起こりうる文化的偏見による摩擦を予防しようとしたのである。その最初の事業として行われたのが、日米親善人形計画であった。

世界国際児童親善会は『Doll Messenger of Friendship』(2)というリーフレットを発行し、日本には人形を飾り家族や子供への愛情を示す「ひな祭り」という美しい習慣があることを紹介したうえで、「アメリカの子供たちから日本の子供たちへ三月のひな祭りに間に合うように友情の使者として人形を贈ろう」と米国内の子供たちに呼びかけた。またそこには、どんな人形がふさわしいか、どのように準備を進めたら良いかなど、具体的な手順も記されていた。まず、人形は新品で洗濯のできる可愛い洋服を着たアメリカ製の人形が良いとされ、一五インチ（約三八センチ）の手足が動かせるコンポジション製の人形で、目をつぶることもでき、ママーと声を出す仕掛けのものが「Friendship Doll」として人形メーカー三社から三ドルほどで売り出されることも付け加えられた。人形を準備するのに必要な費用はクラスの仲間と児童劇などを催して家族や友人を招待し入場料を取るといいとアドバイスし、女児には人形を選んだり洋服や髪飾りなどを作ることが、そして男児にはパスポートや切符の手配といった人形の旅の準備、手紙の執筆などの役割分担が提案された。さらに、出来上がった人形は皆で名前を決め、展示して地域の子供たち全員に見てもらおうと勧めている。こうしたガイドラインからは、単に手元にある市販の人形を送るのではなく、子供たちが自ら資金を準備し、人形の服装を決めて手作りし、外国への旅支度を調えるという様々な学びの機会が内包されていたことがわかる。さらに教師や母親には、この事業を地理や歴史の学習に利用し、日本に限らず他の人種や言語、習慣について学ぶ機会とすることが推奨されていた。子供同士のままごと遊びのようでありながら、次世代の国際人を育成する仕掛けが随所に施されていたのである。

子供たちから寄せられた人形はそれぞれに、日常着やよそ行きのドレス、ガール・スカウトの制服、赤十字の看護婦、アメリカン・インディアンやクェーカー教徒の服装など、アメリカの生活を伝える衣装を身につけ、さらに着替えの服や日用品、旅行鞄、メッセージ・カードなどを携えており、アメリカの生活文化を知ってもらおうという工夫が凝らされていた。また、人形を送り出す際には各地で送別会も開かれ、アメリカの歌や踊りのほかに、日本について調べたことを発表したり、日本食が振舞われるなど、日本文化に触れる催しが行なわれた(3)。

こうした親善会の活動には当初、感傷的で馬鹿げているとの批判も数多く寄せられた。しかし、キリスト教会連合評議会をはじめ学校団体やＰＴＡ、ガール・スカウトなど諸団体の支持を得て短期間に全米各地へ拡がり、最終的にこの計画に携ったボランティアは二六〇万人にのぼり、全米各地から一万二七三九体の人形が集まった(4)。そのなかから、全米四八州各州とワシントンＤＣの代表人形と総代表《ミス・アメリカ》が定められ、同年一二月、人間さながらの旅支度を整えた人形は一二隻の汽船に分乗し日本に向けて出発した。

友情人形の第一便・サイベリア丸は、一九二七年一月一七日に横浜港に入港した。日本ではギューリックからの要請を受け、日米民間外交に力を注いでいた実業家・渋沢栄一（1840-1931）を会長として「日本国際児童親善会」が設立された。そして、外務省や文部省の協力のもと、友情人形の受け入れ準備が進められ、三月三日のひな祭りの日に明治神宮外苑の日本青年館で日米の代表児童ら二〇〇〇名が集い人形歓迎会が催された。日米の国旗が掲げられた会場の壇上では、内裏雛と市松人形のあいだに友情人形を飾るスペースが設けられ、両国の国歌斉唱や代表児童の挨拶の後、アメリカの少女から日本の少女へ友情人形が次々と手渡され雛壇に飾られた。歓迎会には渋沢栄一はもちろん、皇族や外務省、文部省の役人も多数参列していた。表面的には民間人による交流事業といいながら、アメリカで子供たちが行った人形の送別会と比較すると儀礼的な堅苦しいものであったようだ。(5) 当時の写真（左上）を見ると、制服姿で袖に大正天皇への弔意を示す喪章をつけた日本の少女たちと、友情人形と同じように自由に着飾ったアメリカの少女たちの姿とが対照的である。

日本青年館での友情人形歓迎式典（昭和2年3月3日）

その後、代表人形は皇女照宮に献上され、のちに東京博物館（現国立科学博物館）に作られた人形の家に展示されることとなり、残りの人形は全国の小学校・幼稚園に配布された。各地の新聞は連日のように人形の到着から配布に至るまでの動向を、非常に好意的な論調で詳細に報じている。友情人形の到来は反米世論をも一変させるほどの大きな影響力を見せたのである。人形を受け取った地域では盛大な歓迎会が催され、子供だけでなく大人までもがこの珍客に熱狂した。

例えば京都では、三月一日に友情人形が京都駅に到着した際、日米旗を手にした各小学校の代表児童四〇〇名が出迎えた。人形たちは美しく飾られた車に乗せられ京都府庁と京都市役所に向かい、府知事や市長、教育長らを表敬訪問し、京都府民としての戸籍も作成されたという。ひな祭りの日に京都市公会堂で催された府知事主催の歓迎大会には二〇〇〇名以上の児童が参加し、壇上の緋毛氈の上にずらりと並べられた二六二体の青い目の人形との対面を果たした。

歓迎会がおわると、父兄も人形を見られるようにとの配慮から高島屋呉服店、大丸呉服店、京都物産館の三か所で展覧されたのち、京都府下の各学校へと配布された。人形を受け取った学校でもまた、児童や地域住民が参加して歓迎会が催された(6)。他府県でも同様の歓迎会や展覧会が行われたことが、各地に残る記録や写真などから分かる(7)。

こうして友情人形の全国への配布が終わる頃には、日本からも返礼を贈りたいとの声が親善会に寄せられるようになった。日本人の慣習をよく知るギューリックは友情人形を贈る際、くれぐれも返礼の心配はしないように、その代わりに手紙や日本での生活を写した写真、絵葉書などを送って欲しいと記した手紙を同封していた。これに応じ人形を受け取った学校では、お礼状や写真、児童の絵や習字などを送り主へ送付していたが、さらに答礼の品を贈り親善を深めようとの気運が高まり、ある新聞社の主導で人形使節を贈ろうという話も浮上した。そこで日本国際児童親善会では混乱を避けるため、検討を重ねたうえで、返礼として当時の女児の抱き人形として最もポピュラーであった市松人形をクリスマスに間に合うように贈ることに決定したのであった。しかし、短い時間と限られた費用では、アメリカから届けられたような大量の人形を用意することは難しく、また、アメリカ側からも多数の人形を分配するのは難しいとの意見が寄せられていた。そこで、大使を務める人形は全米各州に少なくとも一体ずつ寄贈できるよう、ミス大日本、各都道府県と当時の外地（台湾、朝鮮、樺太、関東州）、六大都市（東京市、横浜市、名古屋市、京都市、大阪市、神戸市）の代表人形の計五八体が製作されることとなった。

2 答礼人形の製作

一九二七年の初夏、日本国際児童親善会は『答礼の使者として米国へ人形を送りませう(8)』と題した冊子を友情人形を受領した小学校や幼稚園に配布した。そこには、人形を受け取った学校へのお願いとして、女児から一人一銭の寄付を募ること、出来上がった人形の展覧会や送別会を催すこと、児童が書いた親善の手紙を持たせるなどの要望が記されていた。どんな人形を作るかについては、「人形は特別に注文して、十分丈夫に十分美術的に作らせなくてはなりません（中略）多数の製作を忙いだが為に却て朴撰なものを造り上げますより寧ろその数を少くして巧緻典雅な人形を代表的に渡米させた方が遙かに日本人らしい方法かと思います」(9)と、子供たちが普段遊んでいるような市販の人形ではなく、数は少なくとも上質で、日本の伝統美術の紹介にもなるような人形をつくり使者とする計画が示された。しかもそのサイズは二尺七寸（約八〇センチ）と、当時の幼女の身長にも比する非常に大きなものであった。この日本側の答礼人形計画からは、ギューリックらアメリカ側が抱いていた、子供にとって身近な人形を通して日米の子供が直接交流を行うことで、互いの文化に対する理解を深めさせようという当初の児童教育的な目標から次第に乖離し、民間外交の体裁をとりながらも、国の威信をかけた大がかりな事業へと進展していったことが窺える。

人形の製作には、最高の職人技が結集された。《ミス大日本》と六大都市の代表人形は、京都府学務課の斡旋で京都の老舗丸平大木人形店が製作を請け負った。京都製の人形は全て木彫胡粉仕上げで、その典雅な顔立ちは祇園祭の山鉾の稚児人形などに見られる伝統的な京人形の様式をとっており、手足の関節は凹凸に作って接合する昔ながらの三つ折れ人形の技法が用いられた。右手は扇子を握れるよう丸い輪を結んでいるのが特徴である。また、腹部には鞴式の笛が仕込まれ、押すとキュッと音が出るようになっていた。着物は、各市の市章が入った比翼仕立ての振袖が誂えられた。

このほかの各道府県と外地を代表する五一体の人形の製作は、東京雛人形卸商組合が取り仕切った。東京の人形は木彫ではなく、短期間での量産に適した桐塑で製作された。腹部には京都の人形と同様に鞴式の笛が仕込まれて、人形の瞳にはいきいきとした輝きを放つよう人間用の義眼を用い、手足はそれぞれ縮緬で胴部に繋ぎ動かせるようにし、脚部の関節には立ち座りが出来るよう蝶番とゴムを用いた新方式が取り入れられるなど、その構造にはアメリカ人形の製作技術に対抗する様々な新工夫が施された。さらに組合では、人形使節にふさわしい最良の作品を選別するべく人形の審査会を企画、人形の土台となる生地を参加希望者に配布し、市松人形職人以外にも門戸を開いた。九月の上旬に開催された審査会では、一〇〇余体の人形のなかから九名の人形師の手による優秀作が選別され(10)、入選作には製作費として各五〇円が支払われたという。これは当時の大卒初任給に相当する高い報酬であった。東京製の人形には、五つ紋の友禅縮緬の振袖と西陣織の本金丸帯がそれぞれに仕立てられ、当時の美容界の第一人者であった遠藤波津子が着付けを行った。さらに、外国への正式な大使の身だしなみとして、コンビネーションと呼ばれる上下つなぎの肌着、白羽二重の足袋も特別に誂えられた。持ち物には草履や高下駄、日傘のほか、着物と同じ紋が配された黒漆塗り金唐草模様の箪笥や長持、鋏箱、鏡台、針箱、雪洞などの調度類も揃えられた。答礼人形の製作費は一体につき人形本体が一五〇円、衣装が一五〇円、持ち物が五〇円の計三五〇円という非常に高価なものであった。これを五八体製作するとなると、その費用は二万円を超える。一般的な人形は一円から六円で、最高級のものでも八〇円ほどであったことを考えると、破格の品だったことが分かる。

出来上がった人形はそれぞれの道府県に送られ、お披露目の会が催された。旅立ち前の里帰りを終えた人形は、子供たちの手紙や作文、絵、写真、地域の特産品や郷土玩具、お茶会を催すための茶道具など、たくさんのアメリカへのお土産を携えてふたたび東京に集合した。今も残る答礼人形の箪笥や長持の中には、手縫いの布団や長襦袢、かいまき、化粧小物などが丁寧に納められたものもある。答礼人形計画とそれに付随する歓迎行事が大人主導のものになっていったとはいえ、人形が持参した品々からは、友情人形を贈ってくれたアメリカの子供たちへの感謝の気持ちと、自分の暮らす町を知ってもらいたいという想い、そして海の彼方へ旅立つ人形が異国で寂しい思いをしないようにとの心遣いなど、子供たちの様々な願いがこめられていたことが伝わる。関東大震災以来の不況と金融恐慌に陥っていた当時、人形送付のために集められた一銭募金は子供にとっては貴重なお小遣いだったであろう。しかし、募金は文部省の予想を超えて二万九〇〇〇円ほど集まり、アメリカへの答礼人形送付事業の経費は全て募金で賄われた。

3　答礼人形の旅路

答礼人形は一一月四日に日本青年館で行われた盛大な送別会ののち、十日に横浜港を出発、途中ハワイのホノルル港へ寄港して一一月二五日にサンフランシスコ港に到着した。排日運動の激しかったカリフォルニア州では、日系人たちが祖国から届けられた親善人形を熱狂的に出迎えた。二七日にサンフランシスコの金門学園で行われた歓迎会には、人形をひと目見ようと周辺地域から一万人以上の観覧者が詰めかけたという。五八体すべての人形が勢揃いし披露されたのはこのときだけで、各地の新聞がこの珍しい大使たちの来訪を報じた。

サンフランシスコとその周辺都市での公式歓迎会を終えた答礼人形の一行は輸送経費の問題から二手に分かれ、一七体が陸路で、四一体が船でパナマ運河を経由してニューヨークを目指すこととなった。陸路の一行はまず、日系移民が数多く暮らすロサンゼルスの各都市を訪問したのち列車でアメリカ大陸を横断し、途中シカゴやワシントンで歓迎式に出席しながら、一二月二八日にニューヨークに到着した。ギューリックらに抱きかかえられて列車を降りた答礼人形を、歓迎委員会の人々や多数の子どもたち、記録映画の撮影班らが出迎えたという。人形を乗せた大型バスは二台のオートバイの先導でニューヨーク市庁舎へと案内され、市長や市民から国賓同様の手厚い歓迎を受けた。その様子はニューヨーク・タイムズ紙などの一面を飾り、日米親善人形計画の意義が喧伝された。年が明けた一月四日には航路で運ばれた人形も到着し、五八体の答礼人形は連日のように晩餐会やお茶会などのレセプションに招かれ、一部は有名百貨店に展示され一般公開された。

こうしたニューヨークでの歓迎の様子が連日報道されたこともあって、世界児童親善会には各地から訪問依頼が殺到し、その数は五〇〇箇所にものぼったという。そこで親善会は、できるだけ多くの要望に応えられるよう、答礼人形を六組のツアーグループに分けて各地に派遣し、そこからさらに小さなグループへと分かれて小都市を訪問する旅程を立てた。また、こうしたツアーとは別に、世界日曜学校大会や全国教育協会、キリスト教女子青年会など、友情人形送付に尽力した団体の会合で特別に複数の人形が集うこともあった。親善会の記録によれば答礼人形は、一月から七月にかけて四七九の都市を訪問し、それぞれの土地で数回の歓迎会が催されたという(11)。残念ながら詳細な旅程の記録は残されていないが、当時の地方紙の報道を辿ると、大都市ばかりではなく、今では地図に載っていないような小さな村にまで足を運んでいたことに驚かされる(12)。

この親善訪問は、多くの街で人々がはじめて日本文化に触れる機会となった。前年に行われた友情人形計画では、実際にはほとんどの参加者がニューヨーク周辺の東部の州に集中していた(13)。しかし答礼人形が各州に一体ずつ寄贈されることになったことで、友情人形送付の際には参加しなかった地域にも、答礼人形が訪問することになったのであった。

世界児童親善会は、人形を迎える各地の団体が答礼人形のメッセージを伝える効果的な展示を行えるよう、歓迎プログラムの具体的なプランを作成し、日本のひな祭りを説明する資料や、友情人形の日本での歓迎の様子を撮影した映像などを貸し出した。その内容は次のようなものであった(14)。

1. ボーイスカウトによるアメリカ国旗の掲揚
2. 日本国旗の掲揚（できれば日本の少年による）
3. 「美しきアメリカ」斉唱
4. 日本の国歌「君が代」演奏
5. 友情人形についてのお話
6. アメリカ人少女への人形の贈呈と挨拶（できれば日本の少女による）
7. 『翼のある靴』（アンナ・ヘンプステッド・ブランチ作、歓迎ページェント）（一〇分間）

8.「友情の歌」（マリオン・グレイ作詞、ジョン・A・ロジャーズ作曲）斉唱
9. アメリカの友情人形に対する、日本側の歓迎の詩朗読
10.『フレンズ・アクロス・ザ・シー』（前イタリア駐在米大使ロバート・アンダーウッド・ジョンソン作詩）朗読
11.「太陽と星」斉唱
12. 映画『アメリカの友情人形に対する日本の歓迎』（三〇分）
13.「アメリカ」斉唱

このほか、地元の主催者の企画で、日本舞踊や茶道、日本料理の紹介などもしばしば取り入れられた。こうした会の準備には、前年に友情人形計画に携わった団体が中心的役割を担っていたが、同地に暮らす日系人たちにも積極的な参画の場が与えられたことは、特筆すべきであろう。

ギューリックは、答礼人形が多くの街でアメリカ人の心をとらえ、親善の使命をしっかりと果たし期待以上の成果を上げたと記している。友情人形を贈る際に行なわれた送別会や答礼人形の歓迎会など、日米の文化が共存したレセプションが大人をも巻き込んでアメリカ国内で繰返し開催されたことは、日系移民に対する蔑視や文化的無理解を多少なりとも和らげる一助となったのではないだろうか。

親善訪問の任務を終えた答礼人形は、全米各州の博物館や図書館などの文化施設に寄贈された。寄贈後の人形の動向を知らせる資料は少なく、はじめのうちは日本関連の行事やひな祭りの際に展示されたり、異文化を学ぶ際の教材として利用されていたが、次第にその存在は顧みられなくなっていったようである。

一九二七年の日米親善人形計画では、両国あわせて五三〇万人もの人が参加し民間外交を体験した。歓迎会や展覧会の観覧者を含めるとその数は計り知れない。友情人形の到来は、日本国内で高まりつつあった反米世論を覆すことに成功し、答礼人形のアメリカ各州への歴訪は、日本文化に対する人々の関心を高め、また日系移民が地域住民と協

働する機会を与えたという点では、両国の親善に一定の成果を上げられたといえよう。その一方で、当初に目指された子供同士の直接的な交流は、次第に大人たちの複雑な思惑が混ざり合い、形式的で体面を重視したものになっていったことは否めない。桐箱に収められ、校長室や道徳室にしまわれた友情人形や、博物館の展示ケースに飾られた答礼人形とその繊細なお道具類に触れ、実際に遊んだ子供はどれだけいただろう。ギューリックが目指した、未来を担う子供たちがお互いの文化を学びあうことで友好を育み、将来に起こりうる摩擦を予防するという壮大な理想を実現するにはほど遠かった。

周知のように、この熱狂の人形交流のわずか一〇年後には太平洋戦争が勃発し、人形を介して交流を図った同じ世代が戦場で顔を合わせることとなった。青い目の友情人形は敵性視されてその多くが処分の憂き目に遭い、アメリカに渡った答礼人形もまた、ほとんどが戦時中に収蔵庫の奥にしまい込まれたまま忘れ去られた。なかにはコレクションから外され売却されたものもあった。

しかし一九八〇年代以降、青い目の人形を守った人々のエピソードが注目を集めたことを契機に、この人形交流に心動かされた多くの人々によって献身的な調査が進められ、二〇一二年現在、国内では三三一体の友情人形の現存が確認され、アメリカでは五八体の答礼人形のうち四七体の消息が判明している。

4　答礼人形の現在

最後に、京都から送られた二体の答礼人形《ミス京都府》と《ミス京都市》のその後を追ってみたい。

《ミス京都府》は半年以上の親善訪問の旅の後、一九二八年七月六日にボストン子供博物館に収蔵された。寄贈時の記録には、痛みが激しく頭部にはひどい損傷があるので今後の貸出や移動は控えた方が良いと記されている。《ミス京都府》は答礼人形のなかでも特に出色の出来で、製作者の平田郷陽もこの人形との記念写真を遺しているほどであり、「京都」という日本を代表する都市の名前と相俟って、親善訪問のあいだも大変な人気であったと推察される。アメリカ到着時に陸路でニューヨークを目指した一七体のひとつだったこともあり、旅の間に状態が著しく悪化したのであろう。一九八五年に修復のため里帰りした際には、頭部に無残な修繕を施された大きなひび割れがあり、子供たちと交わした握手やキスのためか顔や手は胡粉がはげ落ちひどい染みや汚れが付着していた。修復は郷陽の弟子の手で行われ、傷の補修と色あせた肌の化粧直しが施され、髪も洗い直して植え付けられ、褪色した着物も染め直された。美しい姿を取り戻した《ミス京都府》のボストン側への引き渡し会は当時の皇太子夫妻も列席され、華やかに執り行われた。また帰国前には、マサチューセッツ州知事夫妻とともにボストンと京都市の姉妹年提携二五周年を祝う式典に出席し、早速人形大使としての任務を果たしている。現在は、ボストン子供博物館内の「京町屋コーナー」の一角に常設展示されて人気を集めており、二〇一三年の同館の一〇〇周年記念の際には、世界の子供たちの友好のシンボルとして大きく取り上げられた。

一方、《ミス京都市》は現在、アーカンソー州リトルロックにあるアーカンソー・ディスカバリー博物館に所蔵されている。この人形も《ミス京都府》と同様に人気が高かったようで、ニューヨークやボストンでの歓迎会ののち、マサチューセッツ州やオハイオ州の各都市を歴訪したことが当時の記録から知られる。京都で製作されたこの答礼人形は木彫であったため、日本と気候や湿度が大きく異なる環境のなかで長い年月を過ごすあいだに、顔や手足に亀裂や剥落が生じており、状態の悪化を食い止めようとしたのか、顔はニスでコーティングされ、薄くなった眉はマジックで描かれているという痛ましい姿となっていた。さらに、一九七〇年代後半に人形の着物が色褪せていたのを見た日本人の団体から寄贈されたという別の着物が着せられていた。幸い元の着物は保存されていたが、帯や小物は失われていた。

しかし二〇一一年に里帰りを果たし、丸平大木人形店にて大規模な修理が行われ、帯も復元され美しい姿が蘇った。京都と東京で行われた里帰り展示の後にアーカンソーに戻った際には、州知事らも列席し盛大な歓迎会が催され、地元の日系人による日本舞踊なども披露され、新聞やテレビで大きく報じられた。また、日米親善人形計画の歴史についての講演会も行われ、その親善大使としての意義が再確認された。現在は地元のドール・クラブから寄贈された専用のガラスケースに収められ、博物館のエントランスに飾られているという。

この二体に限らず、多くの答礼人形がこの二〇年のあいだに、それぞれの故郷の人々の尽力で里帰りを果たし、美しくお色直しを済ませて再び大使としての任務に就いている。今では里帰りをしていない答礼人形のほうが少なくなった。所蔵館の多くは日本からの調査依頼や人形の里帰りを機に答礼人形が担っていた使命を知り、現在では三月のひな祭りや八月の終戦の時期に人形を展示し、子供たちが異文化交流や人権、平和について考える題材として用いている。

近年の日米人形交流事業への関心の高まりや両国での調査の進展から、友情人形と答礼人形は日本とアメリカを結ぶ文化親善大使として再び脚光を浴び、国内外で展覧会が盛んに行われるようになってきている。二〇一〇年には、サンフランシスコのアジア美術館で開催された日米修好一五〇年記念展『サンフランシスコを訪れた大使たち』に、《ミス大阪府》と《ミス福島》が出品され、現在の金門学園に通う児童たちが答礼人形を見学に訪れた。その中には八五年前に答礼人形と対面した児童の曾孫もおり、日米の国交や日系人の歴史を学ぶまたとない機会となったという。また、二〇一二年の春には、バージニア州のタウブマン博物館で『日米の友情人形展』が開催され、修復後の《ミス京都市》や新発見の答礼人形が紹介された。このほか、友情人形がアメリカに里帰りするケースも増えてきている。

こうした日米親善人形計画の再評価のなかで、まだ見つかっていない人形を探し求める人、人形の里帰りに関わった人、書籍や展示で人形の存在を知った人……それぞれが新たなスポークスマンとなって、この計画を顕彰する活動を続けている。友情人形や答礼人形に関わる人の輪が拡がっていく現象は、感染力の高いインフルエンザに喩えられるほどである。そのほか、ギューリックの孫で、メリーランド大学教授であったギューリック三世が一九八〇年代から続けている「新・青い目の人形」はじめ、日米の有志によってひなまつりやクリスマスに親善人形を贈りあうプロジェクトも受け継がれている。一九二六年にひとりのアメリカ人宣教師が提唱した人形を介した日米文化交流の精神は、時代の流れの中で一時は頓挫したものの、その後多くの人の手を介して生き続け、二一世紀の現在も新しい国際親善交流を育み続けているといえよう。

註

（1）ギューリックについては茂義樹「シドニー・ギューリックについて――非日法案をめぐって――」『キリスト教社会問題研究』第34号（同志社大学人文科学研究所、一九八六年三月）、加藤延雄「シドニー・L・ギューリック宣教師について」『同志社アメリカ研究』第17号（同志社大学アメリカ研究所、一九八一年）を参照。

（2）The Committee on World Friendship Among Children "Doll Messenger of Friendship", 1926.

（3）The Committee on World Friendship Among Children "Dolls of Friendship" (Friendship Press; New York, 1929) pp.17–19.

（4）Ibid. p.11.

（5）日本児童代表であった徳川順子氏の回想（『青淵』第四二三号、一九八四年六月）を参照。

（6）『京都日出新聞』、『大阪朝日新聞（京都滋賀版）』（一九二七年三月二日―四日）を参照。

（7）武田英子『写真資料集青い目の人形』（山口書店、一九八五年）を参照。

（8）『答礼の使者として米国へ人形をおくりませう』（日本国際児童親善会、一九二七年）。『渋沢栄一伝記資料第三八巻』（渋沢栄一伝記史料刊行会、一九六一年）所収。九〇―九三頁。

（9）前掲書、九一頁。

（10）答礼人形の製作者は瀧沢光龍斎、岩村松乾斎、太田徳久、本多芳郎、林重松、山本正吉、平田郷陽、小沢新作、樫村瑞観の九名であった。詳細は拙稿「答礼人形の製作」『海を渡った人形大使』（同志社大学人文科学研究所、二〇一二年）を参照されたい。

（11）"Dolls of Friendship" (1929) p.105.

（12）答礼人形の親善訪問については、アラン・スコット・ペイト「TOUR OF DUTY 答礼人形たちのアメリカでの旅路」『海を渡った人形大使』（同志社大学人文科学研究所、二〇一二年）を参照。

（13）"Dolls of Friendship"（1929）Appendix によれば、東部一九州とカリフォルニア州で九〇％近い人形が集められたことが分かる。
（14）"Dolls of Friendship"（1929）pp.105-106.

3 シンポジウム「シドニー・L・ギューリックと渋沢栄一　日米親善の架け橋」

1　アメリカに渡った黒い目の答礼人形——歓迎と反響——

アラン・スコット・ペイト
（田中圭子訳）

日本からアメリカへと旅立った答礼人形については、一九二七年一一月末にサンフランシスコに到着した時の様子や、その年の末にニューヨークで盛大な歓迎を受けたこと、そして、それから八五年あまりの時を経た現在の状況が、これまで様々なかたちで紹介されてきた。しかし、人形たちが一九二八年から一九二九年にかけておこなった全米各地への親善の旅は、今も多くが謎に包まれている。この美しい人形たちは旅の途中、どのような歓迎を受けたのだろうか。そして、現地の人々はこの一風変わった大使にどんな反応を示したのだろうか。また、旅を終えて博物館に寄贈された人形がその後、親善大使としてどのような活動を行ったかについても、あまり知られていない。五八体の答礼人形のうち何体かについては、所蔵先に残された記録や当時の新聞記事を通して、親善交流の旅の間に起こった出来事や、寄贈後の展示の様子を知る事が出来る。この発表では、近年のアメリカでの調査で新たに発見された資料から、答礼人形たちがアメリカ到着後どのような運命をたどったのかを紹介したい。

アメリカ人の日本人形に対する愛好は、実際には一九二七年の日米親善人形交流のかなり前から始まっており、答礼人形がアメリカを訪れる以前から少女たちは数世代にわたって日本人形で遊んでいた。シドニー・ギューリック博士が日米の政治的対立が深刻になるなかで親善人形プロジェクトを思いついたのも、人形には普遍的な魅力があり、親近感を持ちやすいものだったからだろう。彼のスローガン"Say it with dolls"には「人形を介して」交流を深めようという想いが込められている。ギューリック博士は、アメリカの子どもたちが日本の子どもたちのために人形を用意して服を着せ、名前をつけて個人的な友好の使者として日本へ送るという計画をたてた。そのなかには、日本の童話を読み聞かせたり、日本の習慣や地理について教えるなどの教育的な要素も含まれており、遠く離れた国に暮らす友達に人形を贈ることが、友情を育む自然な行為であると感じさせる工夫が施されていた。

青い目の人形が日本に到着すると、全国各地で盛大な歓迎会が行なわれた。人形を受け取った日本の子どもたちは歓迎の様子を写した写真をお礼としてアメリカの子どもたちに送った。アメリカの子どもたちは、自分たちが身支度を整えた人形を日本の子どもたちが嬉しそうに抱きしめている姿を見て、強い親近感を覚えたことだろう。こうした交流は、日米の子どもたちの間に親密な仲間意識を培うのに役立った。数ヶ月のあいだに、日本での青い目の人形の暮らしぶりを伝える写真が次々と海を越え、さらに、答礼のための人形が準備されているという知らせも届けられた。早いものでは一九二七年三月の新聞が黒い目の人形が贈られると報じている。そのため一一月に答礼人形がアメリカに到着したときには、大人も子供も熱烈に歓迎し、サンフランシスコでの歓迎会は全米から注目され、各地の新聞がこれを取り上げた。

日本に贈られた青い目の人形は全部で一万二七三九体であった。これだけの数の人形を日本で効率的に配布するには綿密な計画が必要だったが、アメリカに届いた答礼人形は五八体だけだったので、大きな問題は起こらないだろうと考えられていた。しかし、青い目の人形が子どもが遊ぶ為の小さなものだったのに比べ、日本からやってきた答礼人形は八一センチという大きなサイズであり、漆塗りの家具や茶道具などは子どもたちが遊ぶのにはあまりにも繊細なもので、輸送も困難であることがすぐに明らかになった。結局五八体の人形がすべて飾られたのはサンフランシスコの金門学園で行なわれた歓迎会だけとなった。

アメリカでの答礼人形の歓迎の様子については、ワシントンDCやニューヨークでの歓迎会のほか、各美術館、博物館、図書館などに寄贈される前に各地を訪問した際の記録などが多数残されている。私は人形研究者としてこの四年間、アメリカ各地に点在する答礼人形が贈られたとされる全ての場所を訪れ、現存する答礼人形の写真を撮影し、過去の文献資料をくまなく探した。いくつかのケースでは、一体の答礼人形がニューヨークから永住地となる博物館へ到着するまでに辿った道のりを同じように旅した。その旅の中で私は、答礼人形が大都市から街へ、そして小さな村々へ、更に隣の州へと旅をする間にどのように各地の人々に受け入れられていたのかを伺い知ることができた。当時、町から町へと旅を続ける答礼人形の様子は、ほとんど例外なく新聞などで報道されている。小さな町での歓迎会でさえ、数千人の来場者があったという。

答礼人形の親善訪問に関する新聞報道は多いものの、写真付きのものは珍しく、この時期に撮影された写真は残念ながらほとんど残っていない。一九二八年四月一四日のナイアガラ・フォールの新聞に載っていた珍しい写真には、左に《ミス岩手》、右に《ミス京都府》が写っている（図1）。ミス京都府のとなりにいる少女は今も健在で、彼女が八五年前に答礼人形に会った日の記事をスクラップブックに大切に保存していた。

新聞報道は主に、答礼人形の旅についてふたつのことを記事にする傾向がある。まず、キリスト教宣教団やYWCAなど友情人形の旅を支援した団体に関する報道で、子どものことよりもこの事業に関係する大人たちについての内容が中心であった（図2）。このほか、ひな祭りや日本文化における人形の重要性がしばしば説明されている。これらの記事から答礼人形のアメリカでの旅路を辿るなかで、三つの重要なポイントが明らかとなった。

1. 日系人の市民権や移民問題に関する議論はほとんどなかった。
2. 旅の間に人形の取り違えが起こり、どの人形がどの県の代表であったかが混乱していることが判明した。

例えば、一九二八年二月二〇日のデトロイト・ニュース紙に掲載された写真には、「《ミス石川》に挨拶するパトリシア・ロバーツ嬢」と記されている。しかし、実際に写っている人形は、現在は《ミス三重》として知られている人形である。さらに、近年の《ミス三重》についての調査の過程で、この人形はもともとは《ミス宮崎》であることが判明した。では、本物の《ミス三重》はいったいどの人形なのだろうか。こうした謎を解き明かすため私たちは調査を続けている。

3. 人形はアメリカの子どもたちへのお返しとして作られたが、その大きさや繊細さのために実際に子どもが触れる機会はほとんどなかった。博物館に収蔵された答礼人形は多くの場合、美術品や教育資料として扱われた。この時期に撮影された写真のほとんどが、子どもよりも大人が人形と接している様子を写している。

この調査の収穫は、長い間忘れられていた人形に関する記録を見つけられたことである。たとえば、ユタ州ソルトレイクシティに贈られたとされる《ミス福井》は今も所在不明で、関連する記録も残っていないとされていた。しかし私はソルトレイクシティでの調査の中で、一九二九年に州庁舎で撮影された答礼人形歓迎式典の映像を発見した。この映像には《ミス福井》が日系人のユリコ・イイダさんから州知事の娘であるベッツィー嬢へと贈られ、さらに彼女の父であるダーン州知事に手渡される様子が写っている。そして次のシーンでは、三番叟や日本舞踊を披露する子供たちと、それを見つめる日本人の群衆が記録されており、答礼人形の歓迎会に現地の日系人がどのように参加していたのかを教えてくれる。

旅の終わりに黒い目の答礼人形たちは図書館や博物館に永住先をみつけた。常設展示された人形は多くの場合教育プログラムなどで活用され、親善大使としての役割を果たし続けた。しかし一九二八年にワシントンDCのスミソニアン博物館で撮影された《ミス大日本》の展示風景のように、常設の展示ケースは形式的で堅苦しく、隔たりを感じさせることもあった。これは青い目の人形とは正反対である。これとは対照的に、ミルウォーキー美術館での《ミス茨城》の展示は非常に工夫されたもので、人形だけでなく雛道具や茨城の名産品などのも一緒に飾られていた。ニューヨーク郊外にあるニューアーク博物館に収蔵された《ミス大阪市》は、美術館が毎月行なっていた所蔵品をスケッチするという子供向けの教育プログラムで人気の画題だったようだ（図3）。

新聞報道からは、答礼人形は所蔵先に到着してからしばらくのあいだは様々なイベントに招かれ、人々の注目の的だったことがわかる。この写真（図4）では《ミス長野》が『ミカド』という一九世紀に書かれた日本風のオペレッタの扮装をした役者たちに囲まれている。このときの上演には《ミス長野》も「小さなティティプー姫」として、たくさんの子どもたちとともにキャストに加わった。このほか、一九三一年三月に作文コンテストでソルトレイクシティの少女が優勝したことを伝える記事は、彼女の作文タイトルが「ひなまつり」だったと報じており、その他の記事からも日米親善人形交流が日本に対する理解を深め、友好を育むのに役立っていたということが分かる。

答礼人形とアメリカの子どもの交流を示す写真として良く知られる一九二八年にサウス・ダコタ州庁舎で撮影された《ミス鳥取》にあいさつする子供の写真はかわいらしいが、黒い目の人形に会ったアメリカの子どもの緊張した表情は、青い目の人形を受け取った日本の子どもといかに違っていたかをはっきりと示す。一般的に、人形を守ることは子どもが人形に接することよりもずっと大事にされていた。

その例外として、長い間《ミス新潟》とされてきたコロラド州デンバーの《ミス横浜市》がある。この人形は公立図書館の子ども部屋に置かれており、人形と握手したり、絹でできた着物に触れたりできるようになっていた。また、子供たちのお茶会にもしばしば参加していた。こうした子供たちとの触れ合いのため、はじめて修復のために日本に里帰りした時は、ほかの人形と比べ特に痛みがひどい状態であった。あまりにも可愛がられすぎたのだろう。

しかし、戦争が起こる前から、すでに日本の青い目の人形もアメリカの黒い目の人形もその意義が失われていたことは明らかである。例えば、「不親善人形物置へ　童心を傷つけた青い目の人形」（『大阪朝日新聞富山版』一九四一年一二月一一日）という日本の新聞記事は、少しの間に人々の態度が変化したことを伝える。アメリカでも同じように、人形への関心がなくなるにつれて多くの人形の保存状態も悪くなり、戦争がはじまるとほとんどが収蔵庫にしまわれ、

図1　《ミス岩手》と《ミス京都府》『ザ・ガゼット』（1928.4.14）

図2　『シンシナティ・デイリー・タイムズ・スター』（1928.2.2）

図3　《ミス大阪市》をスケッチする子どもたち
ニューアーク博物館蔵

図4　『ミカド』の俳優たちと《ミス長野》
ロジャー・ウィリアムズ・パーク自然史博物館蔵

そのまま忘れ去られた。壊されたのではなく単純に忘れられていたのである。

今回の展覧会に出品されている《ミス青森》は特に面白い例である。世界国際児童親善会が発行した答礼人形の永住先を記した一九二九年のリストにも一九三〇年のリストにも載っていないため、元々どこの博物館に贈られたのかは未だに分かっていない。この人形は一九六三年にマサチューセッツ州のゴドヤの骨董店で発見されたが、髪は乱れ、着物は片袖がなく、左足首から先は失われていた。今ある足先はこのとき人形を購入した少女の祖父がこしらえたもので、家族の一員として大切にされてきたことが伝わる。モンタナ歴史協会に所蔵されている《ミス石川》（元《ミス秋田》）も、修復以前は同じようにひどい状態であったが、今では以前よりも愛情をもって大切に扱われている。これら日本に里帰りし修復を終えた人形は、再び親善大使としての役割を果たせるようになった。

一九八〇年代に友情人形に対する関心が再び高まり、高岡美智子氏をはじめ日米両国のたくさんの人々の熱心な取り組みにより日米親善人形に関する様々なことが明らかになった。近年では友情人形に親善大使として再び働いてもらおうという活動が非常に盛んになっている。今回の展覧会のような日米親善人形交流を顕彰する展示がアメリカでも開催されるようになってきた。二〇一二年にはバージニア州のタウブマン博物館で友情人形展が開かれる予定である。友情人形はふたつの遠く離れた国々の子どもたちの間に友好関係を育むという当初の目的を超え、私たちがお互いに異なる文化をより深く理解し尊重し合い、学びあうきっかけを与え続けてくれている。インターネットが普及し、フェイスブックやツイッターなどの様々なコミュニケーション・ツールが発達した現代でも、美しい「人形を介して」こそ、多くの人々に伝えられるメッセージがあるのだ。

2　渋沢栄一と日米人形交流

是澤博昭

渋沢の国民外交

渋沢栄一は、攘夷の志士から幕臣、そして明治政府の役人になるなど、激動の時代を数奇な運命をたどりながら生き抜いた人物である。そして、大蔵省を退官すると、日本に欧米風の財界をつくるために力を尽くし、近代日本のあらゆる産業をおこしたといっていいほどの活躍をした。彼は、単なる実業家、資本家にとどまらない、「民間経済界」を作り上げた人物だ。また、利益と道徳が両立する経営精神を説き、文化を支援し、東京養育院をはじめ障害者や貧しい子どもの施設を助け、国際交流にも尽力した。

特に、晩年日米問題の解決のために活動したことが、最近注目され始めている。彼は、実業界の一線を退いた後、外務大臣の小村寿太郎の要請もあり、日米関係を悪化させていた日本人移民の排斥問題の解決に余生をささげるのである。

当時米国では、選挙で選ばれた代表者が、政治を行うシステムが確立されていた。つまり、議会制民主主義が定着して、世論を無視して政治が出来ない段階にさしかかっており、国民レベルで親善を深める必要があった。その時日米両国の政財界に太いパイプを持つ渋沢が、民間人として「国民外交」を担う人物として適任であった。そして彼も、これからの外交は政府や外務省ばかりではなく、国民が政府を助けなければならないと考えたのである。渋沢は日米関係委員会をはじめさまざまな人的ネットワークを作り上げるが、その米国内の有力な協力者の一人がギューリックであった。

ギューリックとの出会い

ギューリックが渋沢に出会ったのは、米国に帰国する二、三年前だ。彼は渋沢の人柄にひかれ、その理念に深く共鳴した。しかも二〇年以上も日本にいた彼は、日本人と同じように日本語を話した。外国語ができない渋沢にとって、唯一直接話が出来る親日的な米国人であった。そしてギューリックの帰国後、皮肉にも移民問題の悪化とともに、二人の信頼関係は、ますます親密になっていくのである。

一九一三年ギューリックが一時帰国のつもりでサンフランシスコに到着すると、日本人移民の排斥が大きな問題となっていた。米国政府としては、排日問題は日米関係の悪化をまねくばかりで、外交上何一つメリットがない。できるだけ穏便にすませたいが、国民の世論は無視できない。当時サンフランシスコあたりで排日運動をすると、選挙で票が集まり、新聞も売れるなど、政治家やマスコミも一緒になり、扇動的な世論が盛り上がっていた。そこでギューリックは、日米関係をこれ以上悪化させないために、同志社大学の職を捨てて、米国内で日米関係の改善運動に没頭することになる。

移民法から人形交流へ

彼らの努力もむなしく、実質的に日本人移民を締め出す「一九二四年移民法」（以下「移民法」）いわゆる排日移民法が議会で成立し、日米関係は最悪の事態となる。日本国内の新聞雑誌はヒステリックに騒ぎ立て、各地で抗議集会が開かれ、国民の大多数が憤慨した。

それでも渋沢はあきらめずギューリックに移民法改正運動を要請するが、かえって逆効果となり、彼らは改正運動そのものを断念することになる。もはや彼らに残された道は、「移民法」を離れて親日感情を増進させるソフトな教育運動だけであった。それが一〇年後、二〇年後の日米関係の改善の夢を、明日を担う子ども達に託した"Doll Project"であった。

日本には子どもの健やかな成長を願う人形祭（雛祭）がある。その日子どもたちは数多くの人形をもちより雛段に飾る。ところが欧米では、人形は玩具か衣料品店などで衣裳を着せて陳列するマネキンのような存在だ。ここにギューリックは異文化交流の可能性をみつけた。子どもの身近な遊び道具でありながら、日米両国で文化的に大きな違いある人形を通して、幼い時から他国の文化に触れ、互いの理解を深めることで、将来生まれるかもしれない文化的偏見の芽を取り除こうとしたのである。

彼の発案で発足した「国際児童親善会」では、募金やバザーなどを開いて、子どもたちが中心となり日本へおくる人形の購入資金を集めるよう、教会や学校などを中心に呼びかける。人形は日本の雛祭に参加するために贈られる友情人形（Friendship Doll）だ。それは米国の子どもたちの好意と友情を日本の子どもたちへ伝える大使である。ある学校ではクラス全員が分担して購入した人形の衣裳を作り、名前をつけ、手紙を添えた。なかにはビスクドールなど自分の家にある高価な人形を持ち寄るものもあった。こうして日本に好意をもつ米国の人々が心をこめた友情人形約一万二〇〇〇体が誕生したのである。これは子どもを中心とする市民参加型のボランティア運動であった。

民間人による国際文化交流

しかしこの計画を聞いた日本の外務省は困惑する。このような大量の人形を受け入れる機関もなければ、配布する方法も予算もない。しかも悪化した対米世論を好転させるどころか、逆効果になる恐れもある。そもそもこれは政府間の公式な贈答ではなく、ギューリックという一民間人の計画にすぎない。

そこで外務省はギューリックのよき理解者であり、民間人である渋沢に助けを求め、日本側の受け入れの責任者を渋沢に絞り、外務省・文部省が協力するという体制ができあがる。渋沢は「日本国際児童親善会」という受け入れ団体をつくり、外務省には輸入関税の免除を、文部省には人形の配布を依頼する。そして、予算がないと渋る両省を説得し、人形の受け入れにかかる経費の半分以上を負担することまで約束する。

人形は文部省により全国の小学校を中心に配布され、各学校で盛大な歓迎会がおこなわれた。一九二七年頃全国の小学校・幼稚園は約二万六〇〇〇校、配布された友情人形は約一万一〇〇〇体なので、二、四校に一体人形が贈られた計算になる。また歓迎会には男子や近隣の学校も参加したために、「友情人形」は「青い目の人形」という愛称で、全国の子ども達に強烈な印象を残した。さらにその保護者や教員なども考慮すると、大多数の国民が関係する国民的な行事となった。マスコミも大々的に報道し、日本の対米世論は好転する。そこで渋沢は日米親善熱をより確実にするために、駐日米国大使等の協力を得て、五八体の「答礼人形」を送り返すのである。

日米人形交流は日本の伝統文化をとおして相互理解を図る、民間人による国際文化交流の先駆的な実践例であった。「移民法」成立前後の日本で、渋沢はより自由な立場から政府間外交を補完する役割を担っていたが、その中でも社会的に最も大きな影響を与えた事業が人形交流であった。しかし「友情人形」が日本で熱列に歓迎されことと、人形計画の理念と目的が日本人に理解されたことは別問題である。

人形交流への誤解

当初から「友情人形」への日米間の対応には微妙なずれがあった。国として米国から「友情人形」が贈られたわけではないのに、日本では文部省をはじめ学校主導の儀式的な歓迎会がおこなわれ、国の威信をかけるようにして、答礼の人形が製作された。

確かに「答礼人形」も子ども達による一銭募金で作られているが、参加者には市民レベルで日米親善を図るという意識はみられない。むしろ文部省の主導のもと学校間で競って募金をしたという感が否めない。しかも生産力の点から、質量ともに米国と同じレベルの人形を集めることは不可能なので、数を限定して最高級の人形をつくり日本の人形文化を誇示するなど、「答礼人形」の制作事情は日本側の米国への気負いであふれている。

また日本で「友情人形」が熱狂的な歓迎をうけたといっても、それは国民の多くが「友情人形」の趣旨を誤解した結果であった。この人形交流は「移民法」に抗議する一親日家が中心となり、個人レベルで日本人との友好を深めることを目的とした文化交流にすぎなかった。しかし大多数の日本人は、これを米国からの贈りものと誤解する。それは「移民法」で米国から被った屈辱感の裏返しであり、その底流には米国へ対する日本人の屈折した感情が脈々とながれていたのである。

近代日本のコンプレックス

それは世界列強にようやく肩を並べた「近代日本のコンプレックス」とでも呼ぶべき国民意識であった。それが「移民法」の成立時にはヒステリックな反米世論となってあらわれる。だが裏を返せば、そのようなコンプレックスは、欧米列強諸国への憧れでもあった。それが日本の伝統行事である雛祭に、米国民が人形による文化交流を企てたと受け取る多くの国民の自尊心をくすぐり、熱狂的な歓迎となったのであろう。

当時の外地（朝鮮・関東州）に送られた人形の運命には、それを暗示させるものがある。例えば、国内よりも先鋭な民族意識を抱くものが多かった租借地関東州大連では、はじめ熱狂的な歓迎会が催されながら、それを戒める一市民の投書をきっかけとして反米論が新聞紙上で急速に拡大し、一転して「友情人形」は大連市民から排撃される。

また日本が強烈な民族意識を抹殺することに奔走していた朝鮮では、「一等国」日本を朝鮮人に「誇示する」という形であらわれる。ここでは人形歓迎会が日本語教育浸透のための宣伝に利用され、或いは米国と対等に交流する日本の姿を朝鮮人に示す「道具」として利用される。

しかもこれ以降日本国内では「子ども」あるいは「人形」による文化交流の形式だけが一人歩きをはじめる。これをモデルにした子ども・人形使節が満州国、朝鮮などへ企てられ、日本の伝統文化の優位性が説かれるなど、文化交流の形式をとった文化侵略へと転化するのである。

渋沢たちのメッセージ

人形交流は悪化した日本国内の対米感情を鎮静化するためには、ある程度の効果があったが、「日本人移民排斥問題」の元凶である文化的偏見を予防するために相互理解を図るという、根本的な目的は全く浸透しなかった。だが彼らの託したメッセージを、我々は真摯に受け止める時期にきている。相互理解をめざし国際的な視野で盛んに文化交流が行われている今日、国際交流の主役は民間人の側に移っている。日米人形交流は民間人による国際文化交流の先駆的な実践例だ。この人形交流にはどのような意味があり、そしてどこに限界があったのか、これらのことを改めて考え直す時期にきている。

人種的な偏見や文化的なすれ違いは、互いの理解を図ることで、近い将来確実に解決に向かう。渋沢とギューリックが明日の子どもたちへ託した夢の所産である人形交流は、これまでややもすると感傷的で、情緒的なものとしてのみ捉えられがちであった。だがその発想や方法論は、国際交流の原点として再評価される時期にきているのではないだろうか。

参考文献

是澤博昭『青い目の人形と近代日本』（世織書房、二〇一〇年）。

第二章　グローバル・アジアの文化交換

1　二つの日常生活アート間の文化交換（カルチュラル・インターラクション）

――「台湾原住民アート」と「オタクのフィギュア・マネキン」を交換事例として――

岡林　洋

筆者ならずとも、台湾南部のしかも山間地、屏東縣の霧台郷の環境の各所に散在する作品――杜巴男（一九三〇―二〇〇八）と三人の息子の作品――を見た時、これを何と呼び表すべきか言葉が見つからないであろう。最近になって筆者は、彼らの作品の特色に一番近い現代アートの用語として「環境作品」（＝日常の環境に紛れ込むようなアート作品）を思いついた。しかし彼らの作品は西洋的文脈の「環境作品」とは正反対の構造を持っているように思われる。本稿では、フィギュアやマネキンの「オタク的」日常生活を、台湾原住民のアートの理解の根柢に置き評価を試みる。現在の台湾原住民アートの理解のために筆者は「文化交換」（カルチュラル・インターラクション）という新たな方法論を提案してみたい。

1

日本統治時代（一八九五―一九四五）の台湾において、一人の日本人が原住民の日常生活にいち早く注目している。彼の名は塩月桃甫といい、日本の植民地主義文化政策のスローガンであった「郷土色（ローカル・カラー）」（＝台湾では日本を真似するのではなく台湾にしかない地方色を出すことが文化的課題となる）がむしろ台湾の山間地の原住民の日常生活の中に探されるべきだと指摘している。当初、台湾の名勝や漢人によって親しまれる名所旧跡あたりが「郷土色」の名の下に台湾人の美術の主題に選ばれることが日本側によって考えられていたと思われるが、こともあろうか塩月は日本政府の圧政に耐えかねて台湾原住民の蜂起した霧社事件［一九三〇］を一枚の絵にして台展に出品したのである。したがって美術教育者（画家）として日本の植民地政策を現地で実施するために台湾へ派遣された塩月は派遣した側の意図に背いて原住民の立場に立ったことになり、戦後の台湾での塩月の評価は高い。しかし本稿で塩月を取り上げるのは、日治時代の台湾原住民の日常生活について彼が着目したやりかたが「第一」の美学的方法と呼べるものと考えられるからである――この方法は、モダニズムの芸術家たちが西洋にはない民族芸術の技法をモダンアートの革命の名の下に取り入れて行ったやり方とごく近い。塩月自身がフォーヴスタイルのモダニズムの画家であり、ちょうどピカソがアフリカの民族彫刻を、自らが確立を目指したキュビスムの多視点遠近法の美学を確立するための踏み台にしたのとよく似ている。ピカソがスペインのゲルニカ村で起こった事件を有名な一枚の絵《ゲルニカ》に描いたように、塩月はフォーヴ的技法によって霧社で日本軍に追われ逃げまとう原住民の母と子を描いたのである。残念ながら本稿で取り上げる魯凱族の原住民アートは、おそらくピカソや塩月が関心を示すようなモダニズムの美学を背景にしないものであり、したがってそれは今後、西洋の前衛的芸術技法の一つに数えられるものとは考えにくい。

もう一人の、今度は日本人ではないが、また芸術家として台湾原住民自身が登場する話でもないが、台湾の漢人画家の、我々の問題領域において果たした重要な役割を忘れてはならない。陳進は台湾最初の女流画家として知られており、日治時代の日本（の女子美大）へ留学して日本画の技法を学び、戦後の台湾を代表する画家となったという経歴の持ち主である（しかしこの経歴の中で彼女の絵画技法が日本画であったことが逆に戦後の台湾において非難されることになる）。しかし今回は、「第二」の美学的方法としてポストコロニアルな文化理解の仕方を取り上げ、特に彼女の芸術活動の中で原住民の日常生活を描いた一枚の絵とその絵が異文化接触の狭間から誕生したことに焦点を当てて見たい。

陳進は日本人画家にも原住民自身にも描けなかった美しい台湾原住民の日常生活を《三地門社の女》という名の絵にしているが、彼女は、その際日本人さえ驚嘆せざるを得ない日本画の技法を使っている。まずこの点がこの画家の経験した一番目の異文化接触ではなかと考えている。画家は自らもその中で生きてきたであろう漢画という伝統的絵画技法に対して日本文化の産み出した日本画のそれは異文化であり、ここでまず激しい異文化どうしの接触と摩擦が起こっていたことが推察される。次の陳進の二番目の異文化接触として筆者が挙げるのは、先ほどの彼女の日本画の技法の使用とは全く別の次元の、むしろ日本統治時代における台湾原住民自身の部族的文化的特性の異文化性の問題であり、それが画家の内部で塩月とは結果的に真逆の選択を決断させるのである。彼女が絵の中に描こうとした「郷土色」、台湾原住民ならでは美しい日常生活は、当時、日本の統治政策に協力的な態度を示した（芸術の分野では彫刻に秀でた才能を持つ）排灣族のそれをモチーフとしたものであった——一方、排灣族と対照的に、霧社事件で見たように独立精神に富んだ（芸術的才能の点では衣装デザインの方面に優秀な）タイヤル族に対して、塩月は自らのモダニズムの前衛的精神から好意を示したと考えられる。ところでそもそも日本政府が台湾に対する文化政策の一つのスローガンのようになっている「郷土色」であるが、この陳進の絵が帝展に出品された際の審査評では、それが台湾原住民の生活の中から見事に伝わってくると高く評価されている。台湾の「郷土色」を描く台湾人画家を育てるという日本政府の思惑に、これほどマッチした画家も他にはいないし、絵も他にないのであって、さらに解釈を進めて、日本政府の統治に従順な三地門社の原住民は、台湾で現在こんなに美しい身なりをして幸せに暮らすことが出来ることを宣伝しているのではないだろうか。筆者は、日治時代の台湾「郷土色」美学について、ここでは原住民の生活や文化が原住民以外によって表現されるという制約付きで、極めて部分的にしか説明できていないことを覚悟の上で、以下のような三条件を提出してみたい。(1)日本の統治に従順もしくは協力的である部族の生活のみが「郷土色」を表す資格がある、(2)絵は日本人がこれまで親しんできた技法、例えば日本画の技法、西洋画の技法でいえば例えば水彩や油彩等を学び会得したその上で描かれること、(3)その「郷土色」の表現は、日本に協力的である部族はこんなに幸せに豊かに暮らしていることが画面から分かるように美しくなければならない等が言えるであろう——この「郷土色」の三条件のうち塩月の霧社事件を扱った、原住民の反乱を赤裸々に描いた（彼は台展の審査員であったがゆえに可能であった）作品には、第一条件が欠けており（霧社事件のタイヤル族は戦闘的、反日的である）、第二条件では問題が複雑である（塩月の絵画技法である油彩には問題がないが、フォーヴのスタイルでは台湾「郷土色」をリアルに描くことが困難かも知れない）。第三条件は欠けている（塩月の美学からすれば、日本への協力が原住民の生活を幸せにする、それを絵が美しく描くこのメカニズムは否定される）。

陳進が台湾「郷土色」の名のもとにこの絵で試みたことは、日本の哲学者、九鬼周造が欧州の人々の日本の女性の美に対するオリエンタリズム的憧れを日本人自身の手で一冊の哲学書『「いき」の構造』にまとめ上げたこととよく似ている。九鬼はあくまで欧州人に理解できるように留学で学んだハイデガーの存在論やフランスのベルグソン並びに現象学を駆使して、ちょうど陳進が日本画の技法を用いて行ったように、哲学的に日本独特の「いき」の美意識を解明したが、実はそのような「いき」はオリエンタリズムの名のもとに欧州人が勝手に日本にはこのような女性の美があってほしいとでっち上げたに過ぎない。それにもかかわらず日本の西洋哲学者自身がこのでっち上げに協力したというのが実情なのである。九鬼が日本女性の「いき」の美意識の実例としていた江戸の花魁と同様、この三地門社の排灣族の家族もまた日本によるありもしない台湾らしさをでっち上げることに協力しており、幾つもの異文化摩擦を経て「郷土色」の模範絵画が生まれることになったのである。

2

日治時代の台湾では、陳進に見られるようにこれ以上ないほど複雑で摩擦の多い異文化接触が起きていたのであり、これほど興味あるポストコロニアルの教材はないと考えられるが、我々の行わんとしている現在の台湾原住民アートの学問的分析と解釈さらには美学的評価の主戦場は、モダニズムと民族芸術との出会いの中にも、またポストコロニアル的観点から画家への幾つもの文化的強制の中に積極的異文化接触を発見することの中にもない。筆者が「文化交換」と呼ぼうとしている方法は、世界のアートシーンの中でいわゆる「中心」からは離れた、その意味では「周縁」に位置する複数の文化並びにアートの事例どうしの双方向的な交換の中で成立する。(1)

マネキンさらにフィギュアの事例が、いわゆる文化の「中心」と「周縁」の図式の中で後者「周縁」の側に位置づけられる理由は、それらがまさに「日常生活」の中で作られ社会的役割を果たしていることと密接にかかわっている。この「日常生活」の中で産み出されるマネキンは、それでもなお、その判断基準を美的価値に置く近代美学とは全く別の美学によって担われていることをヴァルター・ベンヤミンは『パサージュ論』の中で我々に問いかけている。ベンヤミンによれば、ウィンドーショッピングを楽しむパリの遊歩者達にとって商品をショーウィンドー越しに見せる商店側の戦略であるのがファンタスマゴリー（幻影）なのである。パサージュでは例えば蝋人形の置かれたミュージアムが、ルーヴルのような美の殿堂に代わって遊歩者の心を奪ったとされる。蝋人形は人に美的感動を与えはしないが、人の目をひき、人を立ち止まらせ、実際の人間がそこにいるのかと人の目を欺く。一方、マネキンは常に店主によって服を着せられ店内に立たされ、見るに人に服の購入を巧みに勧める。マネキンに似合う服なのに自分がそして自分の子供にも似合うと見る人に錯覚させるのである。そのような巧妙なテクニックを持ったマネキンが優れているのである。ベンヤミンのいうファンタスマゴリー（幻影）を武器に日常の仕事をこなしているマネキン達は間もなくいわゆる「二次創作」の手法によって現代アートの世界に登場することになる。それをマネキンに行わせたのが有名なフランスのマネキン写真家のベルナール・フォコンであることは、現代の人形文化に関心のある人ならば、よく知られている。本稿はこのマネキンの現代アート化や二次創作が南仏の地においてのみならず、台湾原住民の村、霧台でも行われていたのではないかと考えている。

(1) 霧台村マネキンアート・マップ

台湾屏東縣霧台郷　原住民アート所在地マップが発表者により作成された。参照されたい。霧台村へのアクセスの拠点となる三地門から車で約三〇分、村へは一本道でつながっている（途中で何箇所もがけ崩れの現場があり現在、大型バスの通行が不可能の状態、三地門からすぐの所に警察の検問所もありパスポートチェックが行われる）。村の主要施設と杜巴男らの作品のある山頂部までの沿道は、もちろん屋根つきではないがパリのパサージュにも負けない活気に満ちている。杜巴男と息子達のマネキンやフィギュアを思わせる原住民アートを中心に作品の設置された場所を確認しておく。

1、山の中腹にある村の入り口の手前、山の麓にあるカトリック教会の聖堂内部は二〇〇脚ほどを大量に規則正しく並べることによって民族工芸品の椅子（杜巴男らの手になるものではない）が教会の宗教的雰囲気を醸し出す。信徒が礼拝の時に着席する比較的背の低い椅子の背もたれに驚く。我々の背中を支えるのは部族民の男の頭部付きの上半身である。これらの椅子は民族工芸品として販売されているのと同タイプだが、黒光りした椅子から男たちが首を出し全員が祭壇に向かって右側に目線を送っている様からは、部族の集団の力が聖なる空間を根柢で支えているかのような不思議な幻想にかられる。

2、村の入り口では、魯凱族の部族服を着た男女が横一列に並び村の訪問者を出迎える（三男杜勇君作品）。他に次男の矢を空に向かって射る作品も展示されている。入口を過ぎさらに登るとこのパサージュ最大の見せ場に出くわすことになる。三男の平屋建ての自宅があり、屋根の上に三人の人物が座って道行く人の方にそれぞれ目線を送っている（図1）。そこは環境と一体化しながら原住民のフィギュアアートの存在を訪問者に知らせる屋外展示場の役目を果たしている。山頂までの道のりはもう一息、途中で中華レストランに立ち寄り空腹を満たすのがお勧め。ここで訪問者のみならず、村人たちも憩いのひとときを過ごすのである。

3、山頂に到着、霧台パサージュのフィナーレを飾るのが「芸術街（アートストリート）」で、入口付近には、次男の卡拉瓦の「芸術家の家」兼民宿があり、その敷地内には所狭しとフィギュア的作品が設置され一見の価値がある。卡拉瓦民宿の二階テラスからは、戦後この村に建設されたプロテスタントの長老教会が一望できる。杜巴男自ら教会のデザイン設計に携わったというが、ここで最も紹介したいのが、教会入口の手前に立つ教会の鐘をならす魯凱族の男の背丈三メートルもある巨大像であり、霧台村の守護神のような役割を果たしている（図2）。坂を少し下ると広場があり小学校と魯凱文物館が立っており、後者には、杜巴男の大木の根を利用した初期の木彫作品（森の獣たちと猟人であった自分をモチーフにした自刻像的作品）や男女像が所蔵展示されている。

4、さらに「芸術街」を進むと、二三軒の民宿、カフェテリアが続き、訪問者はこの近辺が絶好のフォトスポットであることを知る。カフェテリアの隣が頭目の家で、その前庭には、猪を背負って狩猟から意気揚々と帰ってきた魯凱族の男を表したフィギュア像（次男作）（図3）が迫力のある姿を見せていて、訪問者達はみなこの像をバックに記念撮影を行う。一筋上の道沿いの建物の壁には、見事に台湾原住民が横一列になり、隣り同士が手を組みながら踊り歌う様が描かれている。霧台村の藝術街（アートストリート）は芸術家杜巴男記念館で終わる。この記念館一階には杜巴男の多くの作品が展示されているがその中心に立つのは、直径が一メートルほど、高さはこの部屋の床から天井まで達する三、四メートルの大黒柱のような大木を分厚く掘り込んだ作品である。モチーフは記念館にあった大木の根を土台にした作品と同じ初期杜巴男が猟人として動物たちとともに暮らしていたころの自分である。この部屋の同じスペースには発表者が杜巴男のマネキンアート像と呼んでいる作品が置かれていた。

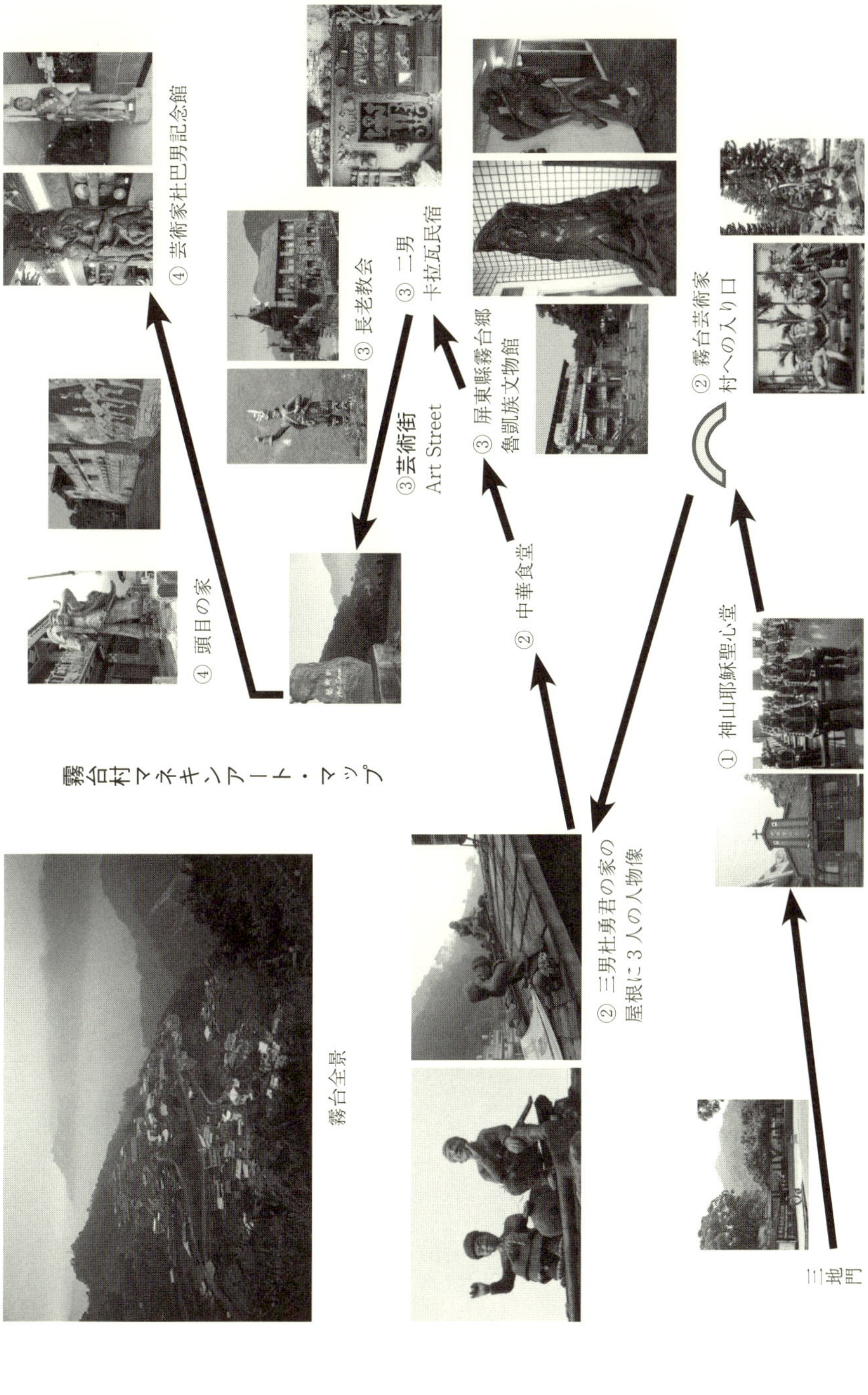
霧台村マネキンアート・マップ
霧台全景
三地門
① 神山耶穌聖心堂
② 霧台芸術家村への入り口
② 三男杜勇君の家の屋根に3人の人物像
② 中華食堂
③ 屏東縣霧台郷魯凱族文物館
③芸術街
Art Street
③ 長老教会
③ 二男卡拉瓦民宿
④ 頭目の家
④ 芸術家杜巴男記念館

(2) マネキンアート第一号――杜巴男「魯凱族の勇者」

筆者の理解している限り、等身大の木彫像で「魯凱族の勇者」をモチーフにしたと思われるこの作品（《自刻像》一九六三）は、杜巴男のマネキンアートの第一号である。もともとマネキンは店側が販売目的の服を着せるまでは裸であるのに対して、この像には魯凱族にとって特別の儀礼、たとえば結婚式の行われる日や部族の祝祭の日に部族の成人男子が身につける衣装が着せられおり、部族の男（芸術家、杜巴男自身）が晴れの衣装を着用している姿が木彫されていることが特徴である。言い換えれば部族の衣装を着たマネキンが木彫されているのである。しかし筆者がなぜこれほどまでに杜巴男の「魯凱族の勇者」像を、衣装を着たマネキンアートと見なすのかと言えば、第一に両者が直立不動のポーズをとった等身大像である点で共通しているからである（マネキンがそのポーズをとるのは、服の着脱に都合がよく、服の全体をお客に最もよく見てもらえるためであり、それが等身大であるのも販売される服のサイズに合わせての話である。「魯凱族の勇者」像でも、見る人の目が人物の方ではなくむしろ衣装の方に注がれることが意図されているように思われ、「勇者」と言いながら小柄な芸術家の背丈しかない）。第二にどちらも全く身体性を感じさせるところや、美しく、男性的な人体を思わせる部分もない（マネキンの場合、服を着ないままのツルツルしたからだを見せないのが普通で、身体細部が省略されている場合も多い。「魯凱族の勇者」像にも体の骨格や身体性を木彫する意図は感じられず、きゃしゃな体つきと、勇者の精かんさとは程遠い人のよさそうな顔つきとが、きらびやかな部族の衣装と対照的に浮かび上がる）。第三に彫刻にも彩色される場合には、多くが極彩色の派手で不自然な印象を与えるのに対して、どちらとも着ている衣装の色彩に多くの労力がさかれている（「魯凱族の勇者」像の部族の衣装はきらびやかな色彩を持った装飾品が服地の上に重ねられ、布地自体も幾種類もの織り方がされ異なる風合いを持っている）。ベンヤミンにとってマネキンに必要なものは美ではなくファンタスマゴリー（幻影）を抱かせることであったが、何かそれに似たことが「魯凱族の勇者」像でも起こってはいないか。たとえば、こんなに痩せていてきゃしゃな体型の持ち主に魯凱族の衣装がよく似合うのなら、自分達でもこの衣装さえ着れば「勇者」になれるはずであるとつぶやく原住民もいたかもしれない。杜巴男自身の作った部族の服の多くが記念館には飾られていて、原住民の各家にも魯凱の部族衣装が競うようにして飾られている。

猟人杜巴男の時期に制作された木彫作品は、森林と大地との中で獣たち――鹿や熊や猪さらに蛇――と芸術家が渾然一体となっておくる日常生活を内蔵したもので、そこではまだはっきりと人間と大地が分離できていないし、獣にも人間の衣装にも色彩は一切存在しなかった。ハイデガーの『芸術作品の根源』には、すべてを包み隠そうとする「大地」と真理を開き示そうとする「世界」との闘争において作品が生まれるという不思議な記述のあったことを我々は忘れてはいない。獣と猟人の入り混じった暗黒に近い「大地」と、人が単独像として目覚める色彩の「世界」との争いが終わった日に、この「魯凱族の勇者」像が生まれたのである。この作品を原点として息子達のさらにマネキン化とフィギュア化の傾斜を強めた作品の展開がはじまったのである。父親の作品は木彫で原則室内でマネキンアートとして陳列されるものであるが、比較的軽量であることから野外に立たせてみることもできることも、息子達の原住民アートの新展開に拍車をかけることになる。

より一層そのマネキン性を強調する方向にあると考えられるのが、魯凱族の結婚式の様子を木彫りした男女像《甜蜜之景》二〇〇二である。花婿が背中に椅子を背負い、花嫁を座らせ、結婚式に集まった人々の間を回って新郎新婦のお披露目を行い、皆から祝福を受けるのである。もうひとつ別の種類の結婚式のタイプでは、花嫁を椅子なしで花婿が直接背負ってみんなの前でお披露目を行うが、この二人を作品にしている。父の自刻像の場合、ノミの使い方とモデリングさらに彩色に美術的、絵画的な部分が残っていたのに対して、息子のそれにはもうほとんど美術的要素は残っていない。息子は自らの作品で特に新郎新婦の顔がアニメの登場人物のそれと思われることも恐れていないかのようである。父の像では顔が意図的に左右相称になることが避けられ、個性的で面白味のある表情の描写が優先されるなどしている。それに対して息子の新郎新婦像は典型的な美青年と美女の顔立ちをしている。婚礼の場での彼らに与えられたキャラクターは無個性で無性格、顔は左右相称ということなのかも知れない。

さらに長老教会の入り口前に立つ守護聖人を思わせるような背丈が三メートルほどもありそうな像（図2）、そして頭目の家の前庭に立つ猪を肩に背負った魯凱族の男の像（図3）あたりでは、息子達は父親のマネキンアートのスタイルからかなり離れることになる。一見彼らは父親の木彫から一気にプラスティック製のフィギュアへと作品の製法を転換したのではないかと思わせるほどである。皆がアニメなどの原画の中で知っているキャラクターをCG（コンピューターグラフィックス）を使って三次元立体像にしたものがフィギュアで、日本ではオタクカルチャーの主役の地位にある。ひょっとすると霧台村にも魯凱族によく知られているヒーローがいてアーティスト達はそれを元のストーリー場面にはない新しい場面の中に置きなおしたのかもしれない。しかも彼らはそのヒーローに好みのコスチュームを着せポーズをとらせたのではないか。実際は霧台村では鉄筋で像の骨組みを作り、コンクリートで肉付けするという製法がとられたのだが、特に長老教会の守護神像は、胴着の色彩が黒地に白い小さな水玉模様、それに囲まれて赤、緑、黄の原色が使われているなど、テレビアニメの番組から飛び出してきたキャラクターのようである。さらに霧台村の白ユリで飾られた冠にしても、教会の鐘を右手で高く掲げ左手でその鐘を鳴らす紐を引く両手のポーズにしても、また胴着の上に重ね着されたベスト（チョッキ）が風にたなびく様子や、すね当ての腰から膝までの膨らみなど、これはマネキンアートの次元を越えたフィギュアアートと呼べるだろう。頭目の家の男の像の方には、原住民の特に布農族の射耳祭によく似た情景のあることを指摘したい。祭りに捧げられる猪が獲物として捕獲され、それが部族の男が背負って村に帰ってくるというものだが、頭目家の像はこの原住民であればおそらく誰もが知っている射耳祭の背負う男の情景が二次創作されたものなのかも知れない。

杜巴男の三男である杜勇君の作品、屋根の上の三人の座像には、小さなマケット（模型）の習作（《魯凱族石板屋》）がある（筆者はその存在を今年二〇一二年の三月に霧台の魯凱文物館で開催された「杜巴男とその息子達」展で確認した）。この習作からは、霧台の山頂にある両親の家（現在の杜巴男記念館）の前庭で三男自身を含め子供達が楽しい時を送っており、屋根の上に年老いた両親が並んで座っている情景が見てとれる。この屋根の上に原住民が座る情景であるが、彼ら魯凱族と近接して暮らす排灣族の伝統的生活にも、台湾原住民資料(2)によれば、よく似た風習があるという。資料映像が教えるところでは、排灣族の家で薄い石板で葺かれた屋根の上に部族の儀礼衣装を着た男女二人が座って歌い、また別の場面では男が一人で竪笛を吹くような風習がある。これら両部族では二つのケースに見られるように、石板屋根の上に部族民が座ることがある点は共通している。しかし排灣族のケースでは、部族民が屋根に上ることには歌、楽器とのかかわりがある。それに対して魯凱族の三男の作品には歌や楽器との関係は見られず、人物を屋根の登らせる設定は二つのケースで大きく異なる。三男の作品で屋根に腰を下ろしている老夫婦は、三人の息子を育て上げてきた人生を懐かしむように、夫は煙草をくわえながら上方に目をやり、妻は針仕事を続けている。一人だけ離れて若者は両親には目もくれずおいしそうに酒を飲む。おそらく習作には年老いた両親についての三男の思い出がそのまま現われているのだろうが、彼らの人生物語の本編にはない新しいシーンが生まれている。三男の家の前を通る道から見える景色を考えてみると、二人から少し離れてもう一人が座っていることによって、広がりと余裕のある風景として見える。霧台村の山頂から下りてくるとはじめに我々の眼に飛び込んでくるのは、屋根の上に座って酒を飲んでいる若者

図1　杜勇君（三男）自宅屋上彫刻（「老人夫婦と若者」）

図2　卡拉瓦（次男）教会左側塔台上彫刻《魯凱族百合勇士》2004 年

図3　卡拉瓦頭目家前庭立像（「猪を背負う魯凱族勇士」）

の姿であるが、次第にその情景は、我々が三男の家に近づくにつれて若者越しに同じ屋根の奥に座る老夫婦が少し小さく見えるように変化する。さらに三人の後ろには道沿の民家や山腹の緑が見える（図1）。

この霧台の屋根の上の三人が、西洋や日本でいうところの一九六〇年代七〇年代の旧式のパブリックアートとは違うものであることは確かだが、それへの反省として一九九〇年代以降に出てきたエンバイラメンツ（環境作品の意味、例えばフランスのダニエル・ビュランのストライプの旗や門、日本の川俣正の仮設の工事現場や宮島達男の時刻表示用の電光掲示版など）の周囲の環境に邪魔しないようそっとそこにあってもおかしくないものを設置するやり方をもとっていない。まず霧台の作品は環境の中に置かれているものが人物であるという点が、西洋・日本タイプの環境作品と異なり、霧台の三人は周囲の環境を引き立たせるために置かれているのではなく、むしろ周囲の環境から浮き出てきて我々の眼を釘づけにする。それでは環境作品以外に一体、この霧台の三人の座像を見た時に発表者が受けた衝撃を説明するのに有効な美学的、文化的な文脈があるというのだろうか。実は三人のうち特に老夫婦が屋根に腰をおろしている情景を見ながら、どこかで見たことがあると思い、とうとう行き着いたのが日本の人気アニメ《エヴァンゲリオン》に登場する美少女戦士アスカが登場するあのワン・シーンであった。しかもその私が思い出したシーンでは、二重の意味でオリジナルのアニメに加工が加えられ逸脱が起こっている。アニメの二次元平面上の登場人物アスカが、フィギュア造型師（ボーメ）の手で三次元に立体化され、しかも原作にはない、夕日を見つめながら、まどろむというシーンの中に彼女のフィギュアを登場させている。日本のアニメ、フィギュアなどの文化は二次創作を通じてオタク達自身で主宰される同人誌などの中で無限の広がりを見せている。霧台の三人の像も杜巴男の家族の物語を二次創作して見る人を楽しませていると考えれば、原住民アートに関して多少解釈が進むのではないだろうか。

結びに代えて

筆者に台湾原住民の美学というテーマでの研究を勧める声が台湾の大学関係者から上がったのが昨年二〇一一年の一一月のことであった。(3) そのような意味では魯凱族の杜巴男とその息子達の原住民アートは、美学的方法が適用されるだけの資格を持った研究対象であると筆者は確信している。こう確信するのも、モダニズムでもポストコロニアルでも文化人類学でもだめだろう、一体、我々の原住民アートを理解する方法は他にあるのか、本当に新しい美学的方法をあなたは持ち合わせているのか、という明確なメッセージがここから伝わってくるからであり、というよりむしろ一種の挑戦状のようなものがそこからたたき付けられているように思われるからである。筆者が文化交換（カルチュラル・インターラクティブ）と呼んでいる方法を公表したのは今回がはじめてである。マネキンやフィギュアなどの文化事例が杜巴男らの台湾原住民アート研究に一定の成果を生むことになったかどうか評価を待ちたい。また今年の秋には、魯凱族の三人の原住民アーティスト達を日本に招き、シンポジウムを開き、彼らに自作について語ってもらいたいと考えている。(4)

註

（1）民族芸術に対する文化相対主義的なアプローチが文化人類学や民族学によってこれまで行われてきているが、例えば今日の台湾の排灣族の民族彫刻（より正確に言えば、原住民達の日常生活から生まれた民芸品に毛の生えたような木彫り作品）に対してはこの学的方法は有効であろう。だが排灣族の多くの民族彫刻から、現代アートの次元で取り上げられることになる杜巴男らの作品群を、美的、芸術的価値において区別することがこの方法では出来ないのであり、排灣族の民族彫刻と杜巴男らのアートの文化的価値は同じであり、最終的にアートでないものとアートとの区別もできないことになる。

（2）『台灣原住民生活影像』監修：順益台灣原住民博物館　SHUNG YE MUSEUM OF FORMOSAN ABORIGINES　制作一九九四

年。

（3）日本の同志社大学は、台湾三大学、國立政治大学と佛光大学との間で学生交換および研究者の学術交流に関する協定を結んでいる。毎年、日本と台湾とで交互に国際学術シンポジウムを開催しており、発表者の台湾各地の原住民村・文化村への頻繁な訪問や霧台村での原住民アート調査を、台湾三大学関係者は美学研究にまで高めるよう促した。

（4）シンポジウムは二〇一二年一一月二二日に同志社大学で開催された。

2

文化交換の美学

――ドイツ・中国両文化圏における歌への疎外を事例として――

岡林　洋

中国南部貴州省の少数民族である侗族の村で今日もなお途切れることなく繰り広げられている歌と音楽の活動がその一方にあり、ドイツ中世に花開いたマイスタージンガー（職匠歌手）たちの音楽文化がもう一方にある。この両国の文化間で筆者のいう「文化交換」という美学の方法が可能ならば、このテーマは私にとって単に冒険的な次元に留まったものではなく、かなりの成熟度を持って美学に使えるものになる。私は近年アジアの芸術文化を一旦、従来の民族学的、人類学的研究から引き離して新たにグローバルな美学の視点から研究し直すという課題に取り組んできた。例えば似た者同士であるものが「文化交換」によって着ていた服を一時交換して見違えるようなことは世間にもよくある話である。しかし今回は中国において歌に秀でた少数民族の侗族の文化とドイツの中世のニュルンベルクで活躍したマイスタージンガーの文化が交換の事例である。この似ても似つかない中国とドイツの事例に本当に「文化交換」が行われるのだろうかと読者は驚くにちがいない。どう見ても似ても似つかないもの同士にこの方法が試され、もしここから一定の成果があがるなら、それはこの美学の方法論の構築に進歩をもたらすであろう。

今回の「文化交換」は両国の歌文化に否定的概念、例えば「疎外 Entfremdung」や「異化 Verfremdung」を導入して行われる。私のこの分野での研究歴を振り返ってみて歌文化にこれらの否定的概念、「疎外」や「異化」を導入するのは今回がはじめてである。

侗族の村、小黄村とマイスタジンガーの都ニュルンベルクに交換に値する疎外や異化が実際に起こっていたのかも気になるところであるが、それ以上に気になることがある。それは中国の小黄村での歌の出来事は今のことであるが、ドイツのマイスタージンガーが活躍していたのは中世のことで、それを今起こっているようにいうのは、それがR・ワーグナーの楽劇表象となって我々が今日見ているからなのである。本稿では、時代と文化（表象）の次元の格差を越え、「文化交換」が行われるということであるが、このような幾多の困難を乗り越えて文化（歌による歌への疎外）に関してどのような交換が行われるのだろうか。まず両国の音楽文化に疎外や異化の現象が起こっていることを具体的に指摘し、今回は中国の侗族側の音楽現象を、その音楽の疎外の構造が漠然とではあるがすでに見えているニュルンベルクの文脈の中に、移植してみるという手順をとる。

1　今回の「文化交換」の説明

ここに私が取り上げる中国侗族の音楽の疎外（あるいは異化）の事例は、昨年の二〇一二年一一月二七日（ユネスコ文化遺産の「小黄村千人大歌」の二日前）の夕刻に、私がこの村をはじめて訪れた際に目撃されたものである。小黄村の鼓楼前広場では、この広場への入場門の内と外で各一隊音楽隊が向かい合う形で歌の疎外例を見せていた。私が見たのは「内」が出迎えの小黄村の男子音楽隊十名程（図1）、「外」が他村からの女子訪問隊二〇名程（図2）の二隊が、門を境に向かい合い、門の所で細くていかにも切れそうな綱によって隔てられていた。中国で出版されている『貴州民族風情図鑑』（載文年、楊民生、冒国安著二〇〇二年）には、攔路歌（ランルゲ Song of Blocking the Way）の項目があり——「行く手を遮る歌という意味で、侗族の伝統的な社交習俗である。客人が大勢でやって来るのが大好きな侗族は、客人がある村に着いたら、主人が必ず上手な歌い手を選んで、村の入り口で行く手を遮る陣を用意しておいて、客人と三ラウンド歌合戦したあと、客人が村の中に入ることができるようになる。本部落の女子は最初に行く手を遮る歌を三曲歌って、外部落の男の人は引き継いで歌うことになる。」という説明がなされているが、この広場で起こっていたのも確かに攔路歌である。この中国侗族の音楽隊の行く手を遮断する歌をドイツの文脈にこれから移植する。マイスタージンガーの歌文化での新参者を疎外し「歌い損ね」とする文脈が残っている。しかしこのマイスタージンガーの疎外文脈は侗族の攔路歌を受け入れる疑似的文脈として機能することになる。侗族の攔路歌が小黄村でどのように歌われていたかというと、広場の「内」と広場の「外」の部分とがあり、その内と外の境界で村の中心、鼓楼広場に入ろうとする他村からの女子の訪問音楽隊の行く手が遮られる。それと非常に似ているが、ニュルンベルクの歌文化の方も中世ドイツに存在した歌の規則を守ることを第一とするマイスタージンガーの文化と、そのマイスタージンガーになることをめざしてニュルンベルクの歌の学校にやってきた新参者のヴァルターの自由奔放な歌の世界とに分れている。それを受け入れるはずのマイスタージンガーの歌は新参者の歌に対して疎外的態度にでる。実は私は、侗族の小黄村で二七日に起きた行く手を遮ることの疑似的文脈は、すでにニュルンベルクの文脈の中に存在しているし、二九日の今日ユネスコ文化遺産に認定されている「侗族小黄村千人大歌」にも対立を乗り越えた疑似的文脈が既に存在していると考えている。しかし二八日の（「千人大歌」の前夜祭的な）村を挙げての歌祭りで起こった歌の疎外を適切に

図１　出迎えの小黄村男子音楽隊

図２　村を訪問した侗族女子音楽隊

図３　小黄村で出会った歌師

位置づける文脈が分かっていない。もちろんその三日間に小黄村の音楽イヴェントで起こった歌の疎外現象の全ての文脈を何もワーグナーの楽劇の世界に求める必要がないのかも知れないが、序論的な記述はこれぐらいにして本論に入りたい。

2　歌への疎外・異化と「文化交換」

本章ではまず本稿に関連する先行研究について触れ、この分野ではこれまでにない疎外という語の意味と使い方について説明する。

本稿を執筆する前に、私自身は台湾の原住民ルカイ族のアートと日本のオタクカルチャーを文化交換の事例とする研究を行っており、すでに論文――「二つの日常生活のアート間の文化交換」――として公表されている。また本稿と並行して、より厳密に言うと一か月ほど前に侗族の生業から発生する木槌を叩く音から問題を発生させ、マイスタージンガーの仕事歌における金槌叩き音との「文化交換」に持ち込むような冒険的な試みも行われている。アドルノのワーグナー解釈は刺激的であり《ニュルンベルクのマイスタージンガー》分析でベンヤミンの「ファンタスマゴリー」が焦点になっている点が指摘されるなど他に類をみない。二〇一三年はドイツにとってワーグナーの生誕二百年祭の年にあたっており、ニュルンベルクのゲルマン国立博物館や市立博物館では、この一九世紀の作曲家と中世の職匠歌手ハンス・ザックスを取り上げる展覧会が開催され、カタログの出版なども行われている。他方、薛羅軍の学位論文（『侗族の音楽が語る文化の静態と動態』二〇〇五年）は侗族の（小黄村の調査を含め）音楽文化への幅の広い民族学的音楽調査および研究が行われており、今回の私の侗族音楽の考察で参考にしたところが多い。しかし同書は小黄村の千人大歌とそれに付随した音楽現象を直接考察の対象にしていない。本稿が中国とドイツの両文化に同時に考察の網をかけることを意図しており、考察の視点の複数性という点で既存の個別研究とは全く異なっている。それでも「文化交換」の方法とほとんど同じ発想をアフリカの民族社会に持ち込んで新解釈を試みるドイツのフランクフルトの世界文化博物館の企画展《トレイディング・スタイル TRADING STYLE》（二〇一二年一一月～二〇一三年一一月）などは、私の主張する「文化交換」が美学の領域ではともかく、美術館などの文化芸術の実践的展示の分野ではもう当たり前のことであることを我々に知らせている。トレイド TRADE（独語名 Handel）は貿易、物と物との交換、商品と商品の交換を指すが、世界のファッション・スタイルが今や交換の時代に入っているというのである。

ところで「疎外 Entfremdung」、「異化 Verfremdung」の否定的概念を本稿では中独両国の歌の世界に持ち込もうとしているので、ここで簡単にそれらの概念規定を行っておきたい。「疎外」の方はヘーゲルの『精神現象学』ではじめてその語が哲学の表舞台に現われ（つまり絶対精神へと突き進むその道のりで精神が自然や芸術などへ寄り道をすることが精神の自己疎外と言われ）、その後マルクスの『哲学手稿』で「労働者にとっての労働の否定的側面」にこの語が使われた。マルクスの「労働者の活動は彼の自己活動ではないのである。それは他人（つまり資本家）に属するものであって、自己自身の喪失である」の記述は、「労働者の活動」の代わりに「歌手の活動」を主語に据えると驚くべき結論が予想でき、本稿ではさらに我々の眼を「異化」の概念の方に転じたい。

「異化 Verfremdung」は、言うまでもなくブレヒトの「叙事演劇」に用いられる彼の芸術的世界観を支える根本概念である。こちらは、私流に言えば経済学概念である「疎外」を演劇の世界に、つまり観客が舞台の出来事に感情移入、同化するのを遮断するのに、使えるように工夫されたものである。

それではこの二種類の否定概念を用いながら、中国の侗族小黄村の歌の世界で起こったことを、ドイツのニュルンベルクのマイスタージンガーの世界の文脈の中に移植する試みを通じて明らかにしたい。移植される側の文脈はあくまで疑似文脈であり、マイスタージンガーの歌の規則に縛られた世界である。この文脈に、中国侗族の小黄村の鼓楼広場の内側で待ち構える攔路歌を歌う男子歌手隊を移し、ニュルンベルクに新参者としてやってきた自由奔放に歌うヴァルターの歌の世界の文脈に、別の村からやってきた侗族の女子訪問隊を移してみよう。ニュルンベルクの方で起こっていた疎外的な関係は、侗族での行く手を遮断する歌と訪問隊の歌との間で起こっていた関係を説明するのに擬似的文脈として役立つのであろうか。

マイスタージンガーの世界に侵入すべくニュルンベルクに現われたヴァルターは、歌学校の開かれていた聖カタリーナ教会で歌の試験において新参者として疎外されることになる。マイスタージンガーは歌において守らねばならぬ規則を書いたタブレットをわざわざ掲げ、この規則に反することは七度まで許されるが、誤りがそれを超えると受験者は歌い損ねとの判定を受けると徹底的に彼を追い落とそうとするのである（新参者のヴァルターの歌には、判定者のベックメッサーによって黒板上に×が無数に付けられたことが楽劇の中で示される）。この徹底したマイスタージンガーからヴァルターへの疎外を、マルクスの主張に従って言い換えてみるとこうなる。このマイスタージンガーの世界ではヴァルターのような歌手が自己表現活動を行うことは認められず、自己自身を喪失せざるを得ない。マイスタージンガーの世界では歌は、その歌を歌う歌手個人に属すのではなく、他人（マイスタージンガー組合＝歌の資本家）に属すのである。

中国の侗族小黄村の受け入れ側（広場の内）も攔路歌を歌って女子訪問隊がこの村の歌の世界に入るのを疎外しているように見える。しかしその二隊は歌い合うことにおいて、マイスタージンガーとヴァルターのように、小黄村の歌の規則を守れ、守らない、の問答を繰りかえしているのであろうか。またこの村から選ばれた男子音楽隊が他村の女子訪問隊に疎外感を味あわせる役目をはたしているのであろうか。

私が鼓楼の前庭で起こっている歌の応酬において目撃したことというのは、小黄村の受け入れ側は血相を変えて入村してくるグループを追い払ったりすることではない。歌に返歌で応酬している場面では両グループとも実に楽しそうであり、歌の途中で区切りを付け独特の掛け声で囃し立てるところなど実に楽しく感じられる。今でもこの眼と耳にこのときの楽しい情景は記憶にはっきりと残っている程である。それにもかかわらず広場の門には細い縄が張られ、女子隊の行く手が遮断されるのである。それはなぜなのか。

ホスト（小黄村侗族）側はゲスト（他村侗族）側からの歌に対して歌のお返しを行い、その繰りかえしが続く（往復数回？）。

この歌の応酬に耐えられなければ他村のグループは村に入って歌を歌うことはできないというのが侗族の民族音楽が我々に教えているところである。ホスト側は恐らく小黄村の歌を指導してきた歌師（図3）によって伝えられ鍛えられた歌を持っているのであろう。入場門に縄を張ることによってはじめてそのような村の内の歌の世界とその外の歌との違いが生まれることにもなる。この繰り返しにベンヤミンのある概念を当てはめてみることができる。『パサージュ論』で主張されている「敷居の内と外の作りだし、敷居を超える」がそれである。入村を希望する歌グループと向かい入れる歌グループとは敷居の内と外を作りだしているという解釈である。そこにもし私がここで疎外概念を用いるならば、そこでは両グループの構想力によって歌の疎外的状況が仮設的に作られているのではないかという解釈が成り立つことになる。

以上は二〇一二年一一月二七日（「小黄村千人大歌」の二日前）にこの村で起こった歌の疎外の事例をニュルンベルクの擬似文脈の中に移し入れて考えてみた結果である。《ニュルンベルクのマイスタージンガー》の文脈において規則に縛られるのを嫌う自由奔放なヴァルターは、ハンス・ザックスの忠告――自分で規則を立て、それに従うのだ（Ⅲ－二）――を受け入れ歌を創造することに成功する。対立を抱えた村の内と外とが「侗族小黄村千人大歌」で総合される場面の疑似的文脈として一応説明がつくのではないかと思われる。

最後まで筆者が疎外概念による解明をためらってきた小黄村での歌の否定的出来事がある。本稿でそれを放置することはできないと考えてきた。その歌を否定する出来事が起こったのは一日目と三日目の中間の一一月二八日のことであるが、これが一体どのような歌の否定、疎外なのかは全く分からなかったし、疎外概念や敷居の内と外の考え方ではうまく解釈できないことだけは次第に明らかになってきていた。村を挙げての歌祭りは合計二日間行われ、二日目の「千人大歌」は鼓楼前の広場に合唱団用の仮設の舞台を設営し行われるが、一日目の方は、広場に面した建物のはめ込み舞台に二、三名から多くて十名程度のグループが次々と登場して歌と踊りを発表するというものであった。

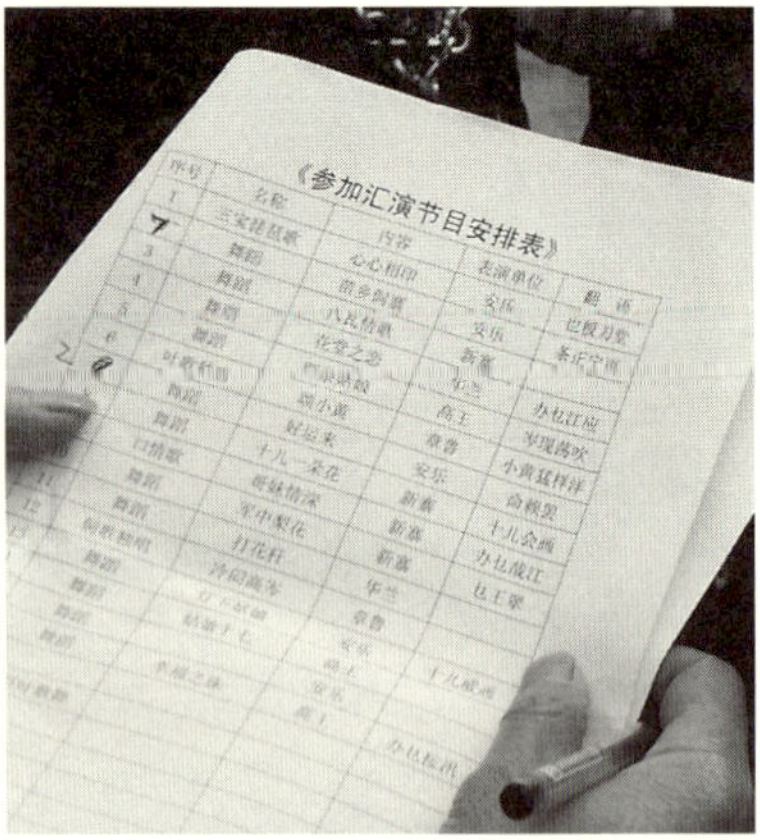

上，村の実行委員長が確認・検討する参加演目按排表（2012 年 11 月 28 日）

1 三宝琵琶歌　心心相刻　安東村
2 舞踏　苗郷侗塞　安東村
3 舞踏　六瓦情歌　新塞村
4 舞踏　花堂之恋
……　………

この演目は休みなく 16 まで続き，最後が歌う村長の挨拶になる．

第 1 場面　新塞村女子舞踏隊による六瓦情歌の舞踏．

第 2 場面　舞台はいったん中止に．

第 3 場面　笛と鐘の音が小黄村男子蘆笙舞から聞こえてきた．

侗族が出身の村を代表して歌と踊りを発表すると言えば大体の説明がつくという感じであり、最後には小黄村長の歌う挨拶もあり、この一日目の歌の祭りは村の公式行事であることが分かる（村長の「歌う挨拶」と簡単に言ってしまったが、これも私にとっては改めて吟味し文章にしてみたいテーマである。これはまた私流にピンときたのだが、もう少し調べてみて資料が集まれば、私は彼のことを中国小黄村のハンス・ザックスと呼びたいと思っている）。司会役は侗族の娘がつとめ、次々と出演者と演目が紹介され、侗族歌祭りは進行してゆくが、歌の疎外が起こったのは、周辺の村からゲストとして参加してくれた侗族が踊り、音楽が流れていた真最中であった――この歌祭りの実行委員長が広場で出演者と打ち合わせをしている場に私は遭遇して、演目原案を見る機会があった。歌祭りの録画と対照させてみると、その疎外が三組目の舞踏「六瓦情歌」（新塞村）の最中に起こったことが分かった。録画を再生して調べてみると、すでに司会者が紹介している時から、笛と鐘の音が遠くで聞こえている。

時系列に沿ってこの出来事を説明すると、一の場面では、新塞村グループ演目「六瓦情歌」の舞踏がはじまっており、この時既に笛と鐘の音が鳴り響いていた。二の場面では、笛と鐘の音が遂に最大の音量となり、その影響で舞台上の演技はいったん中止におい込まれる。三の場面では、笛の音は小黄村の男子音楽隊の楽器を演奏しながらの入場に伴うものであることが判明。その後直ぐに舞台は再開された。

ここではニュルンベルクの疎外の文脈に微調整的な修正を加えたり、中途半端に疎外概念を使い続けることはもはや得策ではない。いっそのこと新しい概念で、その前日の攔路歌での歌の妨げとこの日の村の男子音楽隊（蘆笙舞ルセンダンス）による他村の舞踏の中断行為とを一括りにして解釈することを選んだ方がよいのではないか。疎外概念に代えて異化概念によってこれらの歌や舞踏の中断行為を解釈することを提案したい。小黄村での攔路歌の構造を考えてみると、それはブレヒトの叙事演劇の舞台での観客を舞台の中に同化させたり、感情移入させたりするのを遮るまさに異化効果を持った歌なのではないかと解せられる。この場合、同化は一方（小黄村）への他方（他村）の遮ることのない合流を意味する。それに対して、ブレヒトの叙事演劇の舞台ではしばしば舞台奥の壁に真っ白な布が掛けられて我々の眼をまぶしがらせたり、また舞台から突然大きな騒音が聞こえてきて、観客の感情移入が妨げられる。同化が個別的なものが統合されることであると言われるのに対して、異化はその反対で差異化の方向を取る。したがって攔路歌とは村の外から入村を希望する訪問隊が村の内へと入る動きを妨げ、内と外とが統合する動きに待ったをかける音楽的異化行為であることになるだろう。また村の男子音楽隊（蘆笙舞）による妨害的行為もブレヒトの異化効果の舞台での突如として鳴り響く大音響と同種のものと考えればよいのではないか。

結び

あらためて今回の「文化交換」の中国・ドイツの歌の事例を振り返ってみて、ドイツ側のそれとして選んだものが、もっぱらR・ワーグナーの楽劇《ニュルンベルクのマイスタージンガー》の歌表象であったことの是非を今後さらに検討する必要があると筆者は考えている。また双方向的であるべき「文化交換」が一方向的になってしまい、もっぱら中国侗族の歌文化をマイスタージンガーの文化を借りて解釈してしまうことになり、その逆が全く出来なかったことは大なる反省材料である。両国の歌の文化圏を、本来は経済学の概念である「疎外」に含まれた否定的契機を軸として、文化の交換を行っているうちに、ブレヒトの異化概念と出くわすことになった。この概念がとりわけ侗族の小黄村で大いに使えるということが分かった点は本稿の収穫であった。ブレヒトの場合、叙事演劇に特色があるが、侗族の歌も概ね叙事歌であり、我々がイメージする歌とは程遠いものである。ブレヒトの叙事演劇概念と我々の演劇概念との距離を測ってみることと、侗族の叙事歌概念と我々の歌概念との距離を測ってみることで、また新たな「文化交換」の課題が見つかるかもしれない。最後に侗族の音楽文化の研究者である薛羅軍さんを私の大学の授業にゲストスピーカーとしてお招きしたことが、私に侗族の村に行く前の事前トレーニングの機会を与え、私をより小黄村に接近させることになった。この場を借りて感謝の意を表したい。

参考文献

ワーグナー《ニュルンベルクのマイスタージンガー》（一八六七年完成、一八六八年初演）

『ワーグナー　ニュルンベルクのマイスタージンガー』三宅幸夫編訳、池上純一監修、日本ワーグナー協会、二〇〇七年。

『貴州民族風情図鑑』載文年・楊民生・冒国安著、二〇〇二年。

《トレイディング・スタイル TRADING STYLE》（二〇一二年一一月〜二〇一三年一一月）フランクフルト・アン・マイン世界文化博物館企画展。

薛羅軍『侗族の音楽が語る文化の静態と動態』二〇〇五年。

清水正徳『人間疎外論』［精選復刻　紀伊国屋新書］一九九四年。

Frank P.Baer. Wagner――Nürnberg――Meistersinger Richard Wagner und das reale Nürnberg seiner Zeit. Verlag des Germanischen Nationalmuseums 2013.

Hans Sachs, Richard Wagner und der Nürnberger Meistersang, hrg. von Matthias Henkel und Thomas Schauerte 2013.
マルクス『経済学・哲学草稿』(マルクス・コレクションⅠ 二〇〇五年)。
アドルノ『ヴァーグナー試論』二〇一二年。

3 古都の記憶と西洋文化の形
――奈良基督教会の和風――

清瀬みさを

はじめに

平成九年、文化庁は、奈良基督教会を有形文化財に登録した（図1、2）[1]。昭和五年、英国国教会を母教会とする日本聖公会（The Anglican Episcopal Church of Japan）が奈良市登大路町に建立した和風の聖堂である[2]。有形文化財とは、平成八年に文化庁が文化財保護法の改正により明治以降に建てられた近代建築を保護対象として創設した登録制度をいう。この制度の登録基準には、（1）国土の歴史的景観に寄与しているもの（2）造形の規範となっているもの（3）再現することが容易でないもの、という三種がある。奈良基督教会の登録基準は、「国土の歴史的景観に寄与しているもの」であった。

この聖堂は、興福寺南円堂に隣接する寺院風建築であるために、「国土の歴史的景観への寄与」という文化財の登録基準にふさわしい。また昭和初期は、鉄筋コンクリートのビルであっても、瓦屋根を載せるなど日本趣味を探求した「近代和風建築」の時代であるが、和風のキリスト教聖堂は希少である[3]。

開国以来、キリスト教はどの宗派も恒久的な聖堂を造営する場合には概ねロマネスク、ゴシック様式、ロシア・ビザンチン様式などキリスト教固有の外観を採用した歴史がある。奈良と同じく「古都」と称せられる京都の場合も例外ではない。外来の精神文化が異なる風土に根付くために、どのような宗教建築の形や演出が適切であろうか。小論では、キリスト教会が奈良という歴史的風土にどのように対応しようと試みたのか、それを京都との比較を通じて考察してみたい。

1　奈良基督教会

日本聖公会は、アメリカ人宣教師マキム（John Mckim, 1852-1936）によって明治一八年に奈良伝道活動を開始した。そして拠点を六度も移した後、明治四二年に興福寺僧坊実相院跡の傾斜地、約一六〇〇坪を購入した。しかし、聖堂の建築様式案は二転三転する。聖公会のアメリカ人建築家が奈良の風土を鑑み寺院風外観を提案するが教会の同意を得ることができず、次いで聖公会の建築家・上林敬吉（明治二二～昭和四六年）および信徒で宮大工の大木吉太郎（明治二〇～昭和四六年）がゴシック風聖堂案を呈したが奈良県社寺課から認可されなかった。大木は県が純和風で奈良ホテル[4]（図3）に準ずるならば認可するという意向を確認し、最終的に、興福寺三重塔から三〇メートル、南円堂から六〇メートル、北円堂から八〇メートル離し、屋根棟は九メートル以内の高さにおさめる他、防火栓を建物周囲五箇所に設けるという条件付きで建築許可を得た。こうして昭和五年、和風の奈良基督教会が献堂に至った[5]。

この聖堂は、観光客で賑わう奈良市登大路町の商店街に正門を連ねる。敷地東端の正門から聖堂までは石段のまっすぐな軸線が正面玄関に導く（図1、2）。吉野杉の木造真壁造り、和瓦葺屋根の寺院風建築で、千鳥破風の玄関上に聳える十字架、そして大鬼瓦、隅瓦の抱き鳩と三葉形に刻んだ十字紋様がなければキリスト教の聖堂とは判別できない。寄せ棟造り平入りの堂内は、南北に長い三廊式で床敷き、北端の内陣、至聖所がそれぞれ一段高い。桐材の天井は格天井とし、外陣は角柱、内陣は円柱を用い、内陣仕切りは刎高欄と雲形透かしの欄間であり、欅の聖書台、祭壇上の祭具とともに設えは神社を思わせる（図4、5）。聖具は正倉院御物を模した七宝で製作されている。しかし、三廊式のラテン十字平面、立面に側廊の窓と身廊の高窓を三層に設け、外観では身廊が側廊より一段高くなる、という骨格はゴシック聖堂の文法を守り、丸柱を内陣に、角柱を外陣に使い分ける和の宗教建築の定法、また堂内外の社寺

図１　奈良基督教会（正門より望む）
昭和５年　大木吉太郎設計　木造平屋

図２　奈良基督教会（東上方からの外観）

図３　奈良ホテル
明治 42 年　辰野金吾設計　煉瓦造２階建

図４　奈良基督教会（身廊裾より見た堂内）

図５　奈良基督教会　内陣

風とが違和感なく見事に融合している。[6]

2　西洋の神学者から見た奈良基督教会

「国土の歴史的景観」に対する寄与が評価された奈良基督教会であるが、西洋のキリスト教神学者は聖堂の「和風」をどのように評価したのであろうか。

昭和一二年、アメリカの宣教学者フレミング（Daniel Johnson Fleming, 1877-1969）がその和風に着目し讃辞を残している。彼の著書『美の遺産――アジア、アフリカにおいて固有の文化の影響を示す現代キリスト教建築の写真入り研究――』[7]は、非西洋文化圏にキリスト教を自然に根付かせるためには土地の宗教文化に馴染んだ、しかも美しい形が有効であり信仰の道標になるという思想に貫かれている。西洋のキリスト教建築の形に固執する限り、キリスト教は外来の文化にとどまる。ストゥーパや仏堂、モスクなど土地固有の宗教建築の形は人々に精神的な影響力を有するという理由で、それを聖堂建築に組み込むことを推奨する。[8]

彼は日本国内については、奈良基督教会（図1）の他に日本聖公会の彦根聖愛教会（昭和六年、スミス牧師設計）（図6）、カトリック教会の奈良天主堂（聖ペテロ・パウロ教会、昭和七年、梅木省三設計）（図7）を写真とともに紹介している。三聖堂とも和瓦葺きの木造建築で、仏教建築の外観であったが、現存し機能を保っているのは奈良基督教会のみである。[9]

フレミングは奈良基督教会について、葛藤を経た聖堂建設の経緯を記し、建立した聖堂が深い緑と神社仏閣に隣接する立地を愛でている。外観では日本的な屋根の反り、奈良産の瓦に注目し、堅牢緻密で芳香を放つ杉材の柱や垂木が土地の信徒にとっては深い意味をもつと述べる。屋根に戴く十字架が外観を引き締めていると評し、堂内では、内陣仕切りの刎ね高欄に目を留める。そして、和風建築の屋根を象る聖書台はその上から福音が下されることを象徴していると解釈する。更に、彼は、聖堂建築、調度のみならず、起工のおりに和風の地鎮祭が執り行われ、紅白饅頭と

図6　旧彦根聖愛教会
昭和6年　スミス牧師設計
D. J. Freming, *Heritage of beauty,* New York, 1937　所載

図7　旧奈良天主堂（聖ペテロ・パウロ教会）
昭和7年　梅木省三設計
『奈良カトリック教会80周年記念誌編集委員会編『奈良宣教80年記念誌』1985年所載

茶が振る舞われたことも特筆している[10]。

しかし、この段階においては、まだ日本人はキリスト教徒も聖職者も、神道や仏教を思わせる形を取り込むよりは、過剰であっても西洋的な聖堂の形を好むために、日本における聖堂建築の和様化は進まないと締めくくっている[11]。

次いで、アメリカの神学者ホートン（Walter Marshall Horton, 1895-1966）は、一九四〇年に上梓した『キリスト教は文明を救いうるか』[12]において、東洋におけるキリスト教が母教会から独立し自国固有の文化との結びつきを深める傾向を指摘している。つまり聖堂建築、礼拝様式、福音の解釈が東洋化することであるが、土地に既存の宗教や信仰への連想を呼ぶことには宗教的限界があり、キリスト教には容認できないと主張する。ここでホートンは奈良基督教会を事例に挙げている。つまり、鳥居を連想させる内陣仕切りやお宮のような聖書台は信徒を困惑させ、宣教師に忍耐を強いると述べる[13]。

ホートンは奈良基督教会に異を唱えつつ土地固有の建築様式がキリスト教に適応する希望を将来に託し、一方のフレミングは讃辞を寄せているものの、日本人がキリスト教に和風を採用することに消極的であると悲観している。確かに、キリスト教は明治以降、百年余りを経ても日本では大勢を占めることに至らず、また聖堂建築における和風は僅かな例外に留まっている。

3　日本の風土とキリスト教聖堂のかたち

日本の風土にキリスト教を根付かせるために聖堂建築の形式はいかにあるべきか。その問いの原点は、一六世紀末に来日したローマ・カトリック教会のイエズス会宣教師ヴァリニャーノ（Alexandro Valignano, 1539-1606）に遡る。彼は、『日本イエズス会礼法方針』第七章において、習慣も建築物も和風に従うべきであると述べているが[14]、「ヨーロッパの慣習が保たれるように」カトリック教会の定法・ラテン十字の長堂式プランには固執している[15]。確かに、各種の南蛮屏風に描かれた木造の南蛮寺は様々な形態を示すものの、本格的な西洋の聖堂建築の形は見られない[16]。

ヴァリニャーノの時代と小論で扱う近代の間には、二六〇〇年に及ぶ長い禁教時代の断絶があり、開国以降の日本は明治政府の極端な欧化政策によって近代化を遂げた。新たな文化の器である洋式工場、官公庁、学校、駅舎などが率先して未知の工法や形によって新時代を画するランドマークを立ち上げ、景観を更新していった。幕末の戦乱で焼け野原となり、一一〇〇年近く維持した「都」の座を明け渡したばかりの京都とて例外ではなかった。

日本近代におけるキリスト教の再来は、安政五年の日米、日仏修好通商条約締結を皮切りに西洋諸国との交流に始まり、まず居留地から西洋風の聖堂建築が立ち上がった。パリ宣教教会のフランス人宣教師が横浜、次いで長崎の居留地に立ち上げた文久元年の横浜天主堂（聖心聖堂）そして元治二年の大浦天主堂（日本二十六聖殉教者堂）が嚆矢である[17]。明治六年、長い年月の果てに禁令の高札が撤廃されるとともに、キリスト教諸派は西洋の形を器に布教の拠点を設け、教育機関を創設して西洋精神文化の導入に力を注いだ。

4　古都と西洋のかたち、京都

京都においては、明治五年にキリスト教諸派の布教活動が始まる。そして、プロテスタント会衆派（組合教会）宣教師の新島襄（天保一四〜明治二三年）が明治八年、御所の東に同志社英学校を創設した。禁令が解けたとは言え、まだキリスト教に対する抵抗や偏見の強い最中の敢行であった。翌年、御所の北に校地移転した後、明治一九年にアメリカ人宣教師D・C・グリーン（Daniel Crosby Greene, 1843–1913）設計になるアメリカン・ゴシック様式の煉瓦造で同志社礼拝堂（図8）を建立した。現存する最古の煉瓦造プロテスタントの礼拝堂であり、国の重要文化財に指定されている[18]。

この後、京都ではローマ・カトリック教会、英国国教会を母教会とする日本聖公会、日本正教会（ロシア正教）が相次いで御所の周りや市街地中心に司教座聖堂を立ち上げた[19]。まず、カトリック教会は、明治二三年、三条河原町にパリ宣教教会のフランス人宣教師パピノ神父（Jacques Edmond-Joseph Papinot, 1860–1942）が設計した壮麗な白い伽藍・聖ザビエル天主堂（図9）を立ち上げた。煉瓦・木造混合構造の白い聖堂は、飛梁こそ無いものの、三廊式の平面構成、肋骨穹窿、三層式の立面構成で煌びやかなステンドグラスが壁面を飾る本格的なフランス・ゴシック様式の聖堂であるために、昭和四八年に明治村移転後、平成一六年に「造形の規範となっているもの」として国の有形文化財に登録された。

また英国国教会を母教会とする日本聖公会は明治二八年、御所の西にミッション・スクールの平安女学院を開校、イギリス人建築家ハンセル（Alexander Nelson Hansell, 1857–1940）設計になるクイーン・アン様式の煉瓦造校舎を建設した。そして隣接地に京都大聖堂兼女学院礼拝堂として建築家・立教学校長のアメリカ人ガーディナー（James McDonald Gardiner 1857–1925）の設計になる煉瓦造、三廊式のゴシック様式で聖三一大聖堂（現京都教区主教座聖堂・聖アグネス教会）を建立した。

　さらに、明治三六年には、御所の南に、日本正教会（ロシア正教）が西日本の主教座聖堂として京都ハリストス正教会（生神女福音聖堂）を献堂した。木造下見板貼り、ミントグリーンのペンキ塗り、ロシア・ビザンチン様式の聖堂設計者は京都出身の建築家・松室重光（明治六～昭和一二）である。聖アグネス教会、京都ハリストス正教会はいずれも京都市指定有形文化財に登録されている。

　こうしてキリスト教の聖堂建築は、西洋を擬した擬洋風建築、そして織物工場を中心とする様式工場、琵琶湖疏水関連施設、第三高等学校などの煉瓦建築とともに京の盆地景の中に近代を象っていった。現存するこれらの建造物の多くが国、あるいは市の文化財として保護され、評価されている。しかし、京都府は明治二九年に製造場取締規則を布達し、産業施設の乱立による風致破壊を規制する動きを、また国は翌年に施行した古社寺保存法によって由緒ある歴史的建造物を保護する方針を打ち出した。「風致」や「景観」という意識が生じていたことがうかがえる。そのような時に、京都が府庁舎に期待したのは本格的な西洋建築であった。

　明治三三年の『建築雑誌』に「京都の建築界」と題して、美術工芸の淵叢であり、また開発が早かったにもかかわらず京都にふさわしい洋風建築がないという論説が掲載されている。同志社建築は言うに及ばず帝室京都博物館（片山東熊［嘉永六～大正六年］設計、明治二

図８　同志社礼拝堂
明治 19 年　D.C. グリーン設計　煉瓦造平屋

図９　聖ザビエル天主堂
明治 23 年　ビリオン神父設計　煉瓦・木造混合平屋

図 10　旧帝国京都博物館
明治 28 年　片山東熊設計　煉瓦造平屋
建築学会編『明治大正建築写真聚覧』1936 年　所載

図 11　京都府庁舎
明治 37 年　松室重光設計　煉瓦造 2 階建
建築学会編『明治大正建築写真聚覧』1936 年　所載

八年）（図10）さえも京都の歴史を無視し、自然と調和せず、建築美という観念に乏しい、また京都の「美藝界」に西洋建築を理解する者もいないと嘆く。そして、京都府技師・松室重光に見識ある建築家として期待を寄せている。(20)

また明治三四年に府議会が府庁舎新築を可決した際にも、建築界から「京都市には一も完全なる西洋風の建築」がないために将来の規範に及ばなくとも「市の標目として体面を維持するに足りるだけの外観を備える」必要が説かれている。(21)松室によるネオ・ルネサンス様式の設計案をもって明治三七年に竣工した府庁舎は、西洋建築の規矩であり、京都の「標目」となった（図11）。現在は府庁舎旧館となったこの建物は、平成一六年に国の重要文化財に指定された。適用された基準は、（一）意匠的に優秀なもの（三）歴史的価値の高いもの、である。

5　古都と西洋のかたち、奈良

西洋のキリスト教が日本に再上陸してから七十年余りを経た時期になっても、奈良では聖堂に和風が強いられた理由は何か。全国的な近代和風建築の流行と時期的に重なるが、奈良近代には京都における観光的「古都」のリメイクとは質の異なる和風、あるいは国風への執着がある。奈良にとって都であったのは昔日の記憶であり、維新の頃には平城京の所在すら定かではなかった。そして維新後の奈良は自治権を剝奪された[22]。更に奈良の市街地は平城京の東に張り出した外京部分にあたるが、その中心を占める藤原氏の氏寺・興福寺も廃仏毀釈の嵐で廃寺となり[23]、伽藍は廃墟同然になり、明治七年には食堂が解体され、その跡地に擬洋風建築の寧楽（なら）書院が建てられ[24]、翌年には中金堂が堺県出張所に転用される有様であった。

奈良のアイデンティティは、明治一三年の太政官布達に始まる奈良公園設置と自治権の奪回とが軸を一にして、明治三〇年の古社寺保存法を梃に形成されていった[25]。具体的には、風光明媚な自然と京都にも存在しないような、千年を超える古社寺を保護し、植栽、ベンチ、橋梁から官公庁舎に至るまで洋風を断固排除することによって奈良公園一帯の風致を整備することであった。

旧興福寺境内が荒れ果て、擬洋風建築が幅をきかせることを嘆く奈良の心情は、「奈良公園ハ日本ノ一大公園ニシテ斯カル優美壮麗ノ公園中ニ不都合ナル建築物アルハ公園ノ風致上頗ル差支アリ」[26]という県議会議員・中山平八郎（弘化二～昭和五年）の言に代表される。猿沢池畔の料理旅館・菊水楼も明治二四年創業当時の擬洋風建築が酷評を浴びて和風に改築せざるをえなかった[27]。奈良で初めての本格的な西洋建築である片山東熊の帝国奈良博物館（現奈良国立博物館、明治二七年竣工）（図12）に対しても、奈良県議会が設計段階で和風建築にせよと異義を唱えている[28]。県庁舎は旧寧楽書院を転用していたが、新庁舎設計にあたって、奈良県議会から奈良県嘱託の建築家・長野宇平治（慶応三～昭和一二年）に「……奈良の地は我国美術の粋とも称すべき古建築の淵叢たり世人既に似而非西洋建築に嫌厭す宜しく本邦建築の優点を採るべし」という要求がなされた[29]。明治二八年竣工の県庁舎（図13）は、木造洋小屋組の二階建であるが、入母屋造、鴟尾を戴く瓦屋根を葺き、真壁風の付け柱、千鳥破風など和風の装飾を取り入れた「可及的」和洋折衷建築であった[30]。長野は西洋建築から遠ざかることを嫌い、二年足らずで奈良を去るが[31]、建物自体は公共建築における和洋折衷の範となった。

その後、旧興福寺境内地の公共建築は、奈良県物産陳列所（関野貞［慶応三～昭和一〇年］設計、明治三五年）、奈良倶楽

図 12　帝国奈良博物館
明治 27 年　片山東熊設計　煉瓦造平屋
建築学会編『明治大正建築写真聚覧』1936 年　所載

図 13　長野宇平治　旧奈良県庁舎
明治 28 年　木造 2 階建
建築学会編『明治大正建築写真聚覧』1936 年　所載

部公会堂（橋本卯兵衛設計、明治三六年）および奈良県立戦捷記念図書館（橋本卯兵衛設計、現・大和郡山市民会館、明治四一年）など一貫して和風で建造された。洋風建築の泰斗・辰野金吾も奈良ホテル（明治四二年）設計の際は煉瓦造洋小屋組であるが、外観は奈良県庁舎を下敷きにした鴟尾を戴く和瓦、真壁造風の和風を採用している。

明治四三年、長野宇平治は、日本建築の将来を論じた座談会において折衷や日本の新様式は時代遅れであると述べている。[32] 前章において京都の例を見たように時代は純洋風を志向していた。しかし、奈良がとりわけ建築物における和風に執着する理由は、明治二六年に奈良県議会が、古社寺保存法の成立を促進する建議書に見いだされる。つまり、京都府は社寺建造物が比較的新しいために主に器物（美術品）を念頭に置いているのに対し、奈良の生命線は千年を越す建造物であった。[33] そして、興福寺の旧境内地は寸断され僅かな建造物しか残らず、その中心地に国による擬洋風、洋風建築が建てられたために、奈良は一層古社寺の形に執着しなければならなかったのである。

おわりに
――古都の記憶と西洋文化の形――

昭和五年の日本聖公会・奈良基督教会、昭和七年のカトリック教会・奈良天主堂はいずれも旧興福寺境内地、そして近代の名勝奈良公園内に建立された。[25] しかし、奈良天主堂（図7）では、平入りの外陣角に高欄を設けた和瓦寄せ棟の鐘楼が突出しキリスト教の聖堂であることを視覚化し、その屋根上の十字架に水煙をあしらい仏堂形式との折衷を図っている。

設計者・梅木省三はカトリック教会信徒であり、奈良天主堂と同年にカトリック夙川教会を設計している。鉄筋コンクリート造でパリのサント・シャペルを模した二階建ての白いゴシック様式の大伽藍である。煌めくステンドグラスの壁面、レース細工のような鐘楼を戴き、周囲の街並を睥睨する垂直性を強調するこの聖堂は阪神間のランドマークとなっている。夙川では伸びやかな手腕を発揮した梅木も奈良では奈良公園や「興福寺などの社寺の風景にとけこむように工夫された古都奈良にふさわしい建築」[34]を課題としなければならなかった。昭和四三年、奈良カトリック教会は、教会移転・新築の際に奈良市内のどこからも見える十字架の塔を望んだが、県から許可が得られず低くせざるをえなかった。[35]

一方、奈良基督教会の設計者・大木吉太郎は郡山藩の棟梁の家に生まれ、若いときから一貫して奈良の古社寺修復に従事し、工法・造作に習熟していた。それゆえに風土を知る彼は、長野の県庁舎のような可及的和洋折衷ではなく、あくまでも興福寺の伽藍と溶け込む純和風の外観を採用した。また信徒である彼は、キリスト教建築の文法、意味をよく理解し、聖堂平面にはヴァリニャーノの『礼法方針』の指示に合致するラテン十字を、立面にはゴシック様式を採用している。さらに神社風の堂内では柱、欄間彫刻に日本建築における聖俗の使い分けをなじませ神仏の聖地にふさわしい確かな技量と経験を示し、公共建築より一層難易度が高い西洋の精神文化の器に奈良固有のかたちを創出したと言える。

京都では、カトリック教会が昭和十五年の高野教会を皮切りに昭和二十年代に西陣（二一年）、伏見（二六年）、山科（二七年）といずれもが当時関西で流行したスパニッシュ様式の聖堂を新築している。軒の浅いスペイン瓦葺きの屋根、ベージュの粗壁に幾何学的な透かし模様、半円形の長窓を特色とする軽快で明るい建築様式である。

京都では、古都のイメージをリメイクして残しつつ、近現代の都市としては常に記憶を更新する。それに対して、奈良では失われた古都の記憶、アイデンティティを奈良公園と古社寺のかたちに昇華しなければならなかった。奈良基督教会はその模範的な解答であったといえるのではないか。

註

（1）聖堂本体と会館（現・親愛幼稚園舎）を結ぶ渡り廊下が文化庁登録有形文化財 二九-〇〇〇二、および〇〇〇三番に登録された。

（2）小論では組織としてのキリスト教会を「教会」、キリスト教の教会堂は「聖堂」と表記する。また年号については、本文中では国内の事象については元号暦を基本とし、注の文献出版年には西暦を用いる。また図版について出典の断りがないものは論者による写真である。

（3）建築文化においても欧化一辺倒であった日本が過去の伝統を再評価するのは、産業革命を成し遂げ、まがりなりにも列強入りを果たした明治三〇年代以降であり、和洋折衷が建築家の課題となるのはようやく大正に入ってからであった。そして、大正末期から昭和一〇年代にかけて、鉄筋コンクリート造の公共建築の設計競技における和風の意匠が条件となったことが特筆される。その時代背景には、昭和一一年に竣工する国会議事堂の本建築（臨時議院建築局・渡辺福三設計原案）には国体の表現を、という帝国議会発足以来の建築界の命題、国粋主義の高まり、外国人観光客の誘致などが挙げられる。

（4）奈良ホテルは、興福寺塔頭大乗院跡地に立地し、辰野金吾（嘉永七～大正八）および片岡安（明治九～昭和二一年）という明治建築の大御所が設計し明治四二年に竣工した。皇族や国賓を招く奈良における迎賓館としての格をもつ。構造は煉瓦造の西洋建築工法であるが、外観は和瓦に鴟尾を載せた真壁造りの和風であり、内装も桃山風の意匠である。
(5) 日本聖公会奈良基督教会編『日本聖公会奈良基督教会八十年史』一九六六年、一四一―一四四頁参照のこと。
(6) 奈良基督教会の建築学的考察については松波秀子氏の「昭和初期の和風キリスト教会堂について――奈良基督教会を事例に――」『清水建設研究紀要』第六十四号、平成八年、八七―九六頁を参照のこと。
(7) Fleming, Daniel Johnson; *Heritage of Beauty: Pictorial Studies of Modern Christian Architecture in Asia and Africa, Illustrating the Influence of Indigenous Cultures*, New York, 1937
(8) 前掲書、九―一七頁参照のこと。
(9) 奈良天主堂は昭和四三年の教会移転に伴い解体され、彦根聖愛教会も平成八年に道路拡張のために解体が決まり、部材が市によって保管された後、平成一八年に市有地に移築され公共の展示施設「スミス記念館」として再生された。
(10) 前掲書、五〇頁参照のこと。
(11) 前掲書、五五頁参照のこと。
(12) Horton, Walter Marshall (1895-1966); *Can Christianity Save Civilization?* New York, 1940　邦訳　W・M・ホートン著　森井真訳『キリスト教は文明を救いうるか』社会思想研究会出版部、一九五二年。
(13) 前掲書邦訳、二〇〇―二〇一頁参照のこと。
(14) Valignano, Alesandro; *Advertimentos e avisos acerca dos costumes e catangues de Jappao*, 1580-1581　矢沢利彦・筒井砂訳『日本イエズス会礼法指針』キリシタン文化研究会、一九七〇年。第七章「日本において我々のカザ並びに教会を建築するにあたってとるべき方法について」一〇九―一一四頁。ヴァリニャーノの聖堂建築方針については宮本健次「『日本イエズス会礼法指針』第七章について――十六世紀日本におけるカトリック宣教師の教会建築方針――」『日本建築学会学術講演梗概集』(中国) 一九九〇年一〇月号、八三五―八三六頁参照のこと。
(15) 「……寺社を造るにあたって習慣としているように、屈曲して建てずに、長く続けて建てるべきである……聖堂の両側には、扉を必要な時に開けば一切を一体にすることができるように、日本式に造られた座敷を設けなければならない……」という記述からラテン十字平面を指示していると理解される。ヴァリニャーノ邦訳　前掲書、一一三頁参照。
(16) 日本近世のキリスト教建築については、宮元健次「近世日本の教会建築」『国際社会文化研究所紀要』第二号、二〇〇〇年、一九一―一二一頁参照。

（17）横浜天主堂はジラール神父（Prudence Seraphin-Barthelemy Girard, 1821-1867）が、大浦天主堂は、プチジャン（Bernard-Thadée Petitjean, 1829-1884）およびフューレ（Louis-Theodore Furet, 1816-1900）の二宣教師が設計している。錦絵に見る聖心聖堂は正面に鐘楼を戴く外壁石貼りの聖堂であり、現存する煉瓦造の大浦天主堂は正面外観がバロック様式、堂内は三廊式のゴシック様式である。昭和八年、この聖堂は本格的な西洋建築の最初期の例であり、文部省が「特ニ歴史ノ証徴又ハ美術ノ模範」に相当するものとして、国宝保存法を適用し国宝となった最初の近代建築である。

（18）同志社大学今出川校地では、同志社礼拝堂の他に、D・C・グリーンが設計した彰栄館（明治一七年）、有終館（明治二〇年）、イギリス人建築家　A・N・ハンセルによるハリス理化学館（明治二七年）、ドイツ人建築家　R・ゼール（Richard Seel 1854-1922）によるクラーク記念館（明治二七年）はいずれも煉瓦建築であるが、それぞれ設計者の出身国の建築様式を反映している。これら五棟は国の重要文化財に指定されている。

（19）司教（主教）座聖堂（Cathedral）、あるいは大聖堂は司教管区の頂点にあり、司教が在籍する聖堂を言う。

（20）北山風雄「京都の建築界」『建築雑誌』一五八号、明治三三年、叢録　雑報四一―四七頁参照のこと。

（21）「京都府庁の建築に就いて」『建築雑誌』第一七〇号、明治三四年、叢録　六九頁参照のこと。

（22）維廃藩置県後に奈良県、そして奈良府となったものの、明治九年に堺県の管轄下に置かれ、明治一四年には堺県もろとも大阪府に併呑され、明治二〇年まで自治権を喪失した。奈良市の誕生は明治三一年のことであった。

（23）興福寺は明治四年に、東大寺とともに寺領上知を賜り、翌年に廃寺となった。一二〇〇年の歴史を誇り、広大無比な敷地と栄華を誇った名刹は、寺領没収、土塀、門の撤去、諸院・諸坊の民間売却、あるいは打壊しという憂き目にあう。僧侶は藤原氏の氏神を祀る春日大社の神官に転じた。東大寺も明治八年に大仏殿が奈良博覧会の会場とされたが、堂宇伽藍がそのままに残ったのに対して、興福寺の惨状は極みに達していた。

（24）寧楽書院は、春日大社の大工方、春日座の木奥弥三郎高徳が設計し、食堂の部材を用いて小学校教員伝習所として建てられた。寄せ棟造り二階建てで、二層ともベランダをまわし、二階の窓は半円形長窓、方形の塔屋を戴く、という典型的な擬洋風建築であった。奈良師範学校、東本願寺説教所を経て、奈良県庁舎に転用された。明治二八年の県庁舎新築に伴い移築されて高等女学校校舎となるが、明治四四年に解体された。

(25)「奈良公園」は「万人偕楽の地」を目的とする太政官布告第一六号布達により官有地となった興福寺境内一四ヘクタールの敷地に開園した。現在、都市公園法に基づく「奈良公園」は猿沢池、荒池、若草山、春日山、芳山、春日野など山林一帯を含む五〇二ヘクタールであるが社寺、博物館は含まない。文化財保護法によって指定された「名勝奈良公園」は興福寺、東大寺、さらに登大路に面した民間地まで含む五二四ヘクタールである。広義での奈良公園は上記のふたつの公園地に国立博物館、春日大社を含めた全体のエリアを意味する。

(26) 明治二六年一一月二一日の県議会議事録（一〇九頁）には、中山平八郎議員が公園内の擬洋風建物を排除し、県庁舎を新築するべきだという主張が収録されている。

(27) 中山平八郎議員の発言「……奈良ノ公園ハ其純粋ナル天景優美ナル風光ヲ以テ誇ルモノナルニ是ニ対シ欧米風ナトヲ模倣セントスルハ抑（そもそも）モ間違ヒノ太甚シキモノト言ハザル可カラス……欧米風ノ菊水楼ヲ建築シタルニ却テ外人ニ嘲笑セラレ我有識ノ人士ニ攻撃セラレ遂ニ日本風ニ改築スルノ已ムヲ得サルニ至リシニ非スヤ……」明治二六年一一月臨時奈良県議会決議議事録七四頁参照のこと。なお初田亨氏は明治二十七年の奈良県議会議事録中に奈良国立博物館が「菊花楼ノ如ク擬似西洋風デ世人ニ嘲笑サレ」たと引用しておられる（『近代和風建築』一九九二年　建築知識、四一頁）が、議事録に該当箇所はない。議事録中に繰り返し「嘲笑された」という擬洋風建築は博物館のことでも「菊花楼」でもなく、和風に改築する前の「菊水楼」のことである。

(28) 明治二四年一月六日付大阪朝日新聞記事「奈良博物館の建築方」に奈良の博物館には洋風より和風がよいという世論、そして奈良県知事・小牧昌業が「名だたる旧都のことなれば純然たる日本風に構造」すべきであると上申したと記されている。

(29) 長野宇平治「新築奈良県庁図面説明」『建築雑誌』一〇（一一一号）、一八九六年三月、六一頁参照のこと。

(30) 前掲書、六二頁参照のこと。

(31) 濱松義雄編『工学博士長野宇平治作品集』一九二八年、建築世界社、七九—八〇頁参照のこと。

(32) 長野宇平治「我国将來の建築様式を如何にすべきや」『建築雑誌』二四（二八二号）、一九一〇年、二五九—二六〇頁参照のこと。

(33) 明治二六年一二月の県議会での橋井善治郎議員による発言を発端に内務大臣・井上馨宛に建議書が提出された。奈良公園史編集委員会編『奈良公園史』第一法規出版、一九八二年、本編一七五—一七七頁を参照のこと。

(34) 奈良カトリック教会八〇周年記念誌編集委員会編『奈良宣教八〇周年記念誌』一九八五年、一五頁参照のこと。

(35) 前掲書、四一頁参照のこと。

4 ベンヤミンから見る現代日本文化

村上真樹

一

ドイツの批評家ヴァルター・ベンヤミンが自ら命を絶ったのは一九四〇年九月二六日のことである。ナチスの手を逃れてアメリカへと亡命するため、フランスとスペインの国境を不法に越えようとした際にスペイン警察に足止めを食らった彼は、ファシストの手にかかることを潔しとせず、大量のモルヒネを飲み下すことを選んだ。この国境越えを手引きしたのはリーザ・フィトコという女性活動家であり、彼女は後に若き日の回想録の中でベンヤミンの印象を語っている。ベンヤミンはその死の間際に至るまで、落ち着きを失わず、もの静かで、誰に対しても丁寧に対応した。「世の中はたがが外れてしまったというのに、ベンヤミンの丁重さは微塵も変わらない(1)」と、彼女は思った。

その回想録の中でフィトコは、ひとつの挿話を紹介している。同じく一九四〇年のマルセイユ、亡命志願者たちが町にあふれ、理屈に合わない脱出の計画を練っている、そんなこの世の終わりのような気分の中での話である。分厚いレンズの眼鏡をかけ、口ひげをはやし、知的な頭とまなざしを持ち、そしていささか機敏さに欠けるベンヤミン、つまりはいかにも学者然とした彼が、友人の医学者フリッツ・フレンケルとともにフランス人船員に変装し、密航を企てた。もちろん、二人の変装はすぐに見破られる。彼らは何とか逃げ戻り、事なきを得た。フィトコはこのエピソードを、悲劇の只中にさしはさまれた滑稽譚として語っている(2)。

たしかに、同時代の哲学者や思想家たちと比べても、ベンヤミンの風貌は目立って「学者的」である。このことはたとえば、同時期に交流の深かったブレヒトと一緒に写った写真を見ると露骨にきわだつ。しかしながら、それは同時にひとつの事実を隠蔽するものである。というのも、この当時のベンヤミンは、少なくとも社会的な意味においては、「学者」として認められた立場にはいなかったからである。一九二五年に教授資格申請論文としてフランクフルト大学に提出した『ドイツ悲劇の根源』が撤回を余儀なくされ、アカデミズムでの道を閉ざされて以来、彼は長らくジャーナリズムの世界で生計を立てていた。その仕事の多くは書評やエッセイであったが、頼まれればアンドレ・ジッド、ベラ・バラージュ、ハリウッド女優のメイ・ウォンといった各界の有名人へのインタビュアーをこなしたし、さらにはまた子供向けラジオ番組のパーソナリティーを担当するという、要するに何でも屋であった。一九三三年にはアドルノの誘いでフランクフルト社会研究所の所員となり、アカデミズムの片隅に身を置くことになるが、そこで得られる奨学金や原稿料はわずかなものであったし、執筆内容も研究所の方針に大きく左右されるものであった。さらには研究所自体がパリに亡命中だったということもあって、実質的には、ベンヤミンの立場は頼まれ仕事が主であったジャーナリスト時代と大きく変わるところがなかった。

ベンヤミン（上，中の右，下の左）とブレヒト（1934 年）

出典：Christine Fischer-Defoy（hrsg.），*Walter Benjamin. Das Adressbuch des Exils 1933-1940,* Leipzig: Koehler & Amelang, 2006, S. 102.

このようなベンヤミン自身の見かけと内実の齟齬に目を向けるとき、彼の風貌は一種の異様さを伴って立ち現れる。彼の「学者」性は、彼自身によって不自然に誇張されているように見えるのである。彼は紋切り型の学者像に自らを同化させること、いわば「学者キャラ」を演じることを、自らに課しているかのようである。

本節は、後期ベンヤミンの主要な論点のひとつである「アレゴリー」概念を、現代日本において用いられる「キャラ」概念へと接続する試みである。本来は「キャラクター」という語の省略形としてマンガやゲームなど一部の世界で使われているだけであった「キャラ」の語は、近年（とりわけ二〇〇〇年以降）、主に若年層の間で個人の特徴や性格を表す言葉としても用いられ始めた。そこから多くのキャラ論が生まれ、現代の幅広い事象を「キャラ」の観点から読み解くことが行われている。しかしこのようなキャラの氾濫は、はたして現代の日本にのみ固有の現象なのだろうか。本節では一九二〇年代から三〇年代にかけて練り上げられたベンヤミンによるアレゴリーについての思索を、「キャラ」概念の前史として位置づける。それは現代生活を歴史的なパースペクティヴの中に置くという作業であると同時に、ベンヤミンの視点から現代の日本を見ることによって「キャラ」を新たにとらえ直すことでもある。なお、本節では『キャラ』という語を厳密に定義することはあえて避けている。この語は論者によって、あるいは使われる場所に応じて、さまざまに変化する可変性を持っているのである。それは「ミッフィー」や「ハローキティ」から「まじめキャラ」や「かわいいキャラ」までを同時に指し示す。ここではこのような「キャラ」という語の意味の振れ幅を保った上で、アレゴリー概念との比較検討を行いたい。なぜならこの用例の豊富さと定義しがたさこそが、「キャラ」という語と「アレゴリー」という語の最大の共通点ではないかとも思われるからである。

二

ベンヤミンがアレゴリー論に本格的に取り組んだのは、前述の教授資格申請論文『ドイツ悲劇の根源』においてである。この論文は、ドイツ・バロック悲劇という当時あまり価値を置かれていなかった文学形式を、同じく価値の低いものとされていた「アレゴリー（Allegorie）」（寓意）の概念を用いて読解することによって、その両方の名誉回復を企てるものであった。アレゴリーとは、何らかの抽象概念を具象的なイメージに置き換えて比喩的に語る表現形式である。それはイソップの寓話や聖書解釈、また美術における擬人像や寓意画など、幅広い領域で古くから用いられてきた。しかしながらドイツの美学史においては、ゲーテがアレゴリーと「象徴（Symbol）」をはっきりと区別し、その上で象徴の優位を唱えて以降、ロマン派による反論をはさみながらも、アレゴリーの価値は低下しつづけていたと言える。(3)特殊なものの中に普遍性が宿っている象徴とは逆に、アレゴリーは普遍的なものを特殊なものに置き換える。つまり象徴が一個の事物であると同時に普遍性をもまとっているのに対して、アレゴリーとはたんに普遍的なものを記号的に表しているにすぎない。このようにとらえられたアレゴリーは、表面的なもの、装飾的なもの、あるいはまた不真面目なものと考えられていたのである。

ベンヤミン自身、そのようにとらえられたアレゴリー概念に根本的な改変を加えているわけではない。彼にとってもアレゴリーとはやはり表面的で空疎な記号であり、さらにはその記号は、「それが表象しているもののまさに非在こそを意味している」(4)とまで言われている。その非在を隠蔽するためにも、アレゴリーはどこまでも華美に、どこまでも豊富に、どこまでもこれ見よがしになる。しかしどれほどの努力が払われようと、それは多くの取り巻きやエンブレムに支えられ、かろうじて意味を保っているにすぎない。その中心には、虚無がぽっかりと口をあけている。

このようなアレゴリーはしかし、バロックの時代精神と共振するものであった。ベンヤミンはアレゴリーの根源として「悲しみ（Trauer）」(5)の感情を挙げているが、それはこの時代の王侯貴族を襲ったメランコリーと深く関係している。憂鬱に沈む彼らにとって、アレゴリー的な装飾過剰性とは、生を蝕む空虚から目をそらすための唯一の処方箋だったのである。そのようなアレゴリーは、文学の世界に持ち込まれると、意味連関の多様さや表現の回りくどさと同時に一種のどぎつさを獲得する。それは統一性や全体性といった調和を破壊し、有機的なものを無機的なものへと変え、人物を意味に還元する。ベンヤミンが用いる「アレゴリー的細断（allegorische Zerstückelung）」(6)や「アレゴリー的奪霊（allegorische Entseelung）」(7)という語は、そのような特徴をよく表すものである。

ベンヤミンの後期思想において、アレゴリーは中心的な役割を担うことになる。彼にとってのアレゴリーとは、消え去った過去のものでもなければ価値の低い未熟な表現形式でもない。それは近代を読み解くための最も重要な概念となるのである。近代のテクノロジーは、とりわけ機械的な複製技術の発達は、芸術作品や人間の持っていた「アウラ（Aura）」（オーラ）を奪う。それに代わって重要となるのが表面的な記号としてのアレゴリーであり、ここにおいて作品や人物はその真正性に基づく神秘性や統一性を失い、断片へと分解されるのである。

この「アウラ」と「アレゴリー」という後期ベンヤミンの対概念は、現代日本でしばしば用いられる「オーラ」と「キャラ」という語との関連性の中でとらえなおすことが可能だろう。実際、何人かの論者はキャラを論じるに際してベンヤミンのアウラ概念を（ボードリヤールのシミュラークル概念とともに）引用している。そこではキャラの発生とは、コピーの全面的な台頭によってもたらされたアウラの凋落という事態に由来するものとして説明されている(8)。しかしそのような議論を踏まえながらも、本節がより重視するのは「キャラ」という語と「アレゴリー」という語の共通性の方である。それによってベンヤミンが取り組んだ問題がより一層アクチュアルなものとして感得されるとともに、キャラという概念が担う肯定的かつ戦略的な契機が明らかになると思われるからである。ブレヒトに倣い、「よき古きものにではなく、悪しき新しきものに結びつくこと(9)」を旨とした後期のベンヤミンは、アレゴリーを武器に同時代的事象と対峙した。本節ではこのような手法を現代に適用してみたい。ベンヤミンこそは、近代化による「アウラの凋落」に伴ってアレゴリーが重要な役割を担うということ、つまりは世界はキャラ化していかざるをえないということを、初めて問題にした人物であると言えるのではないだろうか。

三

現代の日本において、とりわけ若い人たちの間で、あの人はオーラがあるとかないとか、あるいはキャラが立っているとか立っていないとか言われることがある。この「オーラ」と「キャラ」という語は、ひとつの対概念としてとらえることも可能だろう。このことはたとえば、以下のような卑近な例を考えてみるとわかりやすい。ある一人の女性が、「あの人にはお嬢様のオーラがある」と言われているとする。かたや別の女性は、「あの人はお嬢様キャラだ」と言われているとする。両者の違いは明白である。お嬢様のオーラが立ち上るためには、前提として、彼女が実際にお嬢様でなければならない。何によらず、本物だけがオーラをまとうことができるのだということは、われわれの持つひとつの共通認識である。それに対して、お嬢様キャラであるためには、実際にお嬢様である必要などない。さらに言えば、「キャラ」という語の含意を汲むならば、むしろ実際にはお嬢様ではないことも多いと考えられる。彼女のお嬢様性を担保するのはその実質ではない。それは服装、髪型、持ち物、身振りといった付属物によってはじめて成り立つ。彼女はお嬢様を「意味するもの」を身のまわりに集め、「清楚」や「上品」といった抽象概念の表現に努めるのである。

ここで言われる「オーラ」とは、オリジナルだけが持つ真正性や唯一無二性に基づく神秘のヴェールとしてとらえられたベンヤミンのアウラ概念と重なるものである。一方の「キャラ」も、取り巻きやエンブレムが形づくる意味連関に支えられて成り立つ記号的表象としてのアレゴリーを引き継ぐものであり、またそれが根本的に不在の隠蔽である点も共通している。このことはベンヤミンがアレゴリー的人物の例として挙げるチャップリンを見ればよりはっきりとする。チャップリンは紳士のモードを借用し、それにアレンジを加えた独特のスタイルで人気を博したのであるが、彼は自らのスタイルを明確に意味づけていた。このことはベンヤミンの草稿に残されたチャップリンの言葉によく表れている。「ステッキは品位を表し、口ひげは誇りを、靴は現世の気苦労の重さを示していた」[10]と語るチャップリンは、自分自身を断片的なパーツに分解して説明している。つまり彼は自らがアレゴリー的な存在であることにどこまでも自覚的だったのである。

こうした自覚的な自己アレゴリー化の例は、キャラ論においても見出せる。相原博之はその著書『キャラ化するニッポン』（二〇〇七年）において、「身体のキャラ化」という現象について指摘している。それによれば、コスプレや特殊メイク、またボディピアスやタトゥーなどの身体改造も含めて、ファッション概念は「身体パーツの着脱」[11]へと変化しつつある。そこにはコスチュームやパーツといった断片的なものへの強い執着とともに、塩化ビニルでできたようなつややかで人工的な身体への希求が認められる。さらに相原は、そのようなファッション界で脚光を浴びるモデルの蛯原友里が、インタビューにおいて「私」という言葉と自身の愛称である「エビちゃん」という言葉を使い分けている箇所を引用し、彼女が「かわいい」属性を自覚的に強化していったことに注目している。その結果、彼女は「かわいい」という純粋な記号、純粋なキャラとなったのである。(12)

このような身体のアレゴリー化あるいはキャラ化は、当然ながらある種の疎外を伴う。それは人間の物化あるいは商品化という側面を多分にはらんでいる（ベンヤミンは商品のアレゴリー的性格をくり返し指摘している）。このことはキャラについての言説においても問題視されているが、第一次世界大戦の惨禍を経て間もないベンヤミンは、とりわけこの問題に敏感である。しかし彼は、逆にその疎外を徹底することによって、疎外を生み出す近代社会に対抗するという戦略を取る。彼は自己疎外の生産的利用を訴える。チャップリンというひとつのアレゴリー的イメージは、そのような生産的自己疎外の最良の例だったのである。

チャップリンはその身振りによって観客の笑いを引き起こした。それは自己の身体を完全に対象化することによってはじめて成し遂げられたことである。彼のぎくしゃくとした身振りは、近代社会において規格化された身体のパロディであり、いわばテクノロジーの支配への過剰適応としてとらえられる。しかしそれ以上に、彼の身振りは自分を取り巻く疎外状況、人間のイメージがカメラによって代理表象されることから生じる疎外状況をこそ的確に表現しているのである。チャップリンは、自分が断片化された写真のコマの連続であることを、言い換えれば、自分がぱらぱら漫画の主人公にすぎないことを自覚している。それが連続して見えるのは、映画というファンタスマゴリー（魔術幻灯）による視覚的なトリックの効果にすぎない。彼の断片的な身振りは、自らをフィルムの上に焼き付けられたイメージとして認識することによって初めて可能となるものなのである。チャップリンの観客たちは、そこに疎外された自らの状況をさまざまと見る。マイケル・ジェニングスがそのベンヤミン研究の中で述べているように、「アレゴリーは、大衆が自分自身の自己疎外を見、歴史の断片化された過酷な状況を認識することを可能にするのである」[13]。

さらにアレゴリーはまた、捏造されたアウラを告発するという機能をも有している。ベンヤミンにとってアウラとは近代社会において消え行くものとされているのだが、それでもなお、人はアウラ的なものをどこかに求めずにはいられない。このような心性を利用するかたちで、ヒトラーは演出によって捏造されたアウラを身にまとった。チャップリンが独裁者を演じる六年前の一九三四年の段階においてにすでに、ベンヤミンはヒトラーにチャップリンを対峙させている。ヒトラーもチャップリンも、ともに紳士を演じていることには変わりはないが、ヒトラーがそこに威信を付与させようとするのに対して、チャップリンの過剰なまでの紳士っぷりはかえって観客の笑いを誘う。しかし結局のところ両者はともにアレゴリー的イメージであり、作られたキャラにすぎないのであって、チャップリンのおげさな身振りは、そのことを観客に伝える役割を果たすのである。そしてここでもベンヤミンは、チャップリンが身にまとうエンブレムをアレゴリー的に解釈している。「彼のステッキは古代の食客にまつわる杖であり（放浪者は紳士と同様に寄食者である）、もはや頭の上に確固とした場所を占めることのない彼の山高帽は、ブルジョワジーの権威のぐらつきをそっと教えている」[14]。

四

アレゴリーとはむきだしの記号であり、したがってそれは読むことができる。それはわれわれの住む世界のありようを直接的に表現している。そこにはアレゴリー的表現が本来持っているわかりやすさが大きく寄与していると言えるだろう。これはキャラについても言いうることである。マンガ評論家の伊藤剛は、イメージとしてのキャラを「多くの場合、比較的に簡単な線画を基本とした図像[15]」で描かれるものと定義しているし、社会学者の土井隆義は、キャラ的人格を「あえて人格の多面性を削ぎ落とし、限定的な最小限の要素で描き出された人物像[16]」として規定している。

キャラは何よりも、そのわかりやすさを本分とする。アレゴリーと同様、キャラもまたむきだしの記号なのであり、意味の深みを徹底的に欠いている。過去のアレゴリーが現代のわれわれにとって難解に思えるとしても、それは解読のための約束事が通用しなくなったからにすぎない。アレゴリーを、そしてキャラを成り立たせている共通の約束とは単純なものであり（ただし量的には膨大である）、それゆえに長つづきのしないものなのである。

このわかりやすさゆえに、アレゴリーやキャラは一種の破壊力を持つ。それは何よりもまず「物語」を破壊する。物語が人物への感情移入と出来事の有機的連関によってつむがれるものであるのに対して、アレゴリー的表現の持つ直接性は、読者にショックを与え、遠さの魔力を奪うことを企てる。ベンヤミンにとってそのようなアレゴリー的技法を代表する詩人がボードレールであり、彼の詩作は「有機的なもの、生あるものの破壊――仮象の消去」(17)へと向けられている。ボードレールは長編小説を一本も残していないのであるが、ベンヤミンはそれをアレゴリカーとしての道徳性と見るのである。

キャラもまた、物語とは激しく対立する。伊藤剛はマンガ作品の受容を「キャラクター」的読みと「キャラ」的読みに分類し、両者の決定的な違いを指摘している。人物をキャラクターとして読むとは、イメージの背後に人間を見るということであり、これなくしては物語は成立しえない。それに対してキャラ的な読みは人物を人間としては見ない。つまりは感情移入ということをしないのである。キャラクターが物語に奉仕する存在であるとすれば、キャラは物語から浮き上がることでそれを破壊する。このことは、ある作品からひとつのキャラを選び出してその表層的なイメージに自分を同化させるコスプレや、キャラのみを流用して勝手にストーリーを作り変える二次創作などの例を見れば顕著だろう。そしてこのような視点、物語からキャラ単体を分離して受容するという視点こそが、ベンヤミンの言うところのアレゴリー的視点にほかならない。それは世界を断片へと分解し並び替えることによって独自の価値体系を作り上げる。(18)そして些細な違いに異常にこだわるアレゴリカーのもとでこの断片は増殖を続け、閉じられた宇宙を形づくるのである。

以上のようなアレゴリーとキャラの共通点を確認した上で、ここでベンヤミンのアレゴリー概念においては重要な機能であるが、現代のキャラをめぐる言説ではほとんど指摘されることのない点を挙げておきたい。それは過去を保存するという機能である。『ドイツ悲劇の根源』においてベンヤミンは、古典古代の神々がアレゴリーのかたちをとることによってはじめて中世のキリスト教時代を生きのびたということを指摘している。「ほかならぬアレゴリーこそが、この古典古代の神々を救ったのだった。というのは、事物のはかなさの認識と、事物を永遠性のうちへ救いとろうとするかの配慮とが、アレゴリー的なものにおける最も強力な動機のひとつだったからである」[19]。そしてこのようなアレゴリーの保存機能はボードレール論においても受け継がれる。「アレゴリー的志向によってとらえられたものは、生の連関から切り離される。それは粉砕されると同時に保存される」[20]。

このことは現代のキャラ論を考える上でも重要な視点を提供するものである。たしかに、アレゴリーと同様、キャラには有機的統一体としての物語を破壊する暴力性・攻撃性が秘められている。引きつづきマンガを例に考えるならば、オリジナル作品の描き出す物語に深く没入している人にとっては、その関心をキャラのみに特化したコスプレなど邪道と映るだろうし、ましてや登場人物の間に勝手に性関係を持ち込む二次創作に至っては作品に対する冒瀆以外の何ものでもない。しかしながら、アレゴリーの持つもう一つの機能、事物の保存という機能に注目するならば、そこにはまた別の側面も見えてくる。コスプレや二次創作とは無関係に、「マンガは衰退した」という言説は一九九〇年代から繰り返されている[21]。そしていわゆる「大きな物語」の失効によって物語が成立しがたくなっていることは、多くの論者が論じるとおりである。ならば現在のマンガ・アニメにおけるキャラの隆盛は、「マンガの衰退」、「大きな物語の消滅」という事態に直面した受け手が、その物語の持っていた価値をなんとか保存しようとする試みとして理解できるのではないだろうか。たとえ物語が滅んでも、キャラはしぶとく生き残る[22]。われわれはそのキャラに失われた物語の残滓を感じ取り、それをいとおしむ。このような態度はフェティシズム的な要素を多分に含んではいるが、同時にそれはまた、一種の喪の作業であるとも言えるだろう。アレゴリーは、そしてキャラは、その華やかさや豊富さによってそれ自体の不在をなんとか乗り越えようとする試みである。ベンヤミンがアレゴリーの根源に「悲しみ」を見るのは、そのような理由からであろう。

五

ここでもう一度、ベンヤミン自身の風貌に立ち返ってみよう。学者然とした彼のスタイルは、一九三〇年代のヨーロッパにおいてはいかにも古くさいものと映っただろう。それはまるで一九世紀の遺物のようである。水夫に変装して密航を企てたというエピソードにリーザ・フィトコが笑わずにはいられなかったのも、普段の彼のイメージとのギャップがあまりに大きかったからである。フィトコがベンヤミンと初めて対面したとき、彼は「老骨ベンヤミン（Der alte Benjamin）」[23]と名乗った。まだ四〇代だというのに老をまとい、自らの名に定冠詞をつけて呼ぶこの男、ピレネー山脈を徒歩で越えるという過酷な亡命行の最中も、彼はまるでスペインの宮廷にいるかのような儀礼的態度を決して崩さなかった。

おそらく、転換期とはいつでもこのようなものなのではないだろうか。これまで社会を支えていた「大きな物語」が崩れ、価値観の転換が急速に進む中では、人はアウラを身にまとうことはできない。アウラとは、時空間の連続する広がりを基盤とするものであり、夏の午後に静かに憩う者にしか感得されないものだからである。人間の知覚から奥行きが失われ、視覚的なわかりやすさが優先される時代においては、過去を保存しようとする試みはアレゴリー的なものとならざるをえない。そしてこのことは現代の日本におけるキャラの大量発生を考える上でも重要である。大塚英志はその著書『物語消滅論』（二〇〇四年）において、現在を「リアリティーの根本的な組み直しの時期」[24]であると規定している。普遍的なものとしての「大きな物語」が正常に機能し、確固としたリアリティーが保たれていた時代においては、個々の人間はその中で定まった場所を占めることができた。いわば演じるべき役割を物語によって与えられていたのである。しかしながらリアリティーの組み直しの時代、ベンヤミンの言葉を用いるならば「危機」の時代には、人は演じるべきキャラを自前で調達しなければならない。それは頼りなく、安っぽく、そしてはかないものである。しかしそれでもなお、われわれはそれを使ってなんとかやっていくしかない。だとしたらこの際重要となるのは、キャラ化を嘆くことでもなければ、逆にキャラという言葉を使って現代社会を面白おかしく語ることでもない。現実に有効に働きかけることができるようになるまで、キャラ概念を先鋭化させてゆくことである。

消え去った過去のものを保存するという性質上、アレゴリーは必然的に時代に逆行するものとなる。それは古くさく、また陳腐なイメージとしてとらえられがちである。しかしそれゆえにこそ、アレゴリーは現在を規定する支配的なイデオロギー（神話）に対して批判的な力を持ちうる。いかに戯画的に見えようとも、ベンヤミンが最期のときに至るまで理性的な学者キャラを手放さなかったのは、このようなアレゴリーの批判的機能に賭けたからだろう。それは紳士キャラを演じつづけたチャップリンから彼が学んだことである。一九二八年の断章に見られる以下の言葉には、アレゴリー的人物として自己を規定したベンヤミン自身の矜持をも見て取ることができる。「チャップリンは観客が彼を笑いものにすることを決して許さない。観客は腹を抱えて笑うか、深く悲しむかしなければならない」(25)。さらにこの断章の終わりに、ベンヤミンは『サーカス』（一九二八年）のエンディングについての考察を行っているのであるが、そこには彼のとらえるアレゴリーとしてのチャップリン像が的確に表現されている。

最も見事なのは結末部の構成である。彼は幸福な新郎新婦の上に紙吹雪をまく。さぁこれで終わりだ、とみんなは思う。そのとき、サーカスの一団が動き出し、彼はそこに立ち尽くしている。そして彼らの後ろで馬車の扉を閉める。さぁこれで終わりだ、とみんなは思う。そのとき、貧困が描き出した円形の畝の中に彼が取り残されているのが見える。さぁこれで終わりだ、とみんなは思う。そのとき、円形闘技場の石の上に座り、ぼろぼろに意気消沈した彼の身体がクローズアップで映る。ここに至って、みんなは終わりを確信する。そのとき、彼は立ち上がる。チャーリー・チャップリン特有のあの足取りで、遠くへ遠くへと歩き去ってゆく彼の後ろ姿が見える。ちょうど他の映画の終わりに見られる映画会社のトレードマークのように、それは彼に固有の歩く登録商標だ。そして今、何の切れ目もなく、みんながそのまなざしで永遠に彼についていきたいと思っているまさにこのとき、映画は終わるのだ！(26)

チャップリンの映画『サーカス』は、終わると思ったところではなかなか終わらない。観客は何度も肩すかしを食らうことになる。このくどさは、アレゴリーの、そしてまたキャラの、本質的な特徴である。それは過剰なまでに反復されるのである。しかし映画の本当の終結部に至って、このくどさは劇的な反転を遂げる。恋敵に敗れてなお、チャーリーは紳士であることを崩さない。彼は愛し合う二人の門出を祝福し、丁重に送り出す。しかしサーカスのテントが去った後の荒野で一人、彼は憔悴しきった姿を観客の前にさらけ出すのである。これまで様々なピンチを人間離れしたアクロバティックな身振りで切り抜けてきた彼が、おそらくはこのとき初めて、傷つきやすい生身の体をさらしたのだ。しかしそれも一時のことである。彼はすぐに紳士の仮面を取り戻す。そしてひょこひょことしたコミカルな足取りでスクリーンの向こうに消えて行く。そのときわれわれは気づく。ひょっとしたら彼こそが本物の紳士ではなかったかと。さらにまわりを見回して、驚愕とともに理解する。もはや紳士と呼ぶに足る男など、彼以外に一人も残っていなかったのだと。そのときこそ、われわれはチャーリーの名を大声で呼ぶだろう。しかし彼はもうそこにはいないのである。(27)

註

（1）リーザ・フィトコ『ベンヤミンの黒い鞄――亡命の記録』、野村美紀子訳、晶文社、一九九三年、一六一頁。
（2）同右、一六三頁。
（3）ゲーテは象徴とアレゴリーを以下のように定義している。「詩人が普遍のために特殊を求めるのと、特殊の中に普遍を見るのとでは、その間に大きな相違がある。前者の態度からはアレゴリーが生じ、そこでは特殊が単に普遍の一例、ひとつの実例と見なされる。一方後者は真に文学の本質であって、普遍に思いを致したりそれを指示したりすることなく、一つの特殊を言い表す。（……）特殊なものがより普遍的なものを、夢や影としてではなく、探究しがたいものの生き生きとした瞬間的な啓示として表す場合、それが真の象徴である」。J・W・ゲーテ『ゲーテ全集』、第一三巻、岩崎英二郎・関楠生ほか訳、潮出版社、一九八〇年、三一三、三一四頁。なお、一九世紀ドイツにおけるアレゴリーの価値低下の経緯については、ガダマーの『真理と方法』によくまとめられている。ハンス＝ゲオルク・ガダマー『真理と方法』、第一巻、轡田収ほか訳、法政大学出版局、一九八六年、一〇〇―一一五頁。

（4）ヴァルター・ベンヤミン『ドイツ悲劇の根源』、下巻、浅井健二郎訳、筑摩書房、一九九九年、一七四頁。ベンヤミンの著作については以下を参照した。Walter Benjamin, *Gesammelte Schriften*, unter Mitwirkung von Theodor W. Adorno und Gershom Scholem, Rolf Tiedemann und Hermann Schweppenhäuser (hrsg.), Bd. 1-7, Frankfurt am Main, Suhrkamp, 1972-89. ただし本節では、既訳のあるものはそれを用い、邦訳書の頁数のみを記すこととしている。

（5）ベンヤミン『ドイツ悲劇の根源』、下巻、一五〇頁。

（6）同右、六八頁。

（7）同右、六二頁。

（8）代表的なものとしては以下の著作が挙げられる。東浩紀『動物化するポストモダン――オタクから見た日本社会』、講談社、二〇〇一年。

（9）ベンヤミン『ベンヤミン著作集9――ブレヒト』、石黒英男ほか訳、晶文社、一九七一年、二一八頁。

（10）Benjamin, *Gesammelte Schriften*, Bd. 1, S. 1047.

（11）相原博之『キャラ化するニッポン』、講談社、二〇〇七年、一〇二頁。

（12）同右、一四七頁。

（13）Michael Jennings, *Dialectical Images*, Ithaca, London, 1987, p. 172.

（14）Benjamin, *Gesammelte Schriften*, Bd. 6, S. 104.

（15）伊藤剛『テヅカ・イズ・デッド――ひらかれたマンガ表現論へ』、NTT出版、二〇〇五年、九五頁。

（16）土井隆義『キャラ化する／される子どもたち――排除型社会における新たな人間像』、岩波書店、二〇〇九年、二五頁。

(17) ベンヤミン『ベンヤミン・コレクション1――近代の意味』、浅井健二郎ほか訳、筑摩書房、一九九五年、三八〇頁。
(18) こうした特徴は、たとえば今や日本全国にあふれる「ゆるキャラ」の展開や、「AKB48」のような自己完結的な巨大アイドルグループの隆盛を見れば明らかだろう。もっとも、そのようなアレゴリー的多様性は、多様性そのものの不在をこそ指し示すものであると言える。このことはまた、個人の特性を「〇〇キャラ」というかたちで一元化して行う「キャラ的コミュニケーション」においても同様であり、瀬沼文彰は若年層への聞き取りを通して六〇種類以上におよぶキャラのヴァリエーションを確認している（瀬沼文彰『キャラ論』、スタジオ・セロ、二〇〇七年）。こうした人間関係に対しては、その過酷さがたびたび指摘されているが、アレゴリーについての知見を踏まえるならば、過酷さはキャラ的コミュニケーションの結果とは言えない。むしろ過酷さを表現するものとしてキャラ的コミュニケーションを読むべきなのである。それは多様性およびコミュニケーションそのものの不在を記号的に表している。
(19) ベンヤミン『ドイツ悲劇の根源』、下巻、一五二頁。
(20) ベンヤミン『ベンヤミン・コレクション1』、三七四頁。
(21) 伊藤『テヅカ・イズ・デッド』、四頁。
(22) こうしたことの一例として、現在のベルリンにおける旧東ドイツのイメージの横溢が挙げられる。共産圏の崩壊とは、まさに「大きな物語」の終焉をはっきりと示すものであったが、かつて東側の信号機のデザインであった「アンペルマン」などはキャラとして生き残り、土産物として売られている。
(23) フィトコ『ベンヤミンの黒い鞄』、一六〇頁。
(24) 大塚英志『物語消滅論――キャラクター化する「私」、イデオロギー化する「物語」』、角川書店、二〇〇四年、一〇四頁。また、大塚には重要なキャラクター論として『キャラクター小説の作り方』（講談社、二〇〇三年）がある。この著作は、単にキャラクター小説（ライトノベル）執筆のための指南書であるにとどまらず、明治以来の日本文学が追求してきた「私」なるものが文学的仮構にすぎなかったことを指摘し、それによって日本近代文学とはそもそものはじまりからしてキャラクター小説であったことを明らかにしようとする試みである。この手法はベンヤミンのそれと非常によく似ている。大塚はキャラクターに注目することによって、マンガやライトノベルの物語構造をいくつかのパターンに還元する。『ドイツ悲劇の根源』におけるベンヤミンも同様に、バロック悲劇の構造をアレゴリー的に描かれた人物像の組み合わせから読み解いてゆく。マンガ、ライトノベル、バロック悲劇といったいわばキャラ的な物語形式（それゆえに低く評価されがちな物語形式）は、そのような分析のための格好の材料である。そしてその後に両者の進む方向も同じである。大塚の場合は日本近代文学がキャラクター小説として発展してきたことを、ベンヤミンの場合はシェイクスピアの戯曲の中にもアレゴリー的要素が多く見出せることをそれぞれ指摘し、文学の序列における価値転換を企てるのである。

(25) Benjamin, *Gesammelte Schriften*, Bd. 6, S. 137.

(26) *Ibid*., S. 138.

(27) ベンヤミンの思考においては、いかにも偽物のイメージをまとって現れる者は、逆に本物であることがありうる。彼はそれをカフカの天使をめぐってのアドルノとのやりとりから導き出した。この点については、以下の拙稿を参照。村上真樹「チャップリンとカフカ——ベンヤミンにおける救済のイメージについて」、『文化学年報』、第六一号、同志社大学文化学会、二〇一二年。

第Ⅱ部　カルチャー・ミックスと「すべての人は芸術家」

本書の後半、第二部では「すべての人は芸術家である」のテーマがクローズアップされる。その理由は「文化交換」はどのような文化事例に対しても無差別に、そして自動的に行われるというのではなく、ある共通する文化的要素があり、とりわけ現代的視点が共通してある場合に行われるからであり、その要素、視点が両文化間をつなぐ架け橋のような役割を果たすからである。それが十八、十九世紀の古典主義、ロマン主義の時代から第二次世界大戦後までのドイツ精神史の流れを通低する一種の反モダニズム性を宿した芸術的スローガン「すべての人は芸術家である」である。本書で、たとえば中国の貴州省の侗族とドイツのニュルンベルクのマイスタージンガーとの間で、新たな解釈を求めて文化交換が行われる「すべての人は芸術家」は、この両者をつなぐ、しかも現代のアートの世界にまで広がりをもった現代的視点である。

そして今、第二部の冒頭では「すべての人は芸術家である」自体が、両文化圏をつなぎ、文化交換を行わせるための現代的視点であると同時に、「文化交換」の事例ともなるのである。第二部、第一章「すべての人は芸術家」を巡るドイツ美学とヨーゼフ・ボイスでは、まず平山論文によってボイスの思想「人は誰もが芸術家」が十八世紀ドイツのシラー美学と深い思想史的なつながりを持っていることが明らかとなる。もうひとり今度は十九世紀初頭の思想家になるが、ボイスとの文化交換に話題を提供してくれる。岡林論文の方は、ボイスとその思想家シュライアマハーとの実際の思想史的なつながりを指摘しようとするものではないが、この二人の言明は「文化交換」のまたとない絶好の対象である。

第一章　「すべての人は芸術家」を巡るドイツ美学とヨーゼフ・ボイス

1　シラー美学とボイスの思想
――美的国家の構築を巡って――

平山敬二

はじめに

フリードリッヒ・シラーとヨーゼフ・ボイスとは、むしろ互いに相容れない対極者であるように人は思うかも知れない。シラーは近代における伝統的な芸術概念の立て役者であり、一方ボイスといえばその伝統的な芸術概念の破壊者であるように見えるからである。しかしこの両者について一歩踏み込んで考察してみれば、そこには極めて注目すべき重要な共通点が存在すること、そしてまさにシラーの思想と活動の伝統の中にはじめてボイスという芸術家が現代において誕生したことを人は理解するに違いない。しかもこの両者にはその人物像においても極めて近似したところがあると言える。芸術家であると同時に思想家であり、自然科学研究にその出発点を持ち(1)、また常に現実の社会と芸術との関係に関心を寄せ社会における芸術家の使命を考え続けたことなどである。

シラーは啓蒙主義とフランス革命の時代を生き、その時代状況の中で人間の美的教育による社会の変革を構想し、美的国家の思想を提示した。ボイスは資本主義と第二次世界大戦の時代を生き、その中から拡張された芸術概念の必要性を確信し、社会彫刻の思想を提示した。両者に共通しているのは近代における危機の意識と、その危機を人間および社会の中に美的次元を開拓することによって克服していこうとする構想である。確かに一口に近代といってもシラーの時代の近代とボードレールの時代の近代、さらにピカソが登場する二〇世紀初頭の近代とボイスが活躍する第二次大戦後の近代ないし現代とではそれぞれその様相には大きく異なるものがあると言えるし、そこにおける危機の意識にも大きな相違があることも否定できない。しかしその根底にある近代の危機の意識においてシラーとボイスの思想には基本的に共通する認識がある。ボイス自身もシラーの美学思想が現代において持つ意味の重要性を自覚していたのは確かなことであり、ここではその点に焦点を当てて考察してみたいと思う。

ボイスの芸術活動とシュタイナーの思想との深い関連については、ドイツにおいてもまた日本においても特に人智学研究者の側から積極的な紹介と論究がなされているし、それがまたボイスの芸術活動の意味を理解する上でも重要なものであることは間違いないと言ってよい。シュタイナーの『社会問題の核心』（一九一九年）における「社会機構の三層化」の思想や『自由の哲学』（一八九四年）さらに『蜜蜂の生態について』（一九二三年）などの著書がボイスの芸術活動に決定的にその基礎と方向を与えていたことは、ボイス自身の言説からもまたこれまでのボイス研究からも疑う余地はない(2)。しかしボイスを単にシュタイナーの人智学の実践者としてのみ捉えるのではなく、より広くドイツの哲学的美学の伝統において捉えるときボイスの思想と決定的に重要な関連を持つのはおそらくシラーの美学思想であろう。

ボイスが直接シラーの美学思想に言及することはそれほど多いわけではないが、しかしその僅かな言及にはシラーの美学思想に対する極めて積極的な肯定が表明されており、管見によれば否定的な言及は一つもないと言ってよいであろう(3)。もちろんこのことによってシラーの美学思想とボイスの芸術思想とが全く同じだと言うのではない。ボイスは芸術の概念を拡張した。そしてそれはもはやシラーの時代の芸術概念ではないこともまたシラー以後の芸術概念でもないことも明らかである。ボイスの芸術概念を拡張するという主張と活動には時代を画する決定的な意味があると言ってよい。しかしシラーの美学にはボイスが言う意味での拡張された芸術概念の萌芽が潜んでおり、敢えて言うならばシラー美学における美的国家論が指し示すものが第二次世界大戦以降その歴史の必然性において、またその時代の危機の意識においてボイスの社会彫刻論の誕生を要請したのだと言ってもよいであろう。

1　社会彫刻論と美的国家論

ハイナー・シュタッヘルハウスによると、一九七二年のエッセンでの討論会で「あなたは芸術についてではなく、神と世界について語っているだけじゃないか」とある人が怒りを表しながら大声でボイスに向かって発言したとき、ボイスはそれに答えて「そのとおり。神と世界のあらゆるものが芸術なのです」と答えたという。(4) また一九八五年のミヒャエル・エンデとの対話の中でボイスは自分がもはやアトリエの芸術家ではありえないこと、そして彼にとってアトリエは人々の間にあるのであってその人々との対話の中に芸術作品が成立するのであるということを語っている。(5) ボイスにとってオブジェとしての作品の提示は、それが人々の間に人間や社会についての問題を呼び覚まし、それがきっかけとなってそこから何か在るべき未来的なものが生まれ出るための単なる契機の提示を意味するにすぎない。彼の提示する作品やアクションの背後には人間や社会についての彼の思想があるのであり、その彼の思想的背景との結びつきなしには彼の作品はほとんど何の意味をも持たないと言ってよいだろう。そしてそのことを彼は繰り返し自らも語っている。(6) ボイスにとっては彼の教育活動も政治活動も芸術活動もすべてが拡張された意味における芸術活動であり、そのすべての活動のプロセスそれ自体そしてまたそのプロセスを通して形成されるべきものが「社会彫刻(Soziale Plastik)」という概念で言い表されているのであった。(7)

社会彫刻という概念は、ボイスによって「社会芸術(Soziale Kunst)」とも「社会有機体(Soziale Organismus)」ともさらには「社会という大きな綜合芸術作品(ein großes gesamtgesellschaftliches Kunstwerk)」とも言い表されている。一方でまた「芸術作品としての、ユートピアとしての社会。最高の芸術作品としての社会(die Gsellschaft als Kunstwerk.

als Utopie, die Gesellschaft als das höchste Kunstwerk[8]」という言い方もなされ、ボイスの「拡張された芸術概念（Erweiterter Kunstbegriff[9]）」においては、社会そのものをその在るべき未来的なものへと造形することそれ自身が、現代における芸術家の最大の課題であり、社会彫刻と呼ばれるべきものなのである。なぜそれが芸術家の課題であると考えられるのかと言えば、それはボイスが在るべき未来の社会を美において、すなわち芸術作品において捉えているからである。「美のなかでいちばん美しいもの、つまり社会有機体を、まず手にいれる必要がある」、「自由なかたちをした生きものとしての社会有機体であり、モダンのかなた、伝統のかなたで、やっとの思いで獲得された文化としての社会有機体」、「この出来損ない、このひどい彫刻にたいして適切なアクセスが、ポイントとなる。こいつが美しい彫刻になるような介入が必要なんだ」とボイスはエンデとの対話の中で語っている[10]。もちろんこの課題はすべての人間にとっての課題であり、それ故すべての人間は芸術家である必要がある。そしてボイスによれば同時にすべての人間はすでに芸術家なのであった。

この「すべての人間は芸術家である（Jeder Mensch ist ein Künstler[11]）」というボイスの言明はしばしば誤解を招きなかなか理解されない。しかしこれは、美と人間性との存在論的符合を明らかにしたシラーの美学思想とその根底において一致する極めて重要な認識の表明であると言ってよい。シラーは『人間の美的教育について』（一七九五年）のなかで、「人間は言葉の完全な意味において人間であるときにのみ遊ぶのであり、また遊ぶときにのみ全く人間なのである[12]」と述べているが、ここで言われている「遊ぶ（spielen）」とは、美において遊ぶことを意味しているのであり、すなわち理念的な意味において芸術家となることを意味していると言えるのである。シラーにとって芸術家であるということは人間が理念的な意味においてまさに人間となることを意味しているのであり、それ故すべての人間は広い意味で芸術家であらねばならないのである。それ故にまたシラーは「人間が存在するべきであるという要求を理性がかかげるとき、とりもなおさずそのことによって、美が存在すべきであるという法則を理性は打ち立てたことになる[13]」とも語るのである。そしてこの美への素質は人間が人間である以上すべての人にそなわっているものであり、その素質を開花させ人間を真の意味において人間たらしめるものこそ「人間の美的教育」であると考えられているのである。

シラーはこの人間の美的教育によって各個人の中に真の人間性を開花させると同時に、そのことを通して現実の社会を「美的国家（Ästhetischer Staat）」へと変革することを構想している。「自由へと赴く際に通過するのは美なのであるから、あの政治問題を経験において解決するためには、美的問題を通過しなければならない[14]」とシラーは『人間の美的教育について』のなかで語っているが、ここで言われている「あの政治問題」とは当時隣国で展開しているフランス革命に照応するもので、シラーはそこに現実における政治的革命の限界を見て取り、人間の美的教育による社会変革の道の有効性と必要性とを提示するのである。シラーは人間に真の自由を保証するものは美の他にはなく、人間および社会の中に美を育てることによってはじめて「最も完全なる芸術作品」としての「真の政治的自由[15]」への道が開かれると考えるのである。「美的国家だけが全体の意志を個人の自然によって実行するために、社会を現実的なものにすることができる」、「自由によって自由を与えることが美的国家の根本法則である[16]」と語るシラーは、しかしこのような課題は「一世紀で果たされるような課題ではない[17]」とも考えており、その課題の実現のためにはなによりもまず美的なものに向けての「人間の感じ方全体における全面的な革命[18]」が必要であると考えるのである。

2　拡張された芸術概念と美的遊戯の思想

ボイスはエンデとの対話のなかで、「問題を未来から抜きだした進歩的芸術家のなかには、ゲーテやシラーも含まれるんだ。ふたりは、ぼくたちの同時代人であるばかりではなく、ずっと先まで未来を歩いている。だから、ぼくたちの戦友なんだ」と語り、さらに「ちょっと時代の差はあるけれど、彼ら（ゲーテとシラー）を歴史上の人物として扱うべき必要はない。きわめてアクチュアルな存在だからね。彼らは、すでに社会のかたちを加工し、協議し、人間像を提出し、仕上げている。ゲーテなんか、ほんとうに未来から取ってきたような科学の概念を提出しているよ」と言っている(19)。またオリヴァーとのインタヴューのなかで、オリヴァーが「私には、あなたは確かにニーチェが語っていることのある一定の部分を受け入れているけれども、受け入れない他の部分を、シラーの理念を導入することによって、つまり解放のアクションとしての、教育学としての芸術、共同体や社会の教育としての芸術という点に関しては、シラーの理念を導入することによって訂正しているように思えるのですが」と問い掛けるのに対して、ボイスは次のように答えている。「そのとおりです。たしかにシラーを引き合いに出すことができます。彼もまた創造力について語っていますし、それについての多くのアスペクトも理解しています。なぜなら彼は、人間が芸術において本質的なものとして現れ出るそのあり方において人間を観察しているのですから。彼は論理的な帰結を出して直接次のように言うこともできたでしょう、すなわち人間は芸術作品なんだと。シラーは人間を芸術と同格のものとして、創造力と同格のものとして見ることができたであろうと私は思います(20)」。

ゲーテとシラーの思想は、ボイスにとってシュタイナーの思想とともに特別の意味を持っていた。もっともシュタイナーの思想自身がその形成過程においてゲーテ研究を出発点としていること、しかもシュタイナーはゲーテの世界観を学問的に研究するためには、シラーの方法論に従うべきことを説いているのであるから(21)、そこにはボイスの首尾一貫した思想の流れを見て取ることができると言えるであろう。しかしゲーテとシラーのうちどちらかと言えばボイスはシラーの方により共感を持っていたと思われる。ボイスはゲーテの偉大さとその自然科学思想の重要さを認識していたが、ゲーテについて次のようなかたちで不満を漏らしてもいる。「ゲーテにとって大切だったのは科学と芸術であり、社会への関わりではなかった(22)」。ボイスは常に社会との関わりにおいて芸術を考えた。彼の言う社会彫刻とは、芸術に内在する人間にとっての本質的な力によって、社会そのものをより理想的なものへと変革すること、これまでの芸術とは違って、社会そのものを芸術活動の対象とし、その在るべき未来的な形へ向けて造形していくことに他ならないと言ってよいであろう。そしてそのためには拡張された芸術概念が必要であり、そこにこそ未来的な芸術の、そしてまた現代において最も重要な芸術の場が開かれうるとボイスは考えたのであった。

シラーの美的教育の思想は同時に社会変革の思想でもあった。カント美学の研究の上に、美を「現象における自由(Freiheit in der Erscheinung)」[23]として捉える道を開いたシラーは、感性と理性、自然と精神との調和的遊動によってはじめて成立する人間の心情における美的状態ないし美的気分のうちに、人間にとって真の自由を意味する「美的自由(ästhetische Freiheit)」[24]が成立すると考えるのであるが、この美的自由が成立する場は同時に人間が本来的意味で人間である場、すなわち真の人間性が成立する場でもあると考えられるのであった。単なる感性的なものもまた単なる理性的なものもそれは人間にとって一面的なものでしかなく、この両者の相互作用として成立する「美的なもの(das Ästhetische)」こそが人間にとって本質的なものであり、それへの視点が欠如している限り人間に真の自由への道は開かれないとシラーは考えたのであった。シラーの美的教育の思想は決して狭い意味での芸術の領域に限定されるようなものではなく、人間の生き方、社会のあり方全体の変革に向けて提示されているものであり、先に言及したシラー美学における美的遊戯の概念についての根本的命題「人間は言葉の完全な意味において人間であるときにのみ遊ぶのであり、また遊ぶときにのみ全く人間なのである」という命題にはその本質が語られていると言ってよい。

3　近代における危機の意識

シラーとボイスの思想に共通に見て取れるのは、近代における人間のあり方に対する根本的な危機の意識である。二人とも、近代において人間がその知性の働きによってこれまで全く経験しなかった大きな力を手に入れたことを歴史的な必然性として肯定しながらも、そこにおいて人間が本質的な危機に晒されていること、そしてその危機の根本原因が人間の本質をその総体性において、すなわち広い意味における美的なものとして捉える視点が欠如していることのうちに見て取っている。シラーは自分の時代を描写して次のように語っている。「いまや国家と教会、法と人倫とは分裂してしまいました。楽しみは仕事から、手段は目的から、努力は報いから分離しました。人間は全体のちっぽけな破片にいつまでも縛りつけられているので、自分自身まで単なる破片になってしまうのです。自分の回す歯車の単調な響きをいつまでも耳にしながら、人間は自己の全存在の調和を育てることはありません」、「しかし人間はなにかある目的のために、自分自身をなおざりにするよう定められたものなのでしょうか。……個々の能力の形成が、その総体性を必然的に犠牲にするというのは誤りであるにちがいありません。または、たとえ自然の法則がそのような方向へむかっていたとしても、技術が破壊してしまった我々の性質のなかにこの総体性をより高い技術によってふたたびうち立てるのは、我々の心がけ次第であるにちがいありません」[25]。

ここでシラーが捉えている近代における人間性の危機は、近代の有する根本的な病だと言えるだろう。しかもシラーが言うように、「近代の人間性に対しこの傷を負わせたのは、ほかならぬ文化それ自身」[26]なのである。そしてシラー以降この病は癒されるどころか、科学技術の急速な発展と資本主義経済のあらゆる領域にわたる世界的支配のもとで、その病相を変質させながらも、ますます深まるばかりである。ボイスもまた現代という時代における人間性の危機を次のように描写している。「ほとんどの人間は、自分が、とり囲む諸状況の中に手のほどこしようもなく身をまかせていると感じている。こうしたことはまた内面性の破壊へと通じている。人々は、自らのさらされている諸々の破壊的プロセスの只中で、国家および経済的権力の見通しがたい錯綜の中で、また軽佻浮薄な娯楽産業の画策する気ばらしや暇つぶしの中で、もはやいかなる生の意味をも見出しえない。……とりわけ若者たちはますますアルコールと麻薬にひたり、自殺を犯しつつある。何十万もの人間が偽似宗教的狂信の犠牲となる。世界からの逃避がブームとなっているのである」[27]。

ボイスの社会彫刻は、現代という時代に対する危機の意識においてはじめて成立するものであるが、ボイスはこの時代の危機はこれまでの芸術のあり方においてはもはや解決されないこと、しかしまたこの時代の危機は本質的な意味において芸術の力によってのみ解決しうるものであること、そしてそのためには何よりも芸術という概念を根本的に拡張して捉え直す必要があること、さらにその捉え直しは理論的にも正当化されうるものであることを自覚するに至ったと言ってよいであろう。「かくのごとく拡張された芸術概念、生と労働のあらゆる場で、社会のあらゆる力の場で造形しうるところの活動体。これによってすでに、先に要求され、論理的帰結として操作的に記述されたこと、つまり芸術はまさに生とすべての人間とに結びつきをもつべきであるとの要請の事実上の可能性についてひとつの言明がなされたのではないか」(28)。このように述べるボイスに確信をあたえているのは、広い意味で美的であるということが人間と社会の根本的な目的でなくてはならず、また人間と社会とをそのあるべきものへと、すなわち美的なものへと形成していくすべてのプロセスがいまや芸術として把握されてよいこと、そしてそのような視点が確立されない限り現代の危機は決して克服され得ないという根本的な認識であると言えるだろう。

4　問題の解決に向けて

これまでの考察によって、ボイスの思想がその本質においてシラー美学と極めて親近なものであることが理解されるであろう。しかしこのことは両者が全く同じものであるということを言おうとするものでは決してない。ボイスの社会彫刻論および拡張された芸術概念、そして彼の芸術家としての個々の活動は、現代という具体的時代状況との関わりにおいてはじめて意味を持つものであるし、またそのようなものとして理解される必要があるであろう。彼が提示した政治、経済、教育上のさまざまの諸問題を真剣に受け止めて考えることは、それ自身ボイスとともに社会彫刻の形成に参加していることになるであろうし、そのようなものとして芸術を捉える地平を打ち開いたのはやはり画期的なことであるといわねばならないであろう。ボイスが現代において提示した社会そのものを総合芸術作品として捉え、すべての人間は本来その形成にすでに参加している芸術家なのであるという視点は、確かにわれわれに新たな自覚をもたらすものである。そしてその自覚においてわれわれは、いわゆる芸術家といわれる人々ばかりでなく、すべての人間は本来美的なものであったのだし、また美的なものであるべきなのだということを物事の根本に据える生き方を取り戻すことになるだろう。

すでに見てきたようにシラーの美学思想のうちには、このボイスの人間と社会の理想とを美的なものにおいて捉える視点がすでに見事に基礎づけられている。しかしシラーの場合、現実に実現すべきものとして掲げられる美的国家の問題は、人間の内面性の問題へと置き換えられ、それが人間の美的教育ないし美的陶冶の問題として追求されていく方向を取る。「政治上の改善はすべて性格の高尚化から出発すべきです……しかし野蛮な国家機構のもとでどうして性格が高尚になることができましょうか。してみればこの目的のためには、国家が与えたものではない手段を探し、いかなる政治的な腐敗堕落にもかかわらず、純粋無垢に保たれている源泉をそのために開発する必要があるでしょう。……この手段こそ芸術のことであり、この源泉こそ芸術の不滅の規範のなかで開発されるのです[29]。」そして美的国家の実在性については結局次のように語るに止まることになる。「しかしこのような美しい仮象の国が存在するのでしょうか。どこにそれを見つけたらよいのでしょうか。必要上から言えば、それはすべての純良な気持ちを持った魂のなかに存在することです。でも実際上では、純粋な教会や純粋な共和国と同様に、いくつかの数少ない選び抜かれた団体のなかにのみ見出されるでありましょう[30]」。

シラーの場合には、実現されるべき美的国家は「喜ばしい遊戯と仮象の国[31]」とも呼ばれ、それは芸術による人間の美的教育を通して、むしろ現実からかなりの距離を持ったかたちで、内面的なものとしてひっそりと形成されていくもののように捉えられている。それに対してボイスの社会彫刻は、人間の内面性の問題であると同時に、直接社会的現実のさまざまな諸局面との積極的な諸関係の構築に向かおうとする。「市民イニシアチブ、エコロジー運動、平和運動、女性解放運動、実践モデル運動、民主主義的社会主義運動、人間主義的自由主義運動、第三の道の運動、人智学運動、キリスト教的・信仰的方向付けを持つ諸流派、市民権運動、第三世界運動、これらはすべて、自らが対案実現運動全体の欠くべからざる部分、それも、互いに排除し対立するのでなく、補い合う部分であることを認識せねばならない[32]」、「人類学的な芸術の課題は、社会というからだをつくりあげることなのさ[33]」。

5　未来のかたち

この両者の相違は何処から来るのであろうか。それはボイスが芸術というものをもはやこれまでの芸術とは違ったものとして、すなわち拡張された芸術概念において捉えているからに他ならない。シラーにもその萌芽と言えるものは確かにあった。シラーもまた美的国家の建設を理想として要請しているのであるから。しかしシラーの場合には、ボイスのように現実の社会そのものを美的なものとして形成することを芸術家の直接の仕事として要求することまではしなかった。シラーにとっては現実と芸術の間にはまだ大きな距離があり、またこの距離こそが芸術の純粋性を保証するものだったからである。ボイスの場合には、これまで言われていたような意味でのこの現実と隔てられた芸術の純粋性というものを放棄した。誤解を避けるためにさらに言うならば、ボイスは現実を美的に形成することそのものに、現代における芸術の真の純粋性を見出したのである。それは現代という時代に対するボイスの危機の意識がそうさせたとも言えるし、またシラーの時代から経過した歴史そのものがそのような新たな芸術の視点を可能にしたとも言えるであろう。

ボイスは、彼の死の三ヶ月ほど前にバーゼルで行われたクネリス、キーファー、クッキとの対談の中で、キーファーが、すべての人間は芸術家だというボイスの考えに疑問を呈したのに対し、ボイスは次のように答えている。「君が人間的なものに対してちゃんと眼を開けてみれば、すべての人間は芸術家だということが君にも分かるはずだ。マドリッドにいたとき僕は確かめたんだ、ゴミ処理の仕事をしている男たちが、いかに偉大な天才であるかということを。そのことは、その男たちが自分たちの仕事をどんなふうな仕方でしているか、そのとき彼らがどんな表情をしているかっていうことで解る。彼らは未来的な人間のあり方を代表しているってことが分かる。僕はそのゴミ処理人たちにおいて、僕がくそ芸術家たちに欠けていると思っているものを確かめたんだ。……」(34)と。さらにこんどはクネリスが、

「しかし彼らは自分を表現するフォルムを持っていない」[35]と主張するのに対し、彼らはちゃんとフォルムを持っていると答えている。ボイスはそこに何か未来的な芸術のあり方を確かに見て取っているのである。

このようにみてくると、ボイスが目指すものがもはやこれまでの芸術などではないことがはっきりと理解される。ボイスが目指しているものは結局は、人間と、人間が造る世界すなわち社会なのである。美的人間とか美的社会とか言う必要もボイスの場合にはないであろう。なぜなら根源的な意味で美的であることが人間と社会の理想であることをすでに大前提としているのであり、敢えて美的人間とか美的社会などと言えば、それは狭い意味でのこれまでの芸術家とか芸術的に豊かな社会とかを意味することになってしまうからである。シラーもまた人間と社会の理想を、そしてまた芸術の理想を求め続けた。そしてその美学研究の中から、人間の美的教育が理想の社会の実現に向かうために欠かすことのできないものであることを確信するに至ったのであった。そしてボイスは、このシラーの確信から出発したのだと言えるであろう。しかしボイスはもはや従来の芸術家に見られるような迂回する道はとらずに、人間と社会の形成に創造的に直接参加する芸術家、人間と社会とに対し本来あるべきもの、自由で美的なその本質へと向かうべきことを、すなわち人間と社会のあるべき未来的なかたちを求めて、これまでにない新しい方法によって挑発する芸術家となったのであると言えるであろう。

註

（1）　シラーの卒業論文は「人間の動物的自然と精神的自然との関連についての試論」（Versuch über den Zusammenhang der tierischen Natur des Menschen mit seiner geistigen, 1780.）と題されるもので、当時の医学研究を基礎とした人間についての哲学的考察であった。

（2）　ボイスはシュタイナーの著作のうち、実に一〇〇にも及ぶ諸著作および関連する研究書を所有しており、そのうち少なくとも三分の一には下線が付されまた欄外に線描等の書き込みがなされているという。ボイスとシュタイナーの人智学との関連についての研究は、ドイツ語圏においてますます深まろうとしている。（cf. *Joseph Beuys-Tagung: Basel 1.-4. Mai 1991*, hrsg. von Volker

Harlan; Dieter Koepplin; Rudolf Velhagen, Basel: Wiese Verlag, 1991, S. 292-295.)

（3）近年ドイツで出版された「ボイス小事典」の中には、ボイスがオリヴァーによるインタヴューにおいて、シラーについて批判的な意見を表明しているかのごとき記述が見出されるが、そこで指摘されている箇所を検証してみればそれが全くの誤解にすぎないことが解るであろう。（*Beuysnobiscum: eine kleine Enzyklopädie,* hrsg. von Harald Szeemann, Amsterdam; Dresden: Verlag der Kunst, 1997. S. 57.）

（4）ハイナー・シュタッヘルハウス『評伝ヨーゼフ・ボイス』、山本和弘訳、美術出版社、一九九四年、七七頁。（Heiner Stachelhaus, *Joseph Beuys,* Düsseldorf; München: Econ & List Taschenbuch Verlag, 1991, 3. Auflage 1998, S. 86.）

（5）『芸術と政治をめぐる対話――ヨーゼフ・ボイス／ミヒャエル・エンデ』、丘沢静也訳、岩波書店、二〇二―二〇三頁。（*Kunst und Politik: ein Gespräch/Joseph Beuys; Michael Ende,* Freie Volkshochschule Argental, 1989, S. 117.）

（6）*EIN GESPRÄCH: Joseph Beuys; Jannis Kounellis; Anselm Kiefer; Enzo Cucchi,* hrsg. von Jacquline Burckhardt, Parkett Verlag, 1986. この対談の中でボイスは次のように語っている。「もし僕が大地の電話のようなそんなものを、それを僕がどう考えたのかということ、その作品の謎がどのようにしてもっとずっと大きな、一般に人間を揺り動かすような謎になおも通じているのかということ、そのことに触れもせずその論理的帰結に言及することもしないで、そんなものを人前に晒すのだとしたら、僕は大馬鹿者だと正直に言っておかなくちゃならない。美しいカテドラルを建設するための唯一の手段としての芸術に関して、僕は口に出して語る言語を必要としているんだ。」（S. 169.）

（7）上掲『芸術と政治をめぐる対話』、一六一頁。（op.cit., S. 96.）ここで社会彫刻と訳されている原語の Soziale Plastik は「社会造形」とも訳されうる言葉で、ボイス自身 Soziale Plastik と言う以外に Soziale Skulptur という言い方もしている。

（8）同書、二〇頁。（ibid. S. 21.）

（9）同書、二〇頁。（ibid. S. 21.）

（10）同書、八二頁、四五頁。（ibid. S. 52-53, S. 34.）

（11）同書、一二頁。（ibid. S. 17.）ハーラン、ラップマン、シャータ著『ヨーゼフ・ボイスの社会彫刻』、伊藤、中村、深澤、長谷川、吉用訳、人智学出版社、一九八六年、一二一頁。（Harlan; Rappmann; Schata, *SOZIALE PLASTIK: Materialien zu Joseph Beuys,* Achberger Verlag, 3. erweiterte und ergänzte Auflage, 1984, S. 121.）

(12) 『美学芸術論集』、石原達二訳、冨山房、一九八八年、一五三頁。(Friedrich Schiller, Über die ästhetische Erziehung des Menschen in einer Reihe von Briefen, 1795, 15. Brief, in: *Friedrich Schiller Sämtliche Werke Bd. 5*, hrsg. von G. Fricke und Herbert G. Göpfert, München: Carl Hanser Verlag, 9. durchgesehene Auflage, 1993, S. 618.)

(13) 同書、一四九—一五〇頁。(ibid. S. 615.)

(14) 同書、九〇頁。(ibid. S. 573.)

(15) 同書、八八頁。(ibid. S. 572.)

(16) 同書、二三〇—二三一頁。(ibid. S. 667.)

(17) 同書、一一三頁。(ibid. S. 590.)

(18) 同書、二一三頁。(ibid. S. 662.)

(19) 上掲『芸術と政治をめぐる対話』、三三—三五頁。(op.cit., S. 28.)

(20) Der Tod hält mich wach (Joseph Beuys im Gespräch mit Achile Bonito Oliva), in: *Beuys zu Ehren*, hrsg. von Armin Zweite, München: Städtische Galerie im Lenbachhaus, 1986, S. 76.

(21) cf. Rudolf Steiner, *Goethes Weltanschauung*, Dornach/Schweiz: Rudolf Steiner Verlag, 1985, S. 57–59. Rudolf Steiner, *Grundlinien einer ErkenntnisTheorie der Goetheschen Weltanschauung-mit besonderer Rücksicht auf Schiller*, Dornach/Schweiz: Rudolf Steiner Verlag, 1988, S. 23-25.

(22) 上掲『ヨーゼフ・ボイスの社会彫刻』、一〇七頁。(op.cit., S. 108.) cf. Götz Adriani; Winfried Konnerz; Karin Thomas, *Joseph Beuys*, Köln: M.DuMont Verlag, 1973, S. 43.

(23) 上掲『美学芸術論集』、四四頁。(Kallias oder Über die Schönheit, in: *Friedrich Schiller Sämtliche Werke Bd. 5*, S. 409.)

(24) 同書、一七四—一七五頁。(Über die ästhetische Erzieung des Menschen, in: *Friedrich Schiller Sämtliche Werke Bd. 5*, S. 633-634.)

(25) 同書、一一一頁。(ibid. S. 588.)

(26) 同書、一〇四頁。(ibid. S. 583.)

(27) 上掲『ヨーゼフ・ボイスの社会彫刻』、「対案(オルタナティブ)実現へのアピール《フランクフルター・ルントシャウ》一九

七八年一二月二三日初出)」、一三〇頁。(op.cit., S. 130.)

(28) 上掲『ヨーゼフ・ボイスの社会彫刻』、「生命体への参入——一九七七年八月六日、カッセル、ドクメンタ・6における、自由国際大学の枠内での講演」、一二四頁。(ibid. S. 124.)

(29) 上掲『美学芸術論集』、一一七頁。(op.cit., S. 592-593.)

(30) 同書、一二三頁。(ibid. S. 669.)

(31) 同書、一二〇頁。(ibid. S. 667.)

(32) 上掲『ヨーゼフ・ボイスの社会彫刻』、一三六頁。(op.cit., S. 135-136.)

(33) 上掲『芸術と政治をめぐる対話』、一二二頁。(op.cit., S. 22.)

(34) 上掲 *EIN GESPRÄCH: Joseph Beuys; Jannis Kounellis; Anselm Kiefer; Enzo Cucchi*, S. 109.

(35) ibid. S. 111.

出典

慶應義塾大学アートセンター、ブックレット5号(Booklet Vol. 5)前田富士男編著『ヨーゼフ・ボイス ハイパーテクストとしての芸術』(一九九九年)

2

「すべての人は芸術家」を巡る十九世紀ドイツ美学とボイス

――新解釈への転換点としての「文化交換」――

岡林　洋

一方に、十九世紀初頭ドイツロマン派に多大な影響を与えた『宗教講話』の著者でありまたプロテスタント神学の創始者としてその名が知られるシュライアマハー（一七六八―一八三四）が、他方に、第二次世界大戦後の新生ドイツの期待を一身に集め芸術創作以外でも環境政党、緑の党の創始者の一人として行動したことでも知られる社会派芸術家のボイス（一九二一―一九八六）がいる。前者には「すべての人は芸術家である（Alle Menschen sind Künstlerm）」の言明が[1]、後者には「人は誰もが芸術家である（Jeder Mensch ist ein Künstler）」の言明がある[2]。しかしこのよく似た二つの言明が、ドイツの精神史において何らかの関連があって生まれたのか、それとも何の関蓮もなく偶然に生まれたのかは、これまでに一度も考察されたことがない。

我々は本稿を、ボイスがシュライアマハーから実際にどのような影響を受けたのかを解明する場であるとは考えていない。むしろ我々がこの場でやろうとしていることは、前者の言明が拠って立つ現代アートの文脈を、後者の十九世紀ドイツ哲学の上に立つ言明が有している現代的意義を解明するために用いてみることである。そのために我々が用いる方法が「文化交換」である。この方法を用いることによって、それぞれの言明が単独で考察されるよりも解明の度合いを数段高めることが期待され、またそればかりかボイス神話のベールをこの言明からも取り除いてみたい。

1 「文化交換」以前

本稿が取り上げる二人の言明を解明するために私が「文化交換」の方法を思い立つ以前のことにも触れておかなければならない。私は、一般に美学と呼ばれている芸術の本質を解明する学問が天才的芸術家を中心としたものではなく、むしろ我々常人を主人公にした議論の場であって欲しいと考えてきた。そこで私は本務校にボイスの「学際性と創造性のための自由国際大学（ＦＩＵ）」（sp 36）を模範にした研究センター（社会芸術国際研究センター）を開設して数回にわたって「人は誰もが芸術家――百時間連続討論会」と銘打った企画を催したりしてきた。その頃すでに私は、ドイツ美学に確か「すべての人は芸術家である」の命題のようなものがあったことに気づいていたが、当時はこの二人の言明の字面が近い程度のことを意識しただけであった。この二つのよく似た命題を取り巻く思想があまりにも複雑であり（特に十九世紀のドイツ哲学の方は現代人にとって最も疎遠な学問「倫理学」の分厚い鎧をまとっているように感じられた）、それに何と言ってももう一方は作例を理解することの難しさに（とりわけボイスの何日も檻の中でコヨーテとパフォーマンス（"I like America and America likes Me", Galerie René Block, New York, 1974）を繰り広げる例など）、二人の言明の内実にまで踏み込むことは到底無理と思っていた。ボイスの芸術的実践と我々が「人は誰もが芸術家」の文脈から想像できるものとの間にはあまりにも差がありすぎるように思われたし、先のコヨーテとのパフォーマンスの例をはじめとして、フェルトの生地や脂肪の塊を使った展示物、そしてボイス自身の政治的立場をにじませたようなもの（メーデーのデモ行進において労働者の掲げる「プロレタリアート独裁」のスローガンを批判したもの（Ausfegen des Karl-Marx-Platzes in Berlin am 1. Mai 1972））、さらに保守と革新の二大政党に代わるもうひとつの政治的選択（直接民主主義の主張（sp 33）や「緑の党」の設立）など、自然物質、生活消費財からはじまって現実の政治の世界にまで及んでいるボイスの芸術的主張は、当時の私の理解の範囲をはるかに超えたものであった。さらに彼によれば、創造性を発揮し精神が自由な人間であれば、専門や職業が何であってもその人は「芸術家」であり、物理学者であっても創造的な思考を行えば彼は「芸術家」と呼ばれる（sp 102）のであるが、私はこの点でボイスと意見を異にした。私が考えるに、我々常人は芸術家同様、物理学者には到底なれないのだし、物理学者がさらに創造的才能に富むなどということは夢物語である。ボイスのいう「精神の自由」も、我々の努力目標にはなるであろうが、現実問題としては我々には縁遠いものではないか、と。

一方、十九世紀のシュライアマハーの「すべての人は芸術家である」の言明の方は、私にはボイスのそれとはかなりタイプが違うもののように感じられた。そもそもこの言明は彼独特の倫理学という今日から見ると極めて昔風の学問領域の中から生まれたものであり、この点だけをとってみても我々の興味をそいでしまいそうである。さらに哲学史、美学史を見回してみて他に用例を見ないような、人間による「自然の有機化活動」や「自由な社交」などの言い回しに出くわし、この話題が本当に生産的な「すべての人は芸術家」の議論につながるのかと不安になったこともある（著者にはシュライアマハーの十九世紀初頭の『倫理学』の中から「すべての人は芸術家」の言明がどのように生まれたのかを詳細を扱った論稿がある）(3)。当時、私の心をはぐらかした極めつけは、この哲学者が言明の核心部分で「すべての人」が行う芸術表現の本質を明記すべき箇所においてわざと話題をそらして「表現の倫理化」という言い回しを使ったことである。当時の私はこのような十九世紀の哲学者の用語法に戸惑い、いささか落胆してしまったというのが正直なところであった。要するにここで「文化交換」を行う決心を行うまでは、私にとってボイスとシュライアマハーの言明は別の方向を向いて互いに勝手な主張を行っているだけにしかみえなかった。

2 「文化交換」の出発点で見えてきた両者に共通する「拡大」概念

この二つの言明に「文化交換」を試みる最初の段階において、両者の拠って立つ基礎概念にある種の概念の操作、変更のようなものが彼ら自身によって加えられていることが浮かび上がってきた。この基礎概念に起こっていた操作が何かを明らかにするのに、ボイス独特のあの有名な芸術概念がヒントになった。それは彼の「拡大された芸術概念」（sp 124）として一般に知られているものである。この概念にボイスによって加えられている「拡大」の概念操作が次々にいわば玉突き式にその影響を与えて行ったことに気づくのにさほど時間はかからなかった。「拡大された芸術概念」は直ちに「芸術家」概念にも影響を与え、その影響を自らの性格の変更のみならず、その活動領域の変更・拡大にも現われ、最後は「人は誰もが芸術家である」の命題となったという確信めいたものにつながって行った。

ボイスの言明「人は誰もが芸術家である」は、画家、彫刻家、音楽家のような特定の芸術ジャンルで表現活動を行う芸術家のことを念頭に置いたものではなく、むしろそれは従来の芸術領域を越え、その外側に広がる文化、社会さらに自然科学の領域で一定の役割を果たす「芸術家」であることはすでによく知られている（sp 102）。ここでは彼の用語法を再びこの概念に適用して、彼の言明に登場する「芸術家」とは「拡大された芸術家」であったことを改めて確認しておきたい。ボイスが、領域にかかわらず「創造性」を発揮し、「精神の自由な」人間のことを芸術家であると、いとも簡単に言ってのけたのも、この「芸術概念の拡大」があったからなのである。本来、芸術家とはごく少数の天才的霊感の持ち主のことであり、しかも芸術ジャンルごとに専門的な、音楽の記譜法とか絵画や彫刻の描写技法を身につけていなければならない。それがまったく正反対の、人には誰でもその分野ごとに「創造性」を発揮して「芸術家」と呼ばれる潜在力があるという立場に立つわけである。したがって彼の言明の基盤となる概念（ボイスの場合は芸術概念）がまず「拡大」されなければならなかったのであり、そこから連鎖的に芸術家概念にも、そしてその活動領域にも「拡大」は波及して行くと考えられる。このボイスの「拡大された芸術概念」からはじまり「芸術家概念」に波及し、最後に「人は誰もが芸術家である」の言明を成立させる文脈に基づいて、今仮にシュライアマハーの言明を解釈し、その現代的意義を解明してみようというのである。

シュライアマハーの言明「すべての人は芸術家である」の基盤となる概念をまず探してみよう。ボイスの場合のように「拡大」される基礎概念は芸術概念であると考えてよいであろうか。この場合には、シュライアマハーの言明の登場するテクストが何であったのかを考慮に入れる必要がある。先に述べたようにその言明が登場するのは彼の『倫理学』テクストである。「すべての人は芸術家である」の言明が現われる彼の『倫理学』テクストの該当箇所を引用すると、この箇所では「感情の表現」が倫理的活動であるという前提で議論が始められている。

「感情の倫理化ということを考えてみれば、そこでは、感情が共同のそれになる限り感情はどれも表現へ移行するとされる点にその本質がある。つまり『すべての人は芸術家である』ということになる。さてこのことは日常的な意味では味気ないことかも知れないが、芸術はここでもさらなる意味を持つ」。

従ってもしボイスの言明の文脈――基礎概念（芸術）、基礎概念の拡大（拡大された芸術概念）、芸術家概念の拡大、言明の成立――を今仮に用いるとしても基礎概念（芸術）の部分に関しては、ここに引用された内容に応じて基礎概念を倫理学ないし「倫理化」に変更する必要があるであろう。ここではボイスの場合のように芸術概念の内容が拡大されて芸術以外の領域への適用が可能になるのではなく、むしろ我々にはなじみのない「倫理化」という概念がはじめに現われ、感情の芸術的表現の一角を担うとされ、いっきに「すべての人は芸術家である」の言明に至る。ここでは「倫理化」概念がある種の芸術的表現――特にそこでは本来私的な感情が「共同のものとなる」種類の芸術表現が起こっているようである。ここで起こっていることを「倫理」概念の「拡大」（あるいは「芸術化」）と呼んでよいのかどうか、どこかに正当な根拠、理由のようなものがあればよいがと私は考えている。この「倫理」概念の「拡大」（あるいは「芸術化」）であるが、それはこの言明が現われる箇所で突然言われていることなのか、それともこの哲学者の『倫理学』全体の構造に大規模な変動をもたらすものなのかをここで確認しておかなくてはならない。

実は私はかつてこの『倫理学』のテクストの中に「拡大された倫理学」の語を見出したことを覚えているが、その時はこの語が何を意味するのか全く分からなかった。今回「文化交換」がここで行われることによってその意味がようやく理解できたように思う。

　今回の二つの言明に関して「文化交換」によって何が試みられるのか示しているのが左に掲げた図式１である。ボイスの側の図式では、上部の点線で示された三角形によって通常の（ボイスが否定した）芸術概念が示され、その下の実線で示された台形の区域、「拡大された芸術概念」の区域が示されている。このボイスの図式がシュライアマハーの言明との「文化交換」を行うための基本形態となる。この台形の区域の内部をのぞいてみると、そこには特定の芸術ジャンルがあるのではなく、芸術、環境、政治、物理学などの文化、社会さらには自然科学の領域が並んでいる。ボイスは、ＦＩＵの理念にみられるように、これらの領域に「拡大された芸術概念」を理念として持ち込み、それによって学際的なつながりを作り出そうと構想したと考えられる。

　図式１の右にあるシュライアマハーの図式を作り上げるためにこのボイスの言明の基づく文脈を再利用するためには、少なくとも基礎概念の部分を芸術概念から倫理学に変更しておくことが必要であるが、二つの三角形の図式の上部には、「拡大」される前の基礎概念があることに変わりはない。この三角形上部の基礎概念の部分からはどちらの場合にも矢印が図式の下部の台形部分に向けられている。この矢印は基礎概念が三角形下部の台形の異領域に向けて「拡大」されている様子を表している。この点でも両者は共通している。

　次に述べることが最も複雑かつ理解の困難な「拡大」問題なのであるが、両者の図式には相違しながらも共通している概念がある。「芸術概念」である。それは、すでにシュライアマハーの図式を論じた際には「拡大」の積極的な

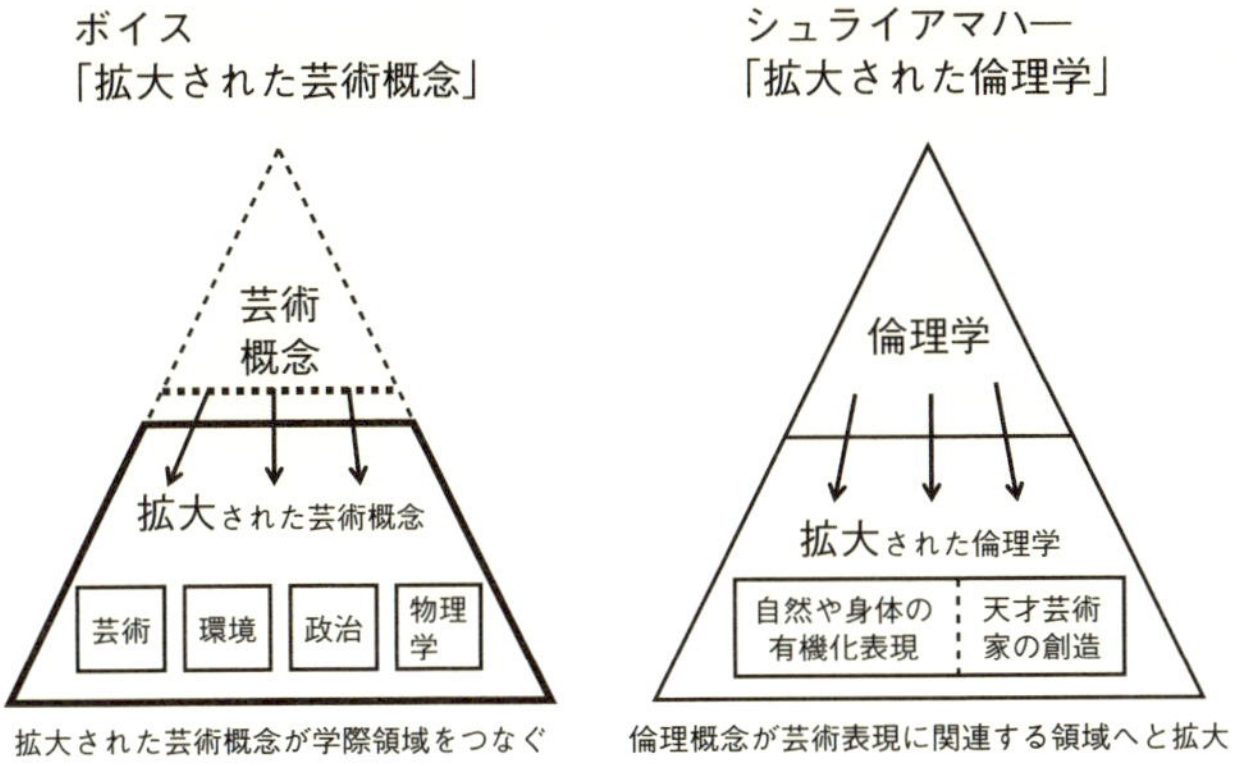

拡大された芸術概念が学際領域をつなぐ

倫理概念が芸術表現に関連する領域へと拡大

図式１

対象とはみなされなかった（「拡大」されるものとしては「倫理学」概念が挙げられた）。この概念の「拡大」は、シュライアマハーの図式においてもやはり起こっている。ただボイスの「芸術概念の拡大」が三角形の図式の上から下（台形）への方向において起こっていたのに対して、シュライアマハーの図式の場合に同じ方向ではそれが起こらないという理由で、それは両者の間で「相違」している。右図では、「芸術概念の拡大」は、三角形の下部の「拡大された倫理学」の内部で起こっていて、簡単に言えば十九世紀的な天才論内で妥当する「芸術概念」と十九世紀的な「拡大された芸術概念」の二つがこの「拡大された倫理学」の領域を二分する形になっていることから、「共通する」事態が起こっているともいえる。

3 「芸術家概念拡大」の「現代アート」的方向

シュライアマハーの言明「すべての人は芸術家である」において「芸術家概念」に起こった「拡大」の事態はどのように説明できるのだろうか。図式1の右図の「拡大された倫理学」の一方には、ごくまれな人物だけが芸術家である、言い換えれば天才の霊感のみが作品創作を成功させるという系統が残っているが、それとは正反対の「すべての人が芸術家」になる系統も存在している。この後者の系統では、芸術家の体質の大転換が行われている。ごくまれな存在から誰にでもなれる存在へ、独創的な作品の創造から「倫理化（共同的）」表現へ、「天才」から努力へ、「霊感」から「克己心と熟練」(4)へ、と芸術家のタイプの転換が図られている。後者の系統では、表現の「倫理化」（それを実現する能力が「克己心と熟練」）が、天才の作品創作の肩代わりをするとされ、これによって芸術表現の担い手の数が飛躍的に増えることが予想できるし、芸術家は我々常人が努力しさえすればなれる存在になり、さらに個性的、独創的な作品表現をめざして発展してきた近代の芸術表現が一転して「共同のもの」になることを目指すだけで作品の創作につながらなくてもかまわない。ここまで私がシュライアマハーの「拡大された倫理学」の一方（「すべての人は芸術家」

の系統）の議論を幾つかに纏めてみたところで、再度、では一体すべての人が努力すればなれる芸術家はどのような表現を行うのかを見てみよう。

『倫理学』テクスト中の「すべての人は芸術家である」の文言に続いて、

「造形的機能（die bildende Function）と見なされてきたものすべてが芸術の領域に属す。まず、美を目指した自己の身体の造形的完成（die Ausbildung der Person zur Schönheit）が挙げられる、この造形は、感情の無限のリアクション（反応）、最も直接的、有機的リアクションから構成される。これらすべてのリアクションにおいて、人間は身振り芸術家および彫刻芸術家として現れる」。

「拡大された倫理学」のテクストで、表現の「倫理化」の具体例は、まず特に現象学派からも好まれた身振り芸術（ミミーク）からはじまるが、この傾向はもう一つの具体例の方向（社会的空間への拡大方向）にも顔を出しており、「体育」は「拡大された身体」が「自由な社交」の場で「生の喜びの表現」となったものとされ、「装い・装飾」がこれに続くが、身体・ファッション系の芸術への強い関心は一八一九年の『美学』にも引きつがれる。最も扱いにくいがまた逆に面白い問題も見つかりそうなのが「政治的影響力は芸術的であればあるほど全体がより完全に有機化される。」の部分ではないだろうか。もちろん私はこのような安易なやりかたが、かつて我々が二〇世紀に経験したような全体主義的政治の芸術的演出に通じる危険性をはらんでいることを十分に承知している。しかし私はもっとその先を見据えており、ボイスの政治問題に対する「拡大された芸術概念」の積極的な関与のさせ方が解釈のヒントになりはしないかと考えている。最もボイスの「社会彫塑」概念（これこそ「拡大された芸術概念」を社会的現実に適用するために生まれたものであるが）に関連させると興味深いと思われるのは、シュライアマハーの「拡大された身体の造形」が社会的身振りとなったものとされる「建築」概念なのではないだろうか。[5] また日本の川俣の「公共工事」の身振りをしたようなアートとの関連もまた興味深い。

本稿で目論まれたのは、ボイスとシュライアマハーの同種の言明を「文化交換」することによって、前者からカリスマ的神話のベールを取り除くこと、それと後者を現代的に解釈することであった。一方は芸術概念を、他方は倫理学概念を、双方とも「拡大する」ことで、あの「すべての人は芸術家」という一種の高みのような地点に達したのである。したがってボイスも結構オーソドックスな手続を踏んでいることが明らかになったように思える。しかしまったく手つかずのままに本稿を閉じることになって筆者が最も口惜しいと感じていることが幾つかある。そのうちのひとつがシュライアマハーの言明「すべての人は芸術家」の拠って立つところの作品的完成の制約を受けないとされる自然や身体の「有機化」表現の扱いである。それこそあのボイス独特の「社会有機体」としての「芸術作品」の言い回しが生まれたドイツ哲学史の源泉である気配を感じさせる所があるのだが、そこには今回まったく踏み込むことはできなかったことをお詫びしたい。

注

（1）シュライアマハー『倫理学草稿』Schleiermacher Brouillon zur Ethik（1805/06）「哲学文庫」三三四　S. 108.

（2）Harlan・Rappmann・Schata: SOZIALE PLASTIK Materialien zu Joseph Beuys, Achberger Verlag, 1984（以下、引用はSPと略記し、頁数とともに本文中に記す）S. 102.

（3）岡林洋「良薬は口ににがし——芸術家にシュライアマハーより下された『臨床診断』」大森淳史、仲間裕子、岡林洋編著『芸術はどこから来てどこへ行くのか』晃洋書房、二〇〇九年所収。

（4）「霊感」が前面に現われるのが、天才芸術家における「表現の作品化」に関わる場合であるのに対して、それとはまったく異なる、対極的関係にあるのが、彼の倫理学本来の能力つまり人徳の本質的能力とも言える「克己心（Besonnenheit）」であり、この能力と対の用語である「熟練（Virtuosität）」の能力である。前者が「抵抗する下級能力を克服し」人徳を実現するのに対して、後者は、一方で古代的な言い方をすれば「公共的個性を作り出す人間の能力」であり、他方で近代倫理学的言い方をすれば自然や身体の「有機化の混沌と怠惰に打ち克つ」際に「忍耐強さ」を支える能力とされる（近代芸術の場面では「熟練」は「名人芸」、「ベテラン」と同義語とされる）。

（5）建築は彫刻ジャンルに同化した「生命の喜びの表現」とされ、「拡大された身体」が「生の環境」の中に形作った「自由な社交」領域の「輪郭」だとされる。

第二章　カルチャー・ミックス

1　一九三〇年：日本の色彩論

越前俊也

はじめに

ブラジル・モダニズムの画家エミリアーノ・ヂ・カバルカンティ（Emiliano di Cavalcant, 1897-1976）が《五人の娼婦》（*Five Girls From Guartinguetá*, 1930）を描き、タルシラ・ド・アマラル（Tarsila do Amaral, 1886-1973）が《食べる人》（*Abaporu*, 1928）を恋人オズワルド・ヂ・アンドラージ（Oswald de Andrade, 1890-1954）のために描き、それが彼の「食人主義宣言」（Manifesto Anthorophago, 1928）誕生のきっかけを作っていた頃、日本でも西欧の前衛芸術の刺激を吸収消化する動きが早まり、実験的でありながら土着の風土や感性を反映するような絵画作品が生まれていました。古賀春江（一八九五―一九三三）の《海》（一九二九）や福田平八郎（一八九二―一九七四）の《漣》（一九三二）といった作品をそうした作例として挙げることができます。その頃、日本の文学者や哲学者あるいは民俗学者は、色彩に関する著述を次々と表し、そうした著述が今日に至るまで繰り返し引用されています。とりわけ、英独仏伊葡西など欧州各国語に翻訳された谷崎潤一郎（一八八六―一九六五）の『陰翳礼賛』（一九三三）は、岡倉天心（一八六三―一九一三）が英語で表し、ニューヨークで出版した『茶の本』（一九〇六）と並んで、日本文化を知ろうとする外国人にとって、必読の書のような捉えられ方をしています。しかし「色彩論」の観点からみると、『陰翳礼賛』は、色の明暗（value）について、たしかに詳細かつ繊細に述べていますが、色相（hue）や彩度（chroma）に関しては、同時代の『「いき」の構造』（一九三〇）の方が詳しく具体的に論じています。『「いき」の構造』の著者九鬼周造（一八八八―一九四一）は、谷崎にくらべれば海外での知名度は低いかも知れません。しかし花柳界出身の母をもち、幼年時代、先に挙げた岡倉天心から感化され、さらには長じて大学卒業後の八年間を独仏でハイデッガー（Martin Heidegger, 1889-1976）やベルクソン（Henri Bergson, 1859-1941）から直接哲学を学んだ著者は、「いき」という一九世紀はじめの江戸の美意識を反映する言葉を手がかりに、西欧の価値観と比較しながら、日本文化を代表する色を色相と彩度の観点から選び出しています。

一九三〇年前後の色彩論者の第三の人物として、柳田國男（一八七五―一九六二）の名を挙げることができます。彼は著書『明治大正史　世相篇』（一九三一）のなかで着物、食物、住居、植物、風景、交通など幅広く風俗風物の時代による変化を明治以前にまで遡った上で概観し、その随所で色彩に関する鋭い言及をしました。

一九三〇年前後に日本においても独自の前衛美術が生まれ、色彩について総括的に論じる著書が相次いで出版された理由は、一九三〇年という年が、江戸末明治初年（一八六八）から、ちょうど六〇年あまりという年月を経て（日本には六〇年を人の一生のサイクルとする「還暦」という言葉があります）、西欧化の波をひとつの時代の終わりとして振り返ることができるようになった時であったことを理由に挙げることができるかもしれません。この頃、日本の骨董屋では江戸時代末期につくられた庶民の日用品が大量に出回り、それら民衆の工芸に「美」を認めた知識人が「民藝」という言葉を生み出した時代でもありました。私の今日のお話は、先に挙げた三人の文筆家が、一九三〇年前後に日本の色をどのように捉えていたかを整理紹介することによって、当時、西欧近代化からその反芻の時期に差し掛かった頃、言い換えれば美術界がモダンからモダニズムに転じる頃、日本の知識人が色に託して求めたものの一端を明らかにすることにあります。

1　『陰翳礼賛』

(1)「陰り」のなか

私が改めて云うまでもなく、谷崎がこの書で讃えているのは、色彩ではなく「陰翳」であります。英訳では影（shadow）の語がタイトルに当てられていますが、実際、谷崎がこの書で数多く言及しているのは影ではなく、陰（shade）の方であり、「陰り」をつくることを尊重する建物や、「陰り」のなかで器物を愛でる日本の習慣を讃えています。その代表的なものとして「座敷」と「漆器」を挙げることができます。「座敷」とは、主人とその家族が普段の生活をするところに分けてつくった客間を意味し、通常そこには、掛け軸や活け花を飾る「床の間」を具えています。そこに関しては次のように書いています。

われわれは、それでなくても太陽の光線の這入りにくい座敷の外側へ、土庇を出したり縁側を附けたりして一層日光を遠のける。そして室内へは、庭からの反射が障子を透してほの明るく忍び込むようにする。われわれの座敷の美の要素は、この間接の鈍い光線に外ならない。

広いガラス窓でできるだけ陽光を取り入れ、暖炉を設置する西欧のゲストルームとは裏腹に、日本人が客を通す部屋は、まず庇と縁側で直接そこに日差しが入ることを避け、その上でさらに障子紙を通して庭からの反射光を和らげる仕組みになっていると分析し、その造りそのものが、「陰り」をつくるためにあると説いています。軸や花が飾られている「床の間」も「それ自体が装飾の役をしているよりも、陰翳に深みを添える方が主になっている」場と捉えています。「漆器」に関しては、一層暗い燭台に改めて、その穂のゆらゆらとまたたく蔭にある膳や椀を視詰めていると、それらの塗り物の沼のような深さと厚みとを持ったつやが、全く今までとは違った魅力を帯び出して来るのを発見する。

と語り、やはり「陰り」のなかで、それを愛玩することを推奨しています。つまり近代的に色彩の三属性でこれを語るならば、まず明度の低い環境をつくることを前提として、そこで「沼のよう」に彩度の低い、つまり無彩色に近い色を塗った器が「魅力を帯び出す」としています。

(2)　羊羹の交叉感覚

では暗いところで、無彩色のそれも黒に近いものを見れば谷崎の美意識に叶うかと云えるのでしょうか。単純な話、洞窟のなか松明に照らし出される鉄の塊は、谷崎の美意識に沿うかと問われれば、答えは否となります。そこで彼が重視するのは、素材の肌理であり、その柔らかさであります。そうしたことを最も顕著に言い表しているのが、彼が「羊羹」すなわち小豆を主体とした餡を型に流し込み寒天で固めた日本独特の菓子について語る件です。そこにはこうあります。

そう云えばあの色などはやはり瞑想的ではないか。玉のように半透明に曇った肌が、奥の方まで日の光を吸い取って夢みる如きほの明るさをはらんでいる感じ、あの色合の深さ、複雑さは、西洋の菓子には絶対に見られない。クリームなどはあれに比べると何と云う浅はかさ、単純さであろう。

だがその羊羹の色あいも、あれを塗り物の菓子器に入れて、肌の色が辛うじて見分けられる暗がりへ沈めると、ひときわ瞑想的になる。人はあの冷たくて滑らかなものを口中にふくむ時、あたかも室内の暗黒が一箇の甘い塊になって舌の先に融けるのを感じ、ほんとうはそう旨くない羊羹でも味に異様な深みが添わるように思う。

たしかにここにも「半透明」であるとか「暗黒」であるといった色や光に関わる記述はあります。しかし、ここで重要なのは「滑らか」であるとか「舌の先で融ける」といった対象の肌理に関する言及であります。『陰翳礼賛』が的確な翻訳語を見つけることが難しい日本語特有のニュアンスをもつ言葉を多用していながら、各国語に翻訳され、国際的な評価を得ている秘密の一端がここにあります。つまり同書は、明暗や色彩を中心とした視覚認識論の体裁を取りながら、その最も重要かつ繊細な部分で、視覚と触覚を横断、往来するような感覚について言及し、ときにそれが味覚や聴覚にまで及んでいるところが大きな魅力になっているのです。つまり谷崎は「羊羹」という菓子をここで挙げることによって、「陰翳」とは単に「暗く」「黒い」ものを指すのではなく、「滑らか」で「融ける」ように柔らかく、場合によっては「旨くはない」が「甘い」ものを示唆する、触覚や味覚によっても定義できる感覚のことを指していることが分かります。羊羹とは離れますが、先に挙げた漆器とも関わる「吸い物椀」について語る件では、それを「微かに耳の奥に沁むようにジイと鳴っている、あの遠い虫のような音」といい、「日本の料理は、……見るものである以上に瞑想するものである」とも語っています。

(3)　青磁と塗り物

『陰翳礼賛』における「羊羹」の件は、谷崎も本文に書いているように、実は夏目漱石（一八六七—一九一六）の『草枕』（一九〇六）に出てくる主人公の独白からの借用によって書かれたものでした。しかしながら、『草枕』の主人公である芸術至上主義者の西欧的美意識をもつ三〇歳の洋画家は、『陰翳礼讃』のなかで語る四七歳の小説家谷崎本人とは、少し違った感覚で羊羹を捉えています。以下、『草枕』における羊羹賛美を引用してみましょう。

余はすべての菓子のうちで最も羊羹が好だ。別段食いたくはないが、あの肌合いが滑らかに、緻密に、しかも半透明に光線を受ける具合は、どう見ても一個の美術品だ。ことに青味を帯びた煉上げ方は、玉と蝋石の雑種のようで、はなはだ見て心持ちがいい。のみならず青磁の皿に盛られた青い煉羊羹は、青磁のなかから今生まれたようにつやつやして、思わず手を出して撫でて見たくなる。西洋の菓子で、これほど快感を与えるものはひとつもない。クリームの色はちょっと柔らかだが、少し重苦しい。ジェリは、一目宝石のように見えるが、ぶるぶる震えて、羊羹ほどの重味がない。白砂糖と牛乳で五重の塔を作るに至っては、言語道断の沙汰である。

『草枕』の画家も谷崎も羊羹について「別段食いたくはない」「本当はそう旨くはない」といっている所で、意見は一致しています。「滑らかさ」や「半透明に光線を受ける具合」を讃える件は、谷崎が『草枕』の画家の語りをそのまま引き継いだものといえるかもしれません。両者の決定的な違いは、片や「青磁の皿に盛られた青い煉羊羹」の「つやつやして、思わず手を出して撫でて見たくなる」肌触りをたたえているのに対し、もう一方は「塗り物の菓子器に入れて」「暗がりに沈める」ことによって、その「瞑想的」なることを賛美している点にあります。先の節では『陰翳礼讃』が視覚について語りながら、触覚や味覚について言及する交叉感覚的記述があることをその特徴として述べましたが、その先鞭は漱石によって既に付けられていました。しかし、「肌合い」や「滑らかさ」について賛美しながら、結局「玉と蝋石の雑種のようで、はなはだ見て心持ちがいい」という「視覚の歓び」に話題を戻す『草枕』の画家に対し、小説家谷崎は、感覚ではなく「瞑想的」であることへと問題を収束させて行きます。

谷崎は、「玉と云う石」すなわち「幾百年もの古い空気が一つに凝結したような、奥の奥の方までどろんとした鈍い光をふくむ石」を愛するのは、「支那人」だともいっています。同じ東洋人という意味では、ルビーやエメラルドの色彩やダイヤモンドの輝きを好む西洋人に対し、日本人も支那人同様、玉や青磁の方を好むかも知れません。しかし日本の漆器には、「(玉の)支那の石らしい、……長い過去をもつ支那文明の滓」が堆積した「濁り」はないことも事実です。漆器から導かれる「瞑想」は、それを手にする人が、薄暗がりから闇へと思考を深め、あるいは思考すること自体を鎮静させる過程を示しているのに対し、玉の滓に沈む濁りは、それを目にする人に歴史の厚みの恐ろしさを思い知らせる「徴」となっています。西欧の感性に対抗することに鋭敏であった『草枕』の画家と、中国と日本の感性についても峻別しようとした『陰翳』の小説家の差は、羊羹を盛る器の差に顕著に表れたといえましょう。

2　『「いき」の構造』

(1)　「いき」な色——鼠色、褐色、青系統

冒頭でも述べたように、『「いき」の構造』は、『陰翳礼賛』にくらべ、「日本的な」色相や彩度について直接的な具体例を挙げている書物です。英語やフランス語の chic（しゃれた、優雅な、当世風）やフランス語の raffiné（洗練された、通な）とも違う日本の美意識を語る言葉として著者九鬼周造は「いき」を挙げ、それを「垢抜けして（諦）、張りのある（意気地）、色っぽさ（媚態）」と定義しました。さらにそれを「野暮」という反対語や「上品」という類義語を配置した直六面体のなかに置き、その特徴を厳密に規定して行きます。この図は、良くできていて日本人の美意識を検討する上で示唆深い目安となるものですが、この場はその詳細を語る場所ではありません。ただ、この六面体の頂点には、「意気」以外に「地味」や「甘味」など「陰翳」と少なからぬ関わりのある言葉が記されていることに注目すると、同じ一九三〇年頃に出版された書物とはいえ、小説家と哲学者の間に日本の美意識に対する感性のズレがあることは承知しておかなければなりません。つまり関東大震災（一九二三）以降、東京から関西に移り住み、豊かで余裕のある上方文化を尊重する傾向にあった谷崎に対し、九鬼は、あくまでも「姿がほっそりとして柳腰」であり、顔面は、丸顔よりも「細面の瀟洒を善し」とする江戸の文化文政美人を美の基準としていました。それは「一元的平衡を軽妙に打破して二元性を暗示する」花柳界の生き様、いいかえれば権力のお膝元にあるからこそ、それに屈せず、対抗価値を出していこうという気概に満ちた意識と要約できるものであります。

色彩に関しては、やはり文化文政時代（一八〇四―一八二九）に為永春水（一七九〇―一八四四）という戯作者が書いた

人情本『春色恋白浪』をたよりに、「いき」な色とは、第一に鼠色、第二に褐色系統の黄柄茶と媚茶、第三に青系統の紺と御納戸をあげています。鼠色ということばは、衛生観念の進展にともない明治以降、灰色といわれるようになりますが、九鬼によれば「飽和度の減少」すなわち彩度の低さゆえに「「諦め」を色彩で表せば灰色ほど適切なものはほかにない」ということで「いき」な色とされています。しかし一方で「灰色はあまりに「色気」がなくて「いき」の媚態を表しえない」とし、「褐色すなわち茶色ほど「いき」として好まれる色はほかにない」と宣言しています。九鬼によれば「茶色が「いき」であるのは、一方に色調の（赤から橙を経て黄に至る）華やかな性質と、他方に飽和度の減少とが、諦めを知る媚態、垢抜けした色気を表現しているから」であります。第三にして最後に、青系統の色は何故「いき」であるのかについて九鬼は考察します。その結果、青は彩度の高い色のなかでもっとも無彩色に近いという理由から「いき」な色だと判定します。つまり「灰色」に準じるかたちで「灰色」と同じ理由で「青系統」は第三に「いき」な色とされました。

(2)　四十八茶百鼠

茶色は江戸中期すなわち一八世紀から男性を中心に、鼠色は主に文化文政（一九世紀前半）から人気が高まったと色とされています。そして茶色や鼠色はさまざま違った色調ができ、俗に「四十八茶百鼠」という言葉が生まれました。茶色には、四十八種類の色があり、鼠色には百種類の色があるという意味に聞こえますが、四十八も一〇〇も数の多さを示す比喩として選ばれた数で正確な色数を示すものではありません。

九鬼は『「いき」の構造』のなかで、茶色に関して、白茶、御納戸茶、黄柄茶など抽象的な性質によって名付けられたもの、鶯茶、鶸茶など色をもつ対象の側から名付けられたもの、さらには芝翫茶、瑠寛茶など歌舞伎役者の名から来たものの三種類に分け、総計二四もの名前を列挙しています。それに対し、鼠色に関しては銀鼠、藍鼠など五つを挙げるにとどめています。その理由は、江戸時代に出された奢侈禁止令に町民が対抗して、あらゆる色相に灰色を混ぜて「～鼠」と名乗ることで、禁を破ることを免れた結果、数多くの名前が生まれた鼠色に対し、茶色の名前の方は数こそ少なかったものの、愛情と執着をもって人々に親しまれていたことを反映しているように思われます。「思いそめ茶の江戸褄に」という江戸時代の流行歌には、「着物の裾（江戸褄）を茶色に染める」という意味と「江戸の妻に思いを寄せる」という二重の意味が込められていますが、この一節を引用しながら、九鬼が茶色の色名について語り出しているのは、そうした茶色に対する江戸町民の愛着ぶりを示すものといえましょう。そして「いき」な色に関する記述をこう結んでいます。

「いき」な色とはいわば華やかな体験に伴う消極的残像である。……温色の興奮を味わい尽くした魂が補色残像として冷色のうちに沈静を汲むのである。また「いき」は色気のうちに色盲の灰色を蔵している。色に染みつつ色に泥まないのが「いき」である。

ここで、「華やかな体験に伴う消極的残像」、「色気のうちに色盲の灰色を蔵」す、そして「色に染みつつ色に泥まない」という土がらみのことばは、いずれも灰色や青系統よりも茶色を念頭において書いた文言と云えましょう。「四十八」という数字は相撲の決まり手の「四十八手」や阿弥陀仏が法蔵菩薩のときに立てた誓願の数からきた「四十八願」ということばで親しまれているように、日本人にとっては「縁起のよい沢山の数」を意味するものとして親しまれてきました。だからこそ鼠色ではなく茶色の方に四十八の数が当てられたものとも考えらます。

(3)　いろは四十八文字

また、色と四十八という数字の関係は、それにとどまりません。四十八は「いろは四十八文字」というように、日本語の基本文字である仮名の文字数を示す数でもあります。江戸時代はおろか、平安時代から第二次世界大戦が終わるまで日本人が仮名文字を覚えるために誰しもそらんじていた歌「いろはにほへと」の全文は、「色は匂へど　散りぬ

るを 我が世誰そ 常ならむ 有為の奥山 今日越えて 浅き夢見じ 酔ひもせず」となりますが、その内容は以下のように現代語訳をすることができます。

香りよく色美しく咲き誇っている花も、やがては散ってしまう。この世に生きる私たちとて、いつまでも生き続けられるものではない。この無常の、有為転変の迷いの奥山を今乗り越えて、悟りの世界に至れば、もはや儚い夢を見ることなく、現象の仮相の世界に酔いしれることもない。

「いろは」すなわち「色は」「この世」を意味しています。そして英語はアルファベット二十六文字で、すべてが表現できるように、日本人は、「いろは」の四十八文字で「この世」のすべてを言い表すことができることになっています。しかし、この「いろは」歌で唱われている詠み人の境地は、「色＝この世」を越えた「悟り」について述べています。そこでは「色」には酔わぬと語っています。

3　『明治人正史　世相篇』

(1)　禁　色

柳田國男は日本における民俗学の祖として名高い人物で、『明治大正史　世相篇』を出版した一九三一年は、彼が五六歳の年にあたりました。同著は、著者が新聞記事や郷土誌を参考にしながら、口承や伝聞を元に書いた民衆の歴史で、彼が同書で貫いた姿勢は、できるだけ固有名詞を外しながら、一般の人々の目線から当時ごく当たり前と目されていたことを問い直してゆこうとするものでありました。こうした姿勢は、ミシェル・フーコー（Michel Foucault, 1926-1984）が主題化した、文化を生活技術の総体として捉える手法、あるいはミシェル・ド・セルトー（Michel de Certeau, 1925-1986）が発掘した「日常的実践」の表層を辿る方法として、今日、注目されています。

こうした柳田が、明治大正の世相を書くにあたり最初に挙げた項目が、衣服調度の色彩に関するものでありました。そしてそれを「近代の解放」という観点から次のように述べています。

色は多くの若人の装飾に利用せられる以前、まずそれ自身の大いなる関所を越えてきている。色彩にもまた一つの近代の解放があったのである。われわれが久しく幻の中にばかり、写し出していた数限りもない色合いが今はことごとく現実のものとなったのみならず、さらにそれ以上に思いがけぬ多くの種類をもって、我々の空想を追い越すことになったのである。

すなわち、明治より前は、空想していた色や思い描きすらしなかった新しい色が、明治大正期に一気に現実のものとして登場したことを述べています。

彼はこれらの新しい色がなぜ近代になって突然現われたのかについて考察を加えます。近代以前の日本人は色彩感覚が鈍感であったという可能性が考えられるますが、四季があり自然の豊かな日本においては、多くの美しい色彩を天然で見られるので、彼はこれを否定します。よって我々の生活を彩っていた色彩が近代以前は少なかったことには、それまでの日本人たちが鋭い色彩感覚を持ちながらも、それを用いることが出来ない理由があったと考察を進めます。

柳田はここで「禁色」ということばを用います。一つは、身分や階級など社会的理由において一般の人々が使用を禁じられていた「国家の制度としての禁色」です。たとえば、紫は上流の官人にのみ着用を許された色であり、黄櫨色に染めた衣服は日本における君主、天皇のみが着用を許された絶対禁色でありました。そしてもう一つ分類したのが「天然の禁色」です。これは自然の中に存在し、目で見て心で写し取ることは出来ても、人々が実際に染め出して身にまとうことをしなかった色のことをいいます。

さらに柳田によれば、仏堂における金碧や神祭の衣か喪の服として身につける白などは異常色彩として日本人は別に考えていたとしています。近代以前はこうした稀に出現するところの昂奮を「晴」とし、日常を「褻」とする「ハレとケ」という伝統的な世界観によって「色の別ち」があったと論じています。

「禁色が近代の化学染料期になって、ことごとく四民に許されるようになったと」、さらには「褻と晴の混乱、すなわち稀に出現するところの昂奮というものの意義をだんだん軽く見るようになったこと」、柳田は近代における色彩の解放の原因をこの二つの観点から捉えています。つまり「解放」ということばを使いながら、それをあまり積極的に評価していません。そして「実際現代人は少しずつ常に昂奮している。そうしてやや疲れて来ると、始めて以前の渋いという味わいを懐かしく思うのである」という文章で服飾の色彩に関する節を閉じています。この最後の件には、谷崎が「陰翳」を思い、九鬼が「いき」を論じた理由を見る思いが致します。

(2)　朝顔の予言

色彩を中心とした衣服調度に続いて柳田は、日本人の「花を愛するの情」について考察を進めます。「桜は久しい以前からの日本の国の花であった」というところから筆を起こし、四月初めの躑躅、藤、山吹はこれを摘み戸口に飾ること、秋の初めには盆花で精霊の眼を悦ばせようとしたことなどが語られます。

江戸では三百年前に、ということは一七世紀の初めに椿の花が流行したこと、明治年代には西洋の草花の種が、ほとんどその全軍を尽くして入り込んできたことなどを語り継いだあとで、柳田が最後に取り上げたのが朝顔でした。「その中でもことに日本の色彩文化の上に、大きな影響を与えたのは牽牛花（アサガオ）であった」という語りから始まります。

柳田によれば、他の多くの花は単色であるのに対し、この蔓草だけは「ほとんどあらゆる色を出した」ばかりでなく、「時としてはまったく作る人が予測もしなかった花が咲き……われわれの空想を、極度に自在に実現させてくれた」花でありました。朝顔の中国から日本への渡来は文献的には、六世紀にまで遡ることができますが、柳田はそれ以前から日本南部の海浜に自生していたと推測しています。しかし、朝顔が今日のお話で重要なのは、日本において

「一度色彩の珍を競おうとした」時代があったということです。別の文献は、それを一七世紀末から一八世紀初めにかけてと特定しています。朝顔は中国では「青い花」として栽培されてきましたが、日本では一七世紀後半に初めて「白花」朝顔の記録が『写本花壇綱目』（一六六四）という書に掲載されます。それ以降、この世紀の終わりにかけて「色彩の珍」が競われ、白、赤、浅黄、淡青、瑠璃色などの朝顔が開発されたようです。しかし、朝顔が庶民レベルで真にブームになったのは、やはり文化文政期（一八〇四―一八二九）のことであり、この時期に出版された『朝顔水鏡』（一八一八）には、花の形を四七種、葉の形を四六種に分けていたとあります。そして、朝顔が、九鬼の扱う「いき」の美意識と決定的に異なるのは、後者が江戸に限定的な価値観であったのに対し、そのブームが京都や大坂にも伝わり、そこから全国へ広まったところにあります。

再び、柳田に戻れば、江戸末期から明治の前半期まで、ということは一九世紀の後半に、再びブームが訪れました。この頃、もう品種改良の玄人は省みなくなっていましたが、「変わったいろいろの花が地方に普及し、人は思い思いの交配と撰種法をもって、今までに見たことのない色を出そうとした」とあります。そこで生まれた色は「柿」とか「黒鳩」といった名状しがたい色彩であり、なおかつ「絞り染め分け」といった複雑な配色が花弁になされました。柳田は、当時の朝顔のこうした状況を「工芸家よりも数歩前に出ていた」と語っています。この時期の日本の美術と云えば、浮世絵の錦絵あるいは陶磁器、漆器や織物の染織など広い意味で「工芸家」の手になるものが大半で、それらが海外で高く評価されています。それよりも朝顔は「数歩前に出ていた」という証言は、貴重かつ傾聴に値するものです。

柳田の慧眼は、そこにとどまりません。この多彩な朝顔の普及が「次の代の色彩文化のために、この微妙の天然を日常化し、平凡化しておいてくれた」ことに感謝しているところです。結果、朝顔は「陰鬱なる鈍色の中に、無為の生活を導いていた国民が、久しく奥底に潜めていた色に対する理解と感覚」を呼び覚ましたと解釈しています。つまり、明治から大正にかけて「禁色」が破られ、「褻と晴の混乱」から色彩の解放が見られる以前に、日本人は朝顔によって多様な色彩文化を日常化していたと主張しています。かくして、柳田は『明治大正史』のこの節に「朝顔の予言」

というタイトルをつけました。浮世絵は確かに、鮮烈な色彩によって、西欧人の眼を驚かせさせました。しかし、その色数は、後述するように決して多くはありません。染織は、確かに「四十八茶百鼠」という繊細な色分けをしました。しかし、柳田のことばを信じるならば、それよりも「数歩前に出ていた」朝顔の色こそ、禁色や奢侈禁止令の掟を越えた、日本人の色に対する欲望と探究心の成果といえたのだと思います。

(3)　西洋の青、日本の藍

日本のみならず欧米で人気の高い、北斎（一七六〇―一八四九）や広重（一七九七―一八五八）の浮世絵で用いていた青が、さらには彼らに遡る若冲（一七一六―一八〇〇）までもが用いていた青が、ベルリンで発明された化学染料プルシアンブルーであったことが近年広く知られるようになり、日本では話題を呼んでいます。場合によってはJapanese Blueとさえ呼ばれた北斎の《富嶽三十六景》（一八三一頃）の空や海に、日本ではベロ藍（Berlin Blue）と呼ばれた化学染料が使われていたことが、二〇〇五年になって、科学的にも証明されました。

その成果をまとめた著者（松井英男）によると、浮世絵はそもそも単色の墨摺版画として一七世紀後半に誕生、約一世紀後の一七六五年に多色摺木版画（錦絵）が開発されました。初めその色は植物染料の赤（紅）、黄（鬱金、黄檗）、青（露草青）、とその混色の橙（赤＋黄）、緑（黄＋青）、紫（赤＋青）の六色に限られていました。しかもこのなかで青を担った露草は光や酸素により変化しやすく、退色しやすかったため、初期の錦絵は赤や黄の暖色調が主流となっています。一八世紀末頃から露草に代わり藍（indigo）が用いられるようになり、退色という面では、青の彩色が改善されました。しかし、藍は不溶性であるため、砕いて紙に刷るつけることでしか彩色できません。従って「ぼかし」が摺りにくいという難点がありました。この欠を補ったのがベロ藍でした。一七〇四年プロイセン王国のベルリンで初めて合成されたこの人工顔料は、一七八二年以降に日本に齎され、一九世紀前半すなわち、またしても文化文政期には、浮世絵に画期的な変化を及ぼしたことは、一九八〇年代からすでに指摘されてきました。近年の科学分析の結果は、たとえば《富嶽三十六景》のうち、《凱風快晴》が藍とベロ藍の併用によって空が描き分けられていることを具体的に指摘しています。ただ、この頃の浮世絵は寒色と暖色のバランスが取れていましたが、文政期の後になると、つまり一八三〇年以降になると、「ぼかし」を伴う青色が多用され、寒色調の勝った作品や青一色の濃淡摺刷版画が見られるようになります。左程、日本人は青を好んでいました。

先にも触れたように茶色や灰色は江戸時代の途中から人気が高まった色でした。それに対して江戸時代全般を通して愛されたのは藍色でした。その理由を九鬼は『「いき」の構造』のなかで上手く云い遂せていません。前述のとおり「無彩色に近い」という理由以外に確たる理由を述べていません。「紺の香りと木綿の肌触り」が、その歴史こそ、藍と綿の二つの作物の提携から生まれた民間服飾の重要性を説いています。これに対して柳田は、藍と綿の二つの作物の提携から生まれた民間服飾の重要性を説いています。

麻布に比べれば新しいものであるにもかかわらず、日本人に対して「懐かしい印象を残している」と述べています。浮世絵にとって「不溶性」であったために「ぼかし」を出せなかった欠点が、衣には利点として生かされていたのです。さらには「木綿が早く弱るのが、うれしかった人も多いようである」と柳田は続けます。なぜなら「好みは年齢に応じてそれぞれに違わなければならぬ習わし」にうまく適合して、木綿は古びてしまうからです。つまり、日本人が少なくとも江戸時代以降、青系統の色を好んだ理由として、それが「無彩色に近い」という理由以外に、藍には「香り」が伴っていたこと、そして藍を支える木綿は「肌触り」が良い反面、すぐに古びてしまうため、常に新しいものを求める欲求と合致したという、少なくとも三つの理由を、柳田は付け加えています。

青色の着色を当初担っていた露草にくらべ、退色しにくいという理由で藍は浮世絵に使用されるようになりました。しかし衣服に関しては藍が馴染みやすい木綿自体が古びやすいという理由が、新しい衣服を求める口実となり、藍が愛される理由となりました。プルシアンブルーは化学染料であるため、本来植物染料の藍とは何の関わりもありませんが、和紙に馴染みやすく退色もしにくいこの新しい染料に、「ベロ藍」という名前をつけたのは、日本人が上に挙げた複数の理由で藍色に愛着を持っていた証左といえましょう。

おわりに

ここまで、交叉感覚的に「陰翳」を礼賛した谷崎、「いき」という美意識から、とりわけ茶色を推奨した九鬼、そして「褻と晴の混乱」から「以前の渋いという味わいを懐かしく思う」一九三一年の現代人の傾向を指摘した柳田について紹介してみました。柳田が藍色に対してやはり「懐かしい」ということばを当てているのは、「数限りもない色合いが今はことごとく現実のものとなった」ことへの反動意識が働いていたのではないかと推測します。一方で柳田は「工芸家よりも数歩前に出ていた」朝顔の色彩にも注目していました。ただ、それは「予想だにできなかった天然の色」であること、そして一年草でなおかつ朝の早い時間だけに咲く、一過性のものであることにも注意を払っておく必要があります。つまり、朝顔は文字通り「多彩」ですが、「いろは」歌に歌われた花のように、「儚さ」の代表でもあるのです。さらにそれは、元来「青い花」であり、青であることが常態であることを考えると、冒頭に挙げた一九三〇年頃の日本の前衛的な絵画（古賀春江《海》（一九三〇）や福田平八郎《漣》（一九三二））が、いずれも青を基調にしていることに注意しておく必要がありましょう。つまり、彼らの絵は、思想、構成、作図の観点から見れば、いずれも大胆かつ前衛的でありましたが、色調の観点から見ると、禁色や異常色彩を避けた「懐かしい」色を用いているのです。

一九三〇年、日本の文筆家や画家が色彩に鋭敏になっていた年、彼らは六〇年前の「陰り」や「藍」を懐かしみ、一〇〇年前の文化文政期の「茶」に憧れていました。

付記

本稿は、二〇一二年三月四日にサンパウロ大学で開催された国際シンポジウム〈カラー・セミナー〉の発表原稿を加筆修正したものです。そのため、註を省略しました。

2 想像的自然と映画における音楽
——武満徹の映画音楽観再考[1]——

田之頭一知

はじめに

第二次世界大戦後の日本を代表する作曲家の一人である武満徹（一九三〇—一九九六）は、コンサート用音楽のほかに数多くの映画音楽を書いている。前者は基本的に自律的な音楽、後者は映像に付随する音楽で、彼の創作活動はこの二つのタイプに大別される。ここで両者の関係について一般的なことを言えば、映画にあっては映像がメインなのであるから、作曲家はいわば映像に守られつつさまざまな音楽上の実験を行なうことが可能であり、その実験の成果をコンサート用音楽に還元してゆくという道筋を思い浮かべることができるだろう。たしかに武満にもそのような側面があるが[2]、しかし彼の場合は、映像に付随する音楽とコンサートのための音楽はそれぞれ独自の領域を形成し、対等な関係にあると言ったほうがよい。このことは音に対する武満の態度、すなわち、音を音色として捉えるその捉え方と関係している。武満にとっての音色は、音の一要素なのではなく、音の存在自体を規定するものであって、この音色としての音を用いて、一方では映像に付随する音楽を、他方ではコンサート用の音楽を創作していったのが武満という作曲家なのである。この音色という観点から見たとき、武満の映画音楽には、彼のコンサート用音楽ではまず聴くことのできないさまざまな楽器が用いられていることが分かる。コンサート会場で聴くことのできる音楽よりもはるかに多様な音色が、彼の映画音楽の大きな特徴の一つになっているのである[3]。

また、音を音色として捉えるその態度と深く関係しているのが、彼の沈黙の捉え方である。武満にとって沈黙と音は、沈黙を地とし音を図とするというような関係にはなく、また、沈黙は音の不在でもない。彼にとっての沈黙とは、「無数の音たちがうまれでる母胎である偉大な沈黙」（I・二三六頁『樹の鏡、草原の鏡』一九七五年）[4]なのであり、物言わぬ音に満ち満ちている。とすれば、沈黙は無数の音の母胎なのであるから、全体、それも質的全体としての沈黙でなければならない。それゆえ鳴り響く音はみずからの内に、そのような沈黙、無言の音に満ち満ちた質的全体としての沈黙を宿していると言うことができる。音と沈黙は相互に浸透し合っており、沈黙によって浸透された音、それこそが武満にとっての音色なのである。このような沈黙あるいは音の捉え方に大きな影響を与えたのが、武満自身告白しているように、日本の伝統的な音楽との出会いであった（Ⅲ・五〇―五一頁『遠い呼び声の彼方へ』一九九二年）。そして、日本音楽との出会いを通して、彼は「一つの音」という捉え方を手に入れ、「沈黙」についての思索を深めてゆく。本稿では、まずは、武満にとっての邦楽器あるいは日本音楽の持つ意味を概観し、次に、そこから導き出される音と自然の関係を映画音楽との兼ね合いから考察してゆくことにする。

1　一つの音と聴く振舞い

武満は〝日本〟（あるいは邦楽）との出会いを次のように述べている。

「文楽を観て衝撃《ショック》を受けたのは、音楽をはじめてから十年ほど経った後であった。日本というものをその時はじめて意識したのである。つまり、私は、私自身の貌《すがた》として日本をみたのではなく、全く別の他のものとして認識したのであり、そのことが少からず私を混乱させた。〔中略〕

いずれにせよ、日本というものがポジティヴに私の内にその容貌をあらわしたのは、私が西欧《ヨーロッパ》音楽を学んだからなのであり、さもなければ、私は日本というものに気附かなかったかも知れないのである。」（I・二四四―二四五頁『樹の鏡、草原の鏡』）

言うまでもなく武満は、西欧音楽のスタイルで曲作りをする作曲家である。その音楽世界に浸っていた彼に対して、日本音楽および邦楽器は「全く別の他のもの」、つまり、まさしく〝他者〟として現われたのであった。これは現代の私たちにとって、日本の伝統音楽が、近くて遠い音楽とでも呼べるようなものになっているのと同様であろう。武満は、このいわば〝身近な他者〟に、強い衝撃を受けたのである。それは彼にとって、新しい音楽の世界を切り拓くものであったに違いない。彼は、邦楽を古い伝統音楽として受け止めて、それを現代において甦らせたり、あるいは、現代音楽にマッチするようにアレンジするのではなく、最初から今日の音楽が抱えている問題を照らし出すものとして、また、彼自身の音楽観を醸成させるための音の世界として、受け取ったのである。西欧音楽がそこに彼自身を投影する一つの大きな鏡であるとすれば、日本音楽も同じく彼自身を映し出す鏡である。

その日本音楽は、中国や朝鮮半島あるいはペルシャなどから渡来した音楽が、いわば日本化したものであるが、武満はその日本化の特徴を、琵琶や三味線における〝さわり〟に象徴的に見、そこに日本音楽の独特な性格を垣間見る。武満は次のように言う。「三味線とか、琵琶とかの楽器に〝さわり〟をつける部分があるのです。三味線の上駒の上の方にさわりの山とさわりの谷というのを作って、わざわざ普通の音をきたないビーンという騒音の効果を生むように、さわりの部分をとると言いますが、そういうことがなされています。東洋音楽の多くは、そのような騒音をいずれもたいへんだいじにしていますが、それが、〝さわり〟というような言葉で、美学的に捉えられているのは日本だけではないか、と思います」（同書、三六四頁、傍線武満）。このような〝さわり〟の音は、それ自体を取り出すならば、西欧の耳にとっては、日常生活におけるさまざまな騒音あるいはノイズと同じ領域に属する。しかし日本の耳にとっては、そのような騒音的効果をもたらす音が、美的なものに転化する。日本の音楽では、楽音と非楽音という区別自体がそもそも無効化されている、あるいは、少なくともそういう区別そのものが、曖昧にして意味をなさないものと捉えられているのである。これは楽器の奏でる音は、自然界に存在する音あるいは人間が作り出す生活音と、基本的には変わりがないということを意味していると言えよう。武満は、このような西欧と日本の相違が〝一つの音〟に対する意識のあり方に明瞭に現われていると考える。

「その一つの音ということに、日本の音楽の場合大変大きな問題があるのです。西洋の音楽というのは、一つの音だけでは音楽たり得ないわけです。一つのAという音に対してBという音が出会って、それがCというように、弁証法的展開をして音楽的表現がなされる。一つの音を吹くという意味はいろいろと考えられると思いますけれども、日本においては一つの音が〝さわり〟を持っている。つまり騒音的である。西洋の音に比べて非常に複雑で、一つの音の中にたくさんの音が運動していると言ってもいいと思うのです。」(同書、三六七頁)

西欧音楽にあっては、近代の調性音楽にせよ、十二音音楽あるいはセリー音楽にせよ、作曲するということは、音と音を関係づけることであり、音を構築してゆくことである。西欧の考える音楽とは、音の関係体なのであり、特に西欧近代においては、その関係づけに和声組織が重要な役割を果したのであった。この和声組織は周知のように、楽音と非楽音あるいは音楽世界と日常世界の間に横たわる音響システムで、楽音それ自身の内部に源泉を持ち、音そのものの知的分析と、それにのっとった合理的総合から形成されたものである。この知的作業のおかげで、西欧近代では、音は本質的に〝高さ〟として規定されてきたのであった。別の言い方をすれば、楽音は内在的和声を有する音であり、その意味で楽音それ自体が〝多様なものの統一〟であって、この統一性という見地からそれは一つの音なのである。西欧におけるこのような一つの音は、高さによって他と弁別されることで操作可能なものとなり、まさしく素材として規定される。つまり、それは人間の支配下に置かれた音、音楽を構成するための項としての音なのである。それゆえ、音の関係体としての音楽もまた、多様の統一として一つの音楽と考えることができる。このように、調性音楽においては、音はまさに高さとして機能し、その音高システムが、音楽の素材としての音を周囲の世界から切り離していたのであって、そのおかげで音楽は、日常世界に対峙する美的世界となることができたのである。一方、この項としての音を最大限に活用し、それを文字通りの操作対象としたのが、十二音技法とりわけセリー主義と言ってよい。それは音の関係づけを高さによって行なうだけではなく、音をパラメータにまで分析してそれを論理的ないし数理的に関係づけることを方法化したのであった。そのような音楽は、数理的構築物として私たちの日常世界に対し屹立することになる。

これに対して日本の場合、たとえば一陣の風の音は、多彩で複雑な運動を内に持ったものとして一つの音である。日本の一つの音は、「無数のいろいろなノイズを凝縮したような、コンデンスしたような音であって非常に複雑」（同書、三七四頁）なのであり、楽器の音も自然の音も、複雑で分析できない動きを内包しているところに意義がある。無論これは、音の無差別状態ないし無秩序を意味しているのではない。音は、さまざまな運動性を包蔵している多面体として、あるいは、知的分析を拒絶する微妙な音色の重なり合いとして存在しているのであって、まさにそのことが日本の音の実相とでも呼べるものを形作っているのである。この意味で、楽器が発する音は、自然の音を理想とすると考えることができる。実際、三味線にあっては、その音色が細く、さわりが蝉の鳴く音に等しいことが理想とされるように、また尺八の場合には、朽ちた竹藪を風が吹き抜けて鳴らす音が理想的な音とされるように、自然と化した楽器の音、それが邦楽における理想的境地である（同書、三六六頁他）。西欧の耳からすれば、自然の雑音と区別し得ない微妙な響きが、日本音楽においては中核をなしているのであり、楽器が発する一音として自立しつつ、自然の音そのものでもあるような状態こそが、理想と言ってよいのである。それゆえ、日本の一つの音は、高さによって規定されるのではない。こう言ってよければ、それはまさしく全体をなし、世界を形成している独立した音、完結した音である。このように日本音楽の音を一つの完結した世界として、自立した全体的存在として捉える見方は、さらに、音と音の関係を断ち切るところに現われてくるのが日本の音楽であるという捉え方を呼び込んでくる。すなわち武満は、邦楽を完結した一音と間《ま》によって成り立つ音楽であると捉え、この両者の関係について次のように述べる。

「一撥《いちばち》、一吹きの一音は論理を搬ぶ役割をなすためには、あまりに複雑 Complexity であり、それ自体ですでに完結している。一音として完結し得るその音響の複雑性が、間《ま》という定量化できない力学的に緊張した無音の形而上的持続をうみだしたのである。たとえば能楽の一調におけるように、音と沈黙の間は、表現上の有機的関係としてあるのではなく、それらは非物質的な均衡のうえにたって鋭く対立している。繰りかえせば、一音として完結し得る音響の複雑性、その洗練された一音を聴いた日本人の感受性が間という独自の観念をつくりあげ、その無音の沈黙の間は、実は、複雑な一音と拮抗する無数の音の犇《ひし》めく間として認識されているのである。」（I・二〇〇頁『音、沈黙と測りあえるほどに』一九七一年、傍線武満）

沈黙した間《ま》は、音の欠如態、虚無ではなく、無数の音の無言の充溢であり、この無言の間は、一音一音が自立した存在、充実した全体的存在であるのと同じように、計量可能な持続の幅ではなく充実した持続であり、質的ないし力学的全体である。一撥、一吹きの一音は、無言の音の犇く沈黙を呼び招き、音にならない音、声にならない声、さらには、けっして生まれ出ることのない音をも炙り出す。すなわち、完結した一音は、全体としての沈黙を志向するのであり、これが間を活かすということに他ならない。とすればここに、音を聴くという振舞いが重要な問題として関わってくることになろう。知的分析を拒み、複雑な動きを内包している一つの音あるいは〝さわり〟は、まさしく一つの世界としてあるがゆえに、それに対しては耳を傾けるほかない。裏を返せば、邦楽の一音、さわりは、〝聴く〟という振舞いの呼び水となるのである。それゆえ武満は次のように言う。「さわりは、音の生きた実相を聞きだそうとする欲求であり、一音に世界を聞くことなのではないか。そこでは音は厳然として自立し、しかも他と一体であるというような響きでなければならなかった」（I・三二三頁『樹の鏡、草原の鏡』、傍点武満）。このように、一つの音を聴くことは、まさしくそこに一つの世界全体を聴くことなのであって、稠密な音、騒音的な日本の一音は、聴くという振舞いと深いところで連動しているのである。とすれば、音を聴くとは言っても、その聴き方あるいは耳は、西欧音楽を聴くときのような耳あるいは聴き方とは、当然のことながら異なってくることになろう。西欧音楽を聴き慣れた私たちの耳は、それゆえ、無垢な状態の耳、新鮮な耳とならなければならない。一つの音の中に多彩で複雑な動きを聴き、一音に世界を聴くためには、何ものにも囚われない耳が必要なのである。したがって、それはまた根本的なところで、「様ざまな価値観、概念によって汚されている」（同書、三五三頁）私たちの耳から、その汚れを洗い落とすこと、つまり、聴くことに対する根本的な見方の変更を求めてくる。そうすることで私たちは、「様ざまな音のひとつひとつに驚きと発見」（同書、三五四頁）を見いだすことができるようになるだろう。音は私たちに対して、まさに世界を担った一個の他者として現われてくるからこそ、聴くという振舞いを主体的に確立することが肝要になるのである。それでは武満にとって、音を聴くとは一体どのような振舞いだったのであろうか。

2　聴く振舞いと想像的自然

武満は聴くという振舞いに関して次のように述べる。

「『聴く』ということは（もちろん）だいじなことには違いないのだが、私たちはともすると記憶や知識の範囲でその行為を意味づけようとしがちなのではないか。ほんとうは、聴くということはそうしたことを超える行為であるはずである。それは音の内に在るということで音そのものと化すことなのだろう。」（同書、二二六頁、傍点武満）

音を聴くとは、その音を私たちの内部へと取り込むこと、そうすることでいわば音を人間化することではなく、音の内部へと私たちが出向き、それよって人間のほうが音となること、音に貫入してそこにとどまることを意味する。このような聴取の捉え方には、ジョン・ケージの言う「音の内部 inside of sounds」という考えが透けて見える。武満自身、ケージから大きな影響を受けたことを認めたうえで、そのケージの考え方は、「音を構成する粒子のさまざまの運動」を増幅して聴くという態度であり、「私たちは表面的な楽音の因習にけがされた範囲で音楽をとらえてしまうのだが、そこではいつも人間の素朴で本質的な〈聴く〉という行為は忘れられてしまっている。音楽は説明するものではなくして聴くべきものである。ジョン・ケージは、まず、この起源的な行為の意味を確認しようとしている」（I・九六頁『音、沈黙と測りあえるほどに』、傍点武満）と述べている。すなわち、音楽の根本には聴く振舞いがあり、この音を聴く振舞いは、いかなる音であれ、それを意味をまとった〝何かの音〟として聴くことではなく、つまり、その音を理解可能な枠組みの中に嵌め込むことではなく、音へと主体的に耳を傾けることによって、音そのものが持っているさまざまな変化や運動を捉えることである。それゆえ、このような聴取は、音の内部を、またその（時間的）性質をまさに持続の相のもとに捉えることになると考えることができる。とすれば、音はみずからの内に時間を内包していると言うことができよう。時間の中に音があるのではなく、音の中に時間が潜在している。

「音楽が時間の中に住いを求めて創られてゆく、という考え方は僕はとらない。音自身の中に音色やいろんな運動があるわけだから、音自身の中に時間があるとした方がいいんじゃないかとおもうんですね。」（I・三八二頁『樹の鏡、草原の鏡』）

したがって、音の内に在ることで音と化す聴取は、音に内在的な時間の内にとどまることによって、音そのものが切り拓く時間の姿、音に潜在していた時間の現実化した在りようを聴くことになる。別の言い方をすれば、音は一つの音として生まれ、生き、死ぬのであって、一つひとつの音には、それ自身の時間的世界、時間的生が映し出されているのである。その意味で、「音はつねに新しい個別の実体としてある」（I・一九〇頁『音、沈黙と測りあえるほどに』）と考えることができる。それゆえ、そのような個別の実体としての一つの音を聴くとは、言うなれば音の誕生と死、時間的生を営む存在者としての音の姿を聴くことによって、そこに繰り広げられる新たな時間的世界を聴くと言うのに等しい。このように、音がまさに一つの音として生きることができ、そこに時間的世界を聴き出すことができるとすれば、それは音の母胎としての沈黙を炙り出すことになると言ってよいであろう。音は沈黙から生まれ沈黙へと帰ってゆくが、沈黙はそれ自体としては耳に聞こえるものではなく、沈黙がみずからそのまったき姿を顕わすことはない。沈黙は常に音へと隠れゆくのであり、音は沈黙に貫かれ、浸されている。沈黙を破って音が生み出されるとき、沈黙は音の内へと己を隠して音の内を流れ、音が沈黙へと沈み込むとき、沈黙は己を開いていわば声にならないつぶやきとなり、無数の音が胚胎する静けさに覆われた充溢となると言ってよいのである。とすれば、音を聴く振舞いは、音の内に在ることで沈黙に耳を傾けること、沈黙を志向することに他ならない。耳が聴くのは、「耳にきこえる音ときこえない音の両方」（同書、二一一頁）なのである。それゆえ武満は、この音を聴くということに関して、想像力という言葉を関係させる。

「なにものにもとらわれない耳で聴くことからはじめよう。やがて、音は激しい変貌をみせはじめる。その時、それを正確に聴く（認識する）ことが聴覚的想像力なのである。」（同書、一九〇頁、傍点武満）

「なにものにもとらわれない耳で聴くこと」は、今し方述べたように、音を聴くことにおいて沈黙を志向することを意味し、また、音が「激しい変貌」をみせるのは、それが複雑な運動を内包したまさしく「一つの音」であるからに他ならない。或る音が一つの音であるためには、その音は全体としての沈黙を含み持つことができなければならず、また、無数の音つまりは沈黙にみずからを浸すことができなければならない。それこそが、音を一つの音たらしめているのである。とすれば、武満の言う聴覚的想像力の働きは、まずもって、音の内に在ることによって沈黙を志向し、かつ沈黙を志向することによって音を聴き出そうとすることである、と言ってよいだろう。音が常に新しい一つの音であるかどうかは、まさに聴覚的想像力――「内なる耳の想像力」（Ⅲ・三九頁『遠い呼び声の彼方へ』）とも言われる――に現前しているかどうかにかかっているのである。それゆえここで、武満が日本音楽との出会いを通して、一つの世界をなしている音の理想的境地、充実した一音の理想が、自立しつつ自然と化してあるという観点を得たことを考慮するならば、聴覚的想像力によって聴き出される音、内なる耳の想像力に現前している一音は、さまざまに変化する自然のようなものであり、また、一つの音はこのような想像力に現前しているがゆえに、一つの生きた存在者、生きものとなると言っても過言ではない。武満は晩年（一九九四年）、音について次のように述べている。

「即ち、音は、間違いなく、生きものなのだ。そしてそれは、個体を有《も》たない自然のようなものだ。風や水が、豊かで複雑な変化の様態を示すように、音は、私たちの感性の受容度に応じて、豊かにも、貧しくもなる。」（Ⅲ・二四〇頁『時間《とき》の園丁』一九九六年）

音は私たちの内なる耳の想像力、聴覚的想像力によって聴き出されるがゆえに、また、その想像力に対してまさに現前するときに、「生きもの」となり、「個体を有たない自然のようなもの」となるのである。とすれば、私たちの周囲に溢れる無数の沈黙した音は、内なる耳の想像力によって、風や水と同じ自然風景を形作ることになる。音を聴くこととは、まさしく個体を有たない自然のような存在として音を捉え直す作業なのであり、内なる耳の想像力は、音が繰り広げてゆくその時間的展開を、自然風景の変化として聴きまた眺めやる働きなのである。したがって、武満にとっての一つの音がそもそも自然と化した音と言ってよいものであることを考えれば、一つの音を聴くとは、聴覚的想像力によってその音を、風や水のように変化し続ける「つねに新しい個別の実体」として現前させることであると言ってよい。それゆえ、音を聴くことによって示される世界、換言すれば、内なる耳の想像力によって聴き出される音は、想像される自然、「想像的な自然」（Ⅰ・一九一頁『音、沈黙と測りあえるほどに』）とも呼び得る自然において自在に鳴り響くこととなろう。音は想像的世界の住人、想像的自然の中の生きた存在者なのであり、それは或るときは風や水となり、また或るときは川や海に姿を変える。したがって、「音のひとつひとつに、生物の細胞のような美しい形態と秩序があり、音は、時間の眺望《パースペクティヴ》のなかで、たえまない変質をつづけている」（同書、一八九頁）のであり、音を聴くとは、音において繰り広げられる想像的自然の時間的世界を眺めやることなのである。しかも一つの音は、音の母胎としての沈黙を志向するのであるから、鳴り響く音を聴くことで耳が捉えようとする沈黙、音の内部において志向される沈黙は、音が包蔵する時間の展開においていわば滲み出る。とすれば想像的自然もまた、沈黙を内に宿しかつ沈黙に浸されているであろう。

　これまで述べてきたことからも分かるように、武満にとって、音は想像的自然の中で鳴り響くもの、いわば沈黙の海に浸されたものであるが、この想像的自然を単なるメタファーと捉えてはならないであろう。想像的自然としての音、個体を有たない自然のような生きものである音が、映画音楽の中に現われていると思われる。私たちは次節でそのいくつかの例を武満の映画音楽の中から取り上げてみたい。そのためにはまずもって武満が映画をどのように見ていたのか、その映画の捉え方を抑えておく必要がある。

3　想像的自然と映画における音楽

　映画は原理的に、音を収めたサウンドトラックと、コマを単位とした画像の連なりとしての映像の並行関係によって成立している。つまり、眼と耳はそれぞれ独立しており、互いに働きかけ合う。これが意味しているのは、そもそも映像はサイレントなのであり、そこには音のない動きが刻み込まれているということである。すなわち、映画は音を奪われた映像をその一方の極に持つ。したがって映画音楽の作曲家は、この音が剥奪されたサイレント映像から音を聴き出し、映像に音を取り戻させなければならない。もっとも、音のない動きあるいは映像に音を取り戻させる作業は、音の復元を意味するものではない。というのも、武満にあっては、映画における「映像《イメージ》は、現実にあって、私たちが見過ごしているもの」（Ⅲ・四五四頁『夢の引用』）であり、それゆえ武満にとって映画は「もうひとつの現実」（同書、四一〇頁、傍点武満）となるからである。音の復元は、映画をもう一つの現実、つまり映像を映画に独自の現実とするのではなく、この日常の現実の模写・模倣にしてしまう。とすれば、音のない映像は、自身がいま一つの現実となるための独自の音を内に宿していると言わなければならない。けれども映像は、そのために必要な音について黙して語らない。この意味で、映画における映像は沈黙としての映像なのである。それゆえ作曲家は、この映像という沈黙から、内なる耳の想像力によって音を聴き出す必要がある。つまり、映画の音さらに映画そのものは、「想像する欲求」（同書、四四八頁）に支えられているのである。したがって武満は、映画を夢に比して、「映画は夢だ。それこそ悪夢や滑稽な夢、いっさいの人間の欲望が織りなす夢だ」（同書、三八〇頁）と述べる。想像する欲求に従って作り出された夢としての映画にあって、音は内なる耳の想像力によって聴き出された個体を有たない自然のようなものとして、常に新しいものとして、変化し続けるであろうし、そこに想像的自然が繰り広げられることであろう。このように考えたとき、映画における想像的自然は、映像と音の或る種の融合によって提示されると言うことができよう。それを示す音楽の使い方が、『利休』（勅使川原宏監督、一九八九年）と『はなれ瞽女おりん』（篠田正浩監督、一九七七年）に見いだせるように思われる。以下、それを検討してみたいと思う(5)。

先ほど私たちは一つの音が世界として自立し得る、ということを述べたが、同じことが目に見えるものについても言うことができるように思われる。たとえば、一輪挿しというスタイルの花の生け方があるが、この一本の花はまさしく自然そのものを内包し得るであろうし、まさに一つの世界として成り立つものであろう。一つの音が無数の音を志向するのと同じように、一輪の花は無数の花を志向するのである。とするならば、映像において示される視覚的イメージとしての一つの花は、鳴り響く一つの音を呼び招いてくるように思われる。この関係を彷彿とさせる場面が、『利休』の冒頭部分に見いだすことができる。すなわち、時の権力者、豊臣秀吉（山崎努）が茶道の宗匠、千利休（三國連太郎）の家を訪れたとき、秀吉は庭にたくさんの朝顔が咲いていることを期待していた。ところが、利休の家の庭に入ってみると、花が一輪たりとも咲いていない。訝しく思った秀吉であったが、手を清め、狭い入口から身をかがめて茶室に入ると、正面の壁に、竹でできた花受けに白い花が一輪活けてある。それを見た秀吉は、ほどなくして茶室に姿を見せた利休に向かって、「目が覚めた」と言うのである。

この一連の場面では、音楽と名のつくものは一輪挿しの花をカメラが捉えるまで用いられず、寺の鐘の音と鳥のさえずりが映像を枠づけているだけである。しかも一輪の花が映し出されたときに奏でられる音楽は点描的なもので、打音や弦のひと弾きによるわずかな音の刺繍でもってその花を縁取っている。もっとも、響きとしてはきわめて控えめであるものの、用いられている楽器は、ハープ、ボナン、タイ・ゴング、スティール・ドラム、ヴィオラ、笙などときわめて多様であり、音色に繊細な重なり合いが生まれている。竹でできた小さな花受けが白い花をさりげなく引き立てているのと同じように、一本の花の佇まいに見合うだけの控えめな、しかし多彩な音色の音が文字通り花に添えられ、花を受け止めているのである。その静かな佇まいは、一面に咲き誇る花々よりも、また、さまざまな響きが重なり合う交響楽よりも力強いと言ってよく、鮮烈な姿を見せている。その一輪の花の姿かたちは、無数の目に見えない花を自身の内に持っているかのようであり、きわめて生き生きとしているがゆえに、あたかも私たちに語りかけているように映るのである。

この花と音の或る種の融合が、別の場面でも示されている。それもまた秀吉が利休の茶室を訪れた時のことである。すなわち、秀吉はこんな物を手に入れたと言って、大きな水盤を利休に見せ、そこに水を注ぎ入れる。そして利休に、幾つもの花が咲いている梅の枝を見せて、これを活けよと命じる。すると利休は、梅の花びらを水の入った水盤に散らし、梅の枝をその水盤の上に横たえるように寄りかからせたのである。この場面の武満の音楽は、利休が梅の花をまさに活けようとするところから響き始めるが、それは余韻を響かせるボナンの打音と、笙の静かな持続音によるモティーフで、わずかな音が積み重なって映像に余韻を染み込ませてゆく。この場面においても、利休が活けた花は一つの世界、余計なものを削ぎ落とした静寂の世界を形成しており、武満の音楽は、それを構成している音色の違いによって、映像が作り出す世界を刺繍する働きを示している。言葉を換えれば、彼のそのモティーフは、梅と水盤が作り出すミニマルで完結した世界を縁づけ浮き彫りにする働きを持っているのである。映像において提示される活けられた自然と、私たちの耳に聞こえてくる慎ましい響きの協働作業が、私たちに想像的自然の一つの在りようを示していると言ってよいだろう。

このように、わずかな音からなるフレーズを、しかしその各々の音が音色として繊細に異なるフレーズを、視覚的イメージとしての花にあてがうということはまた、映画においては、自然界の営みないし自然現象そのものを、音として提示し得るということをも意味する。この音と自然の関係が、『はなれ瞽女おりん』のオープニングに見いだすことができる。その個所では、六歳の目の見えない少女おりんが、冬、海岸沿いの粗末な小屋の中で薬売りの斎藤（浜村純）という人物と出会い、瞽女屋敷に連れてゆかれることになったことが語られる。そこではまず、小屋の中の人々の話し声と共に、冬の海の波の音、風の音が映像を枠づけ、その映像に荒涼とした雰囲気を浸透させる（風の音に関しては、電子変調させたと思われる音が用いられている個所がある）。そして、大人になったおりん（岩下志麻）によるナレーションがはさまれた後、メインタイトルとなって、武満の音楽が登場する。それは波の動きを響かせる上昇音型を軸とした数個の音からなるハープのオスティナートと、それに支えられた子守歌と位置づけ得るオーボエ・ダモーレのフレーズで、そこに海猫の声を聞かせる鳥笛、波の飛沫を打音するパーカッションが加わる。[6] このオープニングの音楽、タイトルバックで流れる音楽はさらに、幼いおりんが斎藤に連れられて海沿いを瞽女屋敷へと向かう場面でも用いられる。成人したおりんによるナレーションと共に、映像には白い飛沫をあげて打ち寄せる波と、波打ち際をゆく二人の姿が映し出され、ハープによるあのオスティナート音型に支えられて、海猫の鳥笛、波の飛沫のパーカッション、子守唄のオーボエ・ダモーレ、そしてそれに加えて、風の低いうなりを聴かせる弦楽のトレモロが奏でられてゆくのである。

このオープニングと瞽女屋敷へ向かう場面の音楽は、映像において示される冬の荒海、舞い散る雪、海鳥、吹きすさぶ風、さらには子守歌までをも——そういったすべてを、オスティナート音型が奏でるたゆたう波の動きを土台とした音の風景として提示していると言ってよい。言葉を換えれば、映像において示される冬の風景は、現実から切り取られた風景なのではなく、武満にとっては「もう一つの現実」、すなわち視覚的イメージのかたちで提示された「想像的自然」であり、作曲家はその想像的世界の中に宿る沈黙した響きを聴き出したのである。したがって、視覚的イメージとして映し出されるその風景において、風の音や波の音があるのではなく、また或る種の心象風景としての子守歌の調べがあるのでもない。風景が音を私たちに投げかけてくるのではなく、風や波、子守歌は、文字通り響きであり音なのであって、風景としての音が描かれているのである。それはまさしく武満が邦楽との出会いから得た自然の音と楽器の音の同質性に基づいている。ヴァイオリンの音、ハープの音は風の音、波の音を描写するのでも表現するのでもなく、それらの音がまさしく風と波なのであり、この意味でそれは想像的自然が鳴り響かせる音である。私たちはその映像において、海の海たるゆえんの音を、風の風たるゆえんの音を耳にするのである。それゆえ、私たちが子守歌をそこに聴くとしても、それは私たち人間が歌う子守歌なのではなく、想像的自然が私たちに歌う子守歌である。この意味で、想像的自然の音こそが武満にとっての映画音楽なのであると言うことができよう。

結びに代えて

冒頭にも述べたように、武満は音を自立した具体的存在と捉えてそれを音色に見いだしていたが、彼の考える音色は、沈黙を内に宿した音、沈黙に浸透された音のあり方であった。それゆえ、彼は音を聴くという振舞いを、「聴覚的想像力」とか「内なる耳の想像力」と彼が呼ぶものと関連づけて考える。つまり、音を聴くということは、音の内に沈黙を聴くこと、音において沈黙を志向することに他ならないのであって、その沈黙はまさしく耳で聴くことができないがゆえに、「聴覚的想像力」「内なる耳の想像力」によって捉えられるのである。他方、武満にあっては、映画における映像は、私たちが生きて生活しているこの現実世界において見過ごされているものを提示するものであった。そのような映画は「想像する欲求」によって作り出されるものであり、夢に比せられていた。とすれば、音、沈黙、映画、夢は想像力によって互いに関連づけられる。夢には隠れた現実を開示する力があると言えるであろうから、逆に、この現実を映像のつながりあるいは夢とみなすことができれば、通常は見過ごされているものに気づき、また、その深奥部へと貫入することが可能になると考えることができる。とすれば、この現実世界、私たちが生を営んでいるこの世界を沈黙した映像世界とみなすこと、あるいは少なくとも映像的世界とみなすこと、それが武満にあっての内なる耳の働きであり、聴覚的想像力の働きであると言えるのではなかろうか。だからこそ、武満は映画あるいは映像にいま一つの現実を見いだしているのである。とすれば、映画音楽を作曲するときも、コンサート用音楽を作曲するときも、ともに映像の沈黙あるいは沈黙した動きに直面しているのであって、映像としての沈黙から音を聴き出す作業と、質的全体としての沈黙から音を聴き出す作業はともに根が同じなのである。もっとも、映画にあっては、映像から音を音色として聴き出す以上、言うまでもなく主導権は映像にある。これは映画の場合、音や音楽は演出されるものでなければならないということである。このことは、映画の音楽、映画における音は、映像から聴き出されて充実した音色となってその映像に伴ってゆくにあたり、まさしく沈黙した映像を志向するということを意味する。したがって映画は、音や音楽をみずからの内部に手に入れることによって、沈黙を深めたと考えることができよう。(7)武満が『利休』や『はなれ瞽女おりん』において、音の数を減らしてその佇まいを慎ましいものとしたのは、おそらくそこに照準を合わせたからではなかろうか。

とはいえ、私たちは改めてここで、沈黙を聴くこと、それも沈黙それ自体とでも呼べるような絶対的な沈黙を聴くことは不可能であり、また、そのような沈黙を「想像」することもできないということに留意する必要がある。私たちの耳は、さらに、聴覚的想像力は、常に聞こえるものを必要とし、その聞こえるものにおいて沈黙を志向する。すなわち、沈黙は志向的対象である。先にも述べたように、音を聴くことにおいて沈黙を志向することにより、音は時間的存在者として常に新しいものへと変化し続けるのであり、想像的自然の中の生きものとして姿を見せるのである。したがって、こういう言い方が許されるならば、想像的自然とは、主体―客体という区別が生じようとするその刹那の状態、夢と現実の区別が曖昧になっているまさに朧な状態、個人の生と個人を超えた〈生〉の融合でありかつ弁別のことであると考えられるのではあるまいか[8]。想像的自然がそのようなものであるとするならば、沈黙は音の母胎であってみれば、音は想像的自然として、鳴り響く沈黙なのであり、音の内に在って音と化す聴取は、音と沈黙をそのような未分化の状態へ、相互浸透の状態へと送り返すことであると言えるように思われる。とすれば、そのような聴取は、西欧音楽と東洋あるいは日本音楽というような区別が生まれる以前の状態へと、音楽の起源へと遡及しようとする態度である、と言っても過言ではなかろう。西欧にあっても日本にあっても、沈黙は無数の音に満ちており、音の内には沈黙が流れているのであって、その点では、一般に音の関係体を構築することによって可能な限り沈黙を排除しようとした西欧の近代音楽も、その根の部分では沈黙に触れていると言うことができる[9]。別の言い方をすれば、程度の差こそあれ、沈黙を分泌するもの、それが音楽なのである。音楽は沈黙を分泌する——武満はこのことを十分すぎるほど意識していたと言うことができるだろう。

註

（1）本稿は次に挙げる拙論をベースにし、二〇一三年七月にポーランドのクラクフで開催された第十九回国際美学会議での研究発表の内容（"Reconsidering the Film Music of Toru Takemitsu: From the Viewpoint of the Relationship between Sound and Nature"）をそれに加えて再構成したものである。それらの論考は以下の通りである。「音の河と一つの音——武満徹における沈黙をめぐって——」（『日本における「芸術」概念の誕生と死』（平成一一～一四年度科学研究費補助金（基盤研究（A）（二））研究成果報告書）、研究代表者：上倉庸敬、二〇〇三年、一五一—一六四頁）、「一九六〇年代の武満徹の映画音楽から——沈黙との関係をめぐって——」（『藝術』第三四号、大阪芸術大学、二〇一一年、三七—四七頁）、"Music as Silence, Cinema as Dream: Toru Takemitsu's View of Film Music", *Papers: International Symposium on Theories of Art/Design and Aesthetics, 19–21 October 2011*, Akdeniz University, Antalya, Turkey, 2012, pp. 308-314）。なお、武満徹に関しては他に次の拙論も参照されたい。「武満徹の《ノヴェンバー・ステップス》をめぐって」（『美と芸術のシュンポシオン』（神林恒道教授退官記念論集）、大阪大学美学研究会編、勁草書房、二〇〇二年、二〇四―二一一頁)、「小林正樹監督『怪談』における武満徹の音――異界との関係をめぐって――」(『ドラマ空間における音楽に対する観客反応の実証的な研究』〈平成一五～一六年度科学研究費補助金(基盤研究(C)(二))研究成果報告書〉、研究代表者:上倉庸敬、一九―三八頁、二〇〇六年)。ちなみに、武満の映画音楽に関する論考としては、『怪談』に関するものが多く、その代表は秋山邦晴による分析「武満徹　映画音楽〈怪談〉を中心に」(斎藤愼爾・武満眞樹編『武満徹の世界』集英社、一九九七年、一三八―一四二頁)であろう。他にもいくつかあるが、最近のものとしては、柴田康太郎「一九七〇年代以後の武満徹の映画音楽――武満徹における「ひとつのサウンドトラック」――」(『第六一美学会全国大会　若手研究者フォーラム発表報告集』関西学院大学、二〇一〇年、九三―一〇四頁)がある。

(2)　たとえば武満自身が、勅使川原宏監督の『砂の女』(一九六四年)の音楽をもとにして《地平線のドーリア》(一九六六年)を書いたと述べている(『武満徹全集　三　映画音楽二』小学館、二〇〇三年、一二四頁)。

(3)　小沼純一は、武満のコンサート用音楽と映画音楽では、響きのあり方の面では共通するところが多いが、しかし、コンサート音楽では耳にすることのできない音を映画音楽では耳にすることができると述べている(「コンサート用作品と映画音楽」、『武満徹全集　四　映画音楽二』小学館、二〇〇三年、二九八―三〇九頁)。

(4)　武満徹の著作からの引用等は、『武満徹著作集』(全五巻、新潮社、二〇〇〇年)により、本文中の括弧内にローマ数字で著作集の巻数を、そのあと中黒に続けて該当箇所の頁数、書名(および初版刊行年)を記す。

(5)　この二つの映画の音楽に関しては、『武満徹全集　四　映画音楽二』(小学館、二〇〇三年)を参照。

(6)　船山隆『武満徹　響きの海へ』(音楽之友社、一九九八年)の「V　映画音楽の美学――映像と音像の層構造」において、『はなれ瞽女おりん』の音楽が考察されている。その中で船山は、「要するにこのタイトル音楽がイメージさせるのは、『旅』や『風』や『波』などの流動する世界であり、はなれ瞽女おりんの人生そのものと考えられなくもない」(二一八頁)と記している。なお、オープニングのこれ以降の音楽であるが、オーボエ・ダモーレによる子守歌に続いて、本編でおりんと平太郎(原田芳雄)の関係を音楽的に縁取ることになる室内アンサンブルのフレーズが、親ツバメからの餌を巣で待つヒナと、ほどなくして餌を運んできた親鳥の映像が示される場面で流され、そしてピッツィカート奏法と打楽器の打音群などを挟んだあと、おそらくは管楽器の変調音によるものであろう風の吠え声を響かせて静かに終わる。

(7)　武満は「映画は、音声を獲得したことで、その沈黙の部分をより深めていったのである」(Ⅲ・三八四頁『夢の引用』)と記している。

（8）想像的自然についてではないが、邦楽に関する武満の次の言葉を参照されたい。「邦楽の因習的ともいえる狭い不自由の世界では、音を撥することだけが自由であり、発音は瞬時に留まりながら絶えることはない。個人的な息から出発しながら、それは、自我を超えた〈生〉の脈絡につらなる、自在さである」（I・六四頁『音、沈黙と測りあえるほどに』、傍点武満）。

（9）映画『利休』の音楽として武満は、本論で取り上げたもののほかに、ルネサンス時代の作曲家ジョスカン・デ・プレのシャンソンの旋律などをも活用している。それはまずもって、安土桃山時代に西欧との交易が盛んになったことを示すものであるが、さらにまた、文化的背景の大きく異なる音楽を映像にあてがうことで、日本と西欧の音楽の同根性を示唆しているとも言うことができるだろう。

3　ルクセンブルクのスタイケン・コレクションについて
――パブリック・ディプロマシーとしての二つのアメリカ写真展――

竹中悠美

はじめに

ヨーロッパのルクセンブルク大公国に、近年二つの写真展を常設する美術館が相次いで開館した。一つはフランスとの国境に位置する街デュドランジュのCNA（国立オーディオ・ビジュアル・センター）の別館として二〇一二年秋にオープンしたヴァーサートゥエルム＋ポムハウス（Waassertuerm＋Pomhouse）である（図1）。ルクセンブルグ語で「給水塔＋ポンプ・ハウス」を意味するその建物は、一九八〇年代に閉鎖された工場の施設を改築したもので、給水塔の一階部分と上部の給水タンクが円形のギャラリーとして、〈ザ・ビター・イヤーズ　一九三五―一九四一〉展を展示している。もう一つは北部のクレルヴォーという街の古城での〈ザ・ファミリー・オブ・マン〉展である。こちらは一九九四年より公開されていたが、二〇〇三年にユネスコ世界記憶遺産に認定され、二〇一〇年からの大規模な改修工事を経て、二〇一三年夏にリニューアル・オープンされた（図2）。

二つの写真展は、どちらもエドワード・スタイケン（一八七九―一九七三）がMoMA（ニューヨーク近代美術館）での写真展として企画したものである。写真家として輝かしいキャリアを持つ彼が、MoMA写真部のディレクターとして企画した写真展は四四を数えるが、なかでも一九五五年の〈ザ・ファミリー・オブ・マン〉は、世界中の写真家による五〇三点もの写真を組織した大規模美術展であり、世界中で九〇〇万人以上の観客を動員したことで写真史にその名を残している。一方の〈ザ・ビター・イヤーズ〉は、彼がMoMAを引退した一九六二年に手がけた最後の写真

図1　ヴァーサートゥエルム＋ポムハウス、デュドランジュ
（2013年，筆者撮影）

図2　クレルヴォー城、クレルヴォー
（2013年，筆者撮影）

展であり、副題が示すように「農業保障局《FSA》（Farm Security Administration）の写真家たちによる地方のアメリカン・シーン」である。

　MoMAというアメリカを代表する美術館での写真展が、ルクセンブルクに所蔵され、再現されている最大の理由は、そこが生後まもなく移民として一家でアメリカに渡ったスタイケンの祖国だからである。一九六四年に〈ザ・ファミリー・オブ・マン〉展の写真パネルが、一九六七年に〈ザ・ビター・イヤーズ〉展の写真パネルが、スタイケンのたっての希望によって、MoMAからルクセンブルク政府に寄贈された[1]。著名な芸術家をほとんど輩出していないルクセンブルクにとって、スタイケンは国際的な評価を得ている唯一のアーティストであり、また、現在と違って、美術コレクションを購入する経済的余裕を持たなかった当時にあっては、それはアメリカからのまたとない贈り物であった。

　スタイケンは青年期にパリで絵画と写真を学び、芸術写真と商業写真の両方にまたがる才能をアメリカで大成させた。彼の芸術は美術とその周辺文化に留まらず、社会の中で重要な役割を担うこととなる。〈ザ・ファミリー・オブ・マン〉の世界三八カ国におよぶ巡回は、USIA（米国広報・文化交流庁）の強力な後押しによるもので、冷戦期アメリカのパブリック・ディプロマシーだったのである。ルクセンブルクへのスタイケン・コレクションの寄贈もその一環と考えることができよう。

　パブリック・ディプロマシーとは、通常の「外交」が政府の要人間で行われるのに対して、文化を通じて他国の民衆に直接働きかける「文化外交」である。この言葉は、冷戦期に「政府が自国の政策を外国に伝達する際に重要なことは、相手国の国民と意見、関心、文化を交換して理解すること」とする元外交官のエドムンド・ガリオンによって用いられた。冷戦終結によって、その必要性は減少するかと思いきや、9・11の悲劇によって顕在化した反米主義に対してアメリカがとった文化戦略によって改めて認識され、近年は欧米だけでなく中国や韓国が展開する大胆な国家戦略において、その有効性が問題点も含めて注目されている[2]。

さて、本論の目的は三つある。一つはルクセンブルクのスタイケン・コレクションをパブリック・ディプロマシーとしての観点から歴史的考察を試みること。次にスタイケン・コレクションの中で重要な位置に占めるFSA写真が、本来ニューディール政策のプロパガンダという目的を担って流通されていた事実を踏まえた上で、スタイケンの写真展が担ったパブリック・ディプロマシーへの影響と、両者の相違点を明らかにすること。さらに、FSA写真がスタイケンによる写真展を通して、アメリカとアメリカ国外でどのように受容されていたか／いるのかを確認することである。

1　プロパガンダとしてのFSA写真

スタイケンはMoMAの最後の写真展である〈ザ・ビター・イヤーズ〉だけでなく、〈ザ・ファミリー・オブ・マン〉では七点、彼がディレクター就任前にMoMAで企画した〈勝利の道〉展でも多数のFSA写真を展示しており、FSA写真に特別な思い入れを持っていた。事実、アメリカ政府による記録写真であったFSA写真を美術の領域に導いたのもスタイケンであった(3)。

FSA（農業保障局）とは、一九二九年のニューヨーク株式市場暴落から始まった大恐慌による危機的状況を打開すべく民主党のフランクリン・D・ローズヴェルトが一九三三年に大統領に就任するや直ちに実行したニューディール政策の一行政機関の名称である。それは、農産物価格の下落に加え、南部から中西部で頻発した洪水、干魃、大規模な砂嵐などの自然災害によって貧困にあえぐ農民たち、とりわけ農地や家屋も失い、季節労働者として農場を転々とする移動農民たちを救済するために農務省内に設置された。一九三五年にFSAの広報部内の歴史課という小さな部署で農村部の実情調査とFSAの活動記録のための写真プロジェクトが開始され、そこから生まれたのがFSA写真である(4)。経済学者ロイ・ストライカーをディレクターとし、彼が選りすぐって全米に派遣した写真家にはウォー

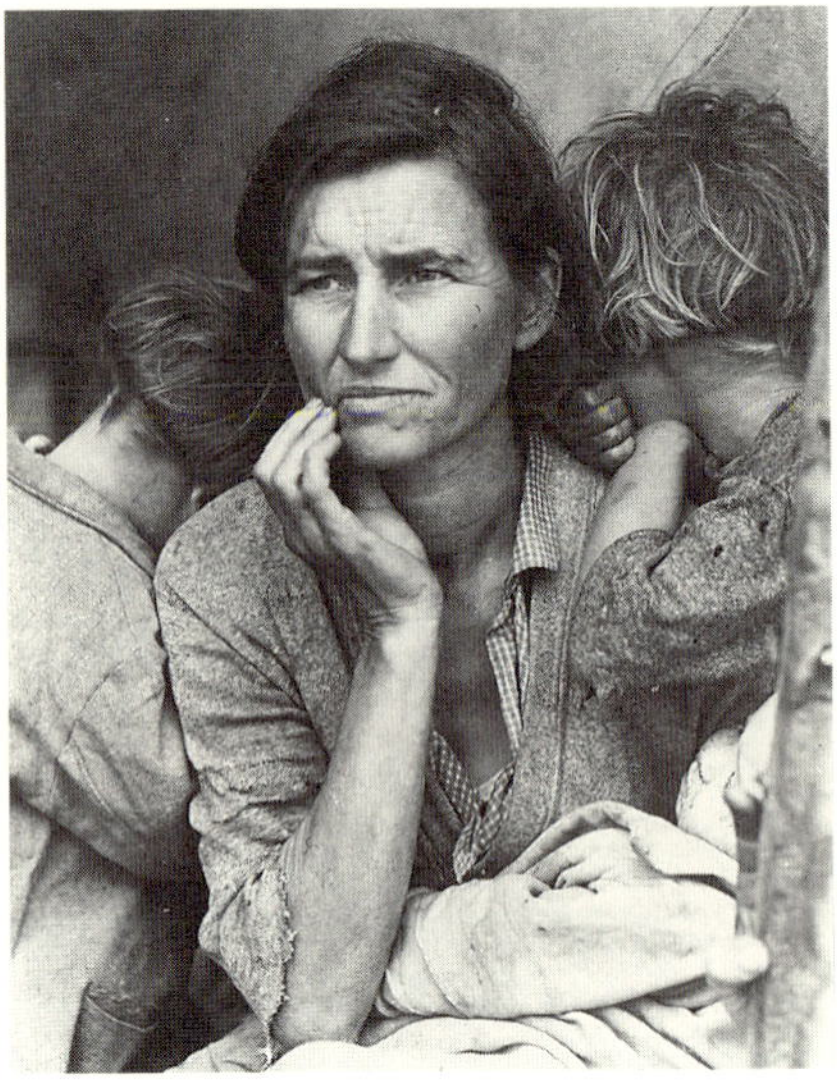

図3　ドロシア・ラング《移動農民の母》（1936年）
アメリカ連邦議会図書館 LC-USZ62-95653

カー・エヴァンス（一九〇三―七五）、ドロシア・ラング（一八九五―一九六五）、ベン・シャーン（一八九八―一九六九）、アーサー・ロススタイン（一九一五―八五）など、後にアメリカを代表する写真家が含まれ、その活動のなかで多くのドキュメンタリー写真の傑作を遺している（図3）。

　ストライカーが写真家達に送った社会学的調査方法に基づく撮影指示書は、農村と農民だけでなく、全米の自然と都市、そして人々、産業、社会、文化を網羅するものであった。撮影フィルムはワシントンDCのオフィスに送られ、ストライカーによって一括管理されていたおかげで、現在はアメリカ合衆国議会図書館のサイトで一七万枚もの写真コレクションとして公開されており、ドキュメンタリー写真の金字塔としてだけでなく、大恐慌から第二次世界大戦時の時代の歴史資料として極めて貴重な価値を持つ(5)。

　写真プロジェクトの開始当初は書類や政府刊行物のみに添えられていたが、一九三六年から『サーヴェイ・グラフィック』誌を皮切りに『タイムズ』、『フォーチュン』、『トゥデイ』といった一般誌や新聞に提供される。そして同年の『ライフ』に始まる『ルック』、『U・S・カメラ』等々のフォトジャーナリズム隆盛の波に乗り、やがて一九四〇年までには月平均で一四〇〇枚を超える写真が二〇〇以上の報道機関に掲載された(6)。またFSA写真を題材とした書籍の出版も相次ぎ、美術館での写真展も開催されるようになった。苦難の中にある農民たちの姿が、アメリカ国民の心をとらえたのである。

その一方で、FSA写真は民主党ローズヴェルト政権のプロパガンダでもあった。ニューディール政策は、大規模な公共事業を通じて失業者の救済と内需活性化に努めただけなく、税制と銀行制度から労働問題や社会保障制度など、財政・労働・福祉の幅広い問題に対して社会主義的な改革を急進的に行ったため、共和党や同じ民主党内の保守派からもニューディールは「左旋回」と敵視されていたのである。FSA写真は、貧困と苦難の中に取り残された人々のリアルなイメージをさらけ出すことで、ローズヴェルト政権はこれらの人々を見捨てはしないというメッセージを国民に伝えるものであった。それによって世論を獲得し、膨大な国家予算を必要とするニューディール政策を連邦議会で承認させるという目的を持っていたのである。よって提供されたFSA写真にはキャプションに必ず「FSA」と記載することが義務づけられていた。

ところが、第二次世界大戦の勃発による軍需産業の活性化によって、経済が急激に回復すると、FSAは用済みとなっていく。予算を大幅に削減されるばかりか、当時の局長は共産主義者だという根拠なき攻撃に曝されるまでになる。(7) やがてFSAの写真プロジェクトは一九四二年にOWI（戦時情報局）に移され、アメリカ軍のプロパガンダ写真のみが課せられた。

「強いアメリカ」のイメージこそが要求される風潮の中で、貧しく弱い「貧困」のイメージは消し去りたいものとなる。議会ではFSA写真プロジェクトの存在自体を抹消しようとする動きすら出た。危うく全てのネガと資料が失われてしまうところ、ストライカーは一九四三年に合衆国議会図書館にFSAコレクションとして委託することを成功させ、彼はOWIを去った。OWIでの写真プロジェクトも一九四四年に終了する。

このようにFSA写真は、記録としても芸術としても大きな価値を持つにも関わらず、アメリカの負の側面とローズヴェルト政権のプロパガンダという出処ゆえに、政局の変化の煽りを強く受け、かつ戦後の好景気の中でなかば忘れられていた。だが、スタイケンは戦時中もFSA写真を展示し続け、彼のMoMAでの最後の写真展として企画した一九六二年の〈ザ・ビター・イヤーズ〉が一九六〇年代に始まるFSA写真再評価の口火を切ることとなった。

2　エドワード・スタイケンとFSA写真

エドワード・スタイケンは一八七九年にルクセンブルクの農家に生まれ、まもなく移民として一家でシカゴに渡る。スタイケンは一五歳で石版会社の見習い工として働き始め、そこでイラストとデザインに携わり、同時に写真を始める。まもなく彼の写真はアルフレッド・スティーグリッツの目にとまり、当時の芸術写真の主流であったピクトリアリズムの写真家として肖像写真と風景写真で頭角を現す。一九〇〇年に絵画と写真を学ぶためにパリとロンドンに渡ってからは、ヨーロッパとアメリカを行き来しつつ、一九〇二年にスティーグリッツとフォト・セセッションを設立し、ギャラリー291の展示にも関わっていた（図4）。

ところが、第一次世界大戦が最初の転機となる。フランスを支持していた彼は、アメリカが参戦すると志願して、陸軍航空部の従軍写真家となり、中佐にまで昇進する。退役後、それまでの象徴主義的な絵画やピクトリアリズム写真のスタイルを捨てると、ニューヨークに写真スタジオを構え、『ヴォーグ』や『ヴァニティ・フェア』などのファッション誌を中心とした出版業界および広告業界で、芸術写真と商業写真を横断する洗練されたモダニズム写真の展開を牽引する存在となる（図5）。

スタイケンがFSA写真と出会ったのは、もう一つの転機であった。六〇歳を目前にして、商業美術からの引退を表明した一九三八年に、ニューヨークのグランドセントラルパレスで開催された第一回国際写真展に特別参加していた約七〇枚のFSA写真と出会ったのである。被写体も撮影方法もそれまでのスタイケンの写真とは全く異なるにも関わらず、深い感銘を受けた彼は、編集に関わっていた『U・S・カメラ』写真年鑑の一九三九年号で、異例のFSA写真特集を組んだ。その冒頭に寄せた文章で、FSA写真を写真史上最も素晴らしい「ヒューマン・ドキュメント」のシリーズ写真だと賞賛し、これらのドキュメントはストーリーを持ち、しかもそのぶっきらぼうなまでの率直さは、

図4　エドワード・スタイケン《絵筆とパレットを持つセルフ・ポートレート》（1902年）

出典：Todd Brandow & William A. Ewing eds., *Edward Steichen: Lives in Photography*, FEP Editions LLC, 2007, p.44.

図5　エドワード・スタイケン《グロリア・スワンソン，ニューヨーク》（1924年）

出典：*Ibid.*, p.158.

撮影技術にこだわる「芸術のための芸術」写真家たちを凌駕したと述べている。ＦＳＡ写真は現実の記録に徹したドキュメンタリー写真であるが、同時にスタイケンはそこにある悲壮感とともに叙情性や困難な中にある人間存在の強さを感じ取ったのである。[8]

さらにスタイケンは、ＦＳＡ写真に個々の写真の自律性や写真家の個性よりも、集合的な作品群としての写真提示に新たな表現の可能性を見出した。第一回国際写真展でのＦＳＡ写真を見たときから、マス・オーディエンスに向けてアメリカを展示するアイデア、すなわち〈ザ・ファミリー・オブ・マン〉のアイデアを着想していたとされる。[9]彼は自ら写真を撮るよりも、他の写真家への撮影指示や写真展のキュレーションに没頭していく。

第二次世界大戦にアメリカが参戦するや、スタイケンは高齢にも関わらず再び航空隊に志願して入隊し、三〇〇〇人にもおよぶ写真班を組織する。次いで、一九四二年に国民に第二次世界大戦参戦の必要性を説くことを目的とした米軍によるプロパガンダ写真展〈勝利への道〉をＭｏＭＡで開催する。展示の前半ではアメリカの自然、人々、農業や工業という産業を示す写真によって「守るべき祖国アメリカ」を示し、後半は「祖国アメリカを守るために前線で勇敢に戦う兵士達」が示される。一三四枚の写真が政府機関、軍部、『タイム』誌、『ライフ』誌等の出版物から集められたが、そのうちの三分の一はＦＳＡ写真で、選択にあたってストライカーの助力を得ていた。[10]展示会場は、壁一面に引き伸ばした巨大な写真壁画だけでなく、様々なアングルで空間に設置した写真パネルが、観客の視線をダイナミックに誘導しながら、展示会場を一定の順序で移動させる。そして写真に添えられたスタイケンの義弟でもある詩人のカール・サンドバーグのテキストを介添えにして、一つのストーリーを完成させるというものであった。写真を漫然と展示するのではなく、展示空間全体を組織してインスタレーション作品へと発展させたこの方法は、一九五五年の〈ザ・ファミリー・オブ・マン〉への助走となった。

3　一九五五年の〈ザ・ファミリー・オブ・マン〉

一九四七年にMoMA写真部のディレクターに就任したスタイケンは、MoMA開館二五周年を記念する〈ザ・ファミリー・オブ・マン〉を企画する。世界各地で撮影された五〇〇枚以上の写真を、人間の誕生から、遊び、労働、結婚、争い、死など、人生の様々な局面を三二のテーマを連続させて展示した（図6）。

カタログの序文でスタイケンは「（この写真展は）写真芸術が思想に形態を与え、人間に対して人間を説明するのにきわめて有効な方法であることを証している。……すなわち、全世界を通じて人間は本質的に単一であるということを映す鏡としてである」[11]と述べているように、人類の普遍的ヒューマニズムを提示しようとした。同時に、有名・無名を問わず世界六八カ国から二八三人もの写真家の作品が一堂に会することによって、大戦終結後の世界平和という理想を謳うものでもあった。戦争写真と水爆実験のきのこ雲の写真の後に、展のクライマックスを飾るのは国連議会の写真と国連憲章である。

〈ザ・ファミリー・オブ・マン〉は国内巡回後、USIAによるアメリカの文化外交として、世界三八カ国を複数のヴァージョンで巡回するが、その規模と内容から世界に対してアメリカの優越性と繁栄を示威するものとなった。アメリカの貧困や差別や暴力の問題など、負の側面も見せることで、この国の公明正大さと表現の自由が証明されることとなった。この戦略は、イギリスのBBCに倣って、一九四二年にローズヴェルト大統領が始めたドイツ向け短波放送「アメリカの声（The Voice of America）」においてとられたとされるが[12]、それより前に大恐慌下のアメリカの貧困を視覚的にさらけ出した先述のFSA写真を範にしていると見る方が妥当であろう。

〈ザ・ファミリー・オブ・マン〉展は世界中で賞賛を浴び、九〇〇万人の入場者を集め、カタログは三〇〇万部を

図6　〈ファミリー・オブ・マン〉展示風景，MoMA（1955年）
出典：Mary Anne Staniszewski, *The Power of Display: A History of Exhibition Installations at the Museum of Modern Art*, MIT press, 1998, p.243.

売り上げるという成功を収めたが、その内容や展示方法に対しての批判も起こっている。

その筆頭がロラン・バルトである。一九五七年にパリで本展を見た彼は、まずエキゾティズムを超えた人間の形態学的な差異が肯定され、つぎにそのような多元論にも関わらず、人間の統一的な本性が引き出され、そこに神の意志が存在するという神話化が行われている点を指摘し、さらに労働というテーマで植民地労働者と西欧の労働者を同一視することの不公正さと歴史的観点の欠如を批判した(13)。その後、著名な批評家たちによって、〈ザ・ファミリー・オブ・マン〉はアメリカの中流階級文化に根ざしたクリシェや独りよがりであり、人間感情の搾取や写真家の軽視が行われている、等々の厳しい批判が続いた。

だが、モニク・ベルリエは、写真のコンテクストにおける歴史的事実やドキュメントの意味は、事実やドキュメントそのものの中に見出されるのではなく、観者が位置する社会的、文化的、政治的そして知的な環境のレベルの中に見出されるのであり、批評家と違って一般的な観客は、彼らの社会経験と結びついた大衆文化の中に見出される時を超えた真実や叙情や感情を〈ザ・ファミリー・オブ・マン〉に見出していると分析している。[14]

〈ザ・ファミリー・オブ・マン〉展の経験はいかなるものだったのか。後述するクレルヴォー城での展示での追体験では、MoMAよりもずっと入り組んだ城内は、空間面積が限られ、段差も多く、さらに屋根裏の近くでは視界に梁が入ってくる空間もある。だが、そのように身体的に働きかけられつつ、先が見通せない空間の中で、各々きわめて訴求力の強い写真群がサイズとフォーマットを変化させながら次々と展開する経験は、鑑賞者を圧倒し、写真を通して見る人々の姿に深い敬意の念を生じさせる。バルトを除いた多くの批判が、巡回展から約二〇年を経て出ていることに気付くと、それらは展覧会への反応ではなく、カタログを眺めることによって得られた省察ではないか、という推測におよぶ。

美術界だけでなく広告界や出版業界でも活躍していたスタイケンが、彼自身の社会経験に基づいて大衆に向けた理想像としてのメッセージは、大部分が「アメリカ合衆国」の理想像と重なるものであった。だが、事実として〈ザ・ファミリー・オブ・マン〉展は世界中の多くの大衆に感動的な経験を与え、魅了した事実だけでなく、批判という相手側の意見を引き出したがゆえに、冷戦期のパブリック・ディプロマシーの成功例であることに間違いはないのである。

4　クレルヴォー城の〈ザ・ファミリー・オブ・マン〉と第二次世界大戦の記憶

一九六〇年代にMoMAから〈ザ・ファミリー・オブ・マン〉と〈ザ・ビター・イヤーズ〉の写真パネルが寄贈されたものの、当時のルクセンブルクにはそれらを所蔵・展示する施設がなく、いくつかの場所に分かれて保管されていた。一九八七年から「スタイケン・コレクション」としてCNAが管理することになり、イタリアから修復チームを招いて劣化や損傷部分の修復が始められた。一九九一年に修復が完成したが、クレルヴォー城での公開は一九九二年にフランスのトゥールーズ、一九九三年から東京（青山ベルコモンズ）と広島（詳細は不明）で巡回展を経た後の一九九四年からであった。

二〇〇三年にユネスコの世界記憶遺産として認定された際、CNAのセンター長ジャン・バックによる推薦提案書には、先に挙げたバルトによる批判などを踏まえたうえで、こう述べられている。「しかし、我々はこの卓越したアメリカ人芸術家の伝説的な偉業を賞賛しなければならない。これは深い誠意と『人間を献身的に愛し、信頼する熱い精神』から生み出されたからである。[15]」

〈ザ・ファミリー・オブ・マン〉カタログのスタイケンによる序文から引用されたこの「人間を献身的に愛し、信頼する熱い精神」という言葉は素朴で単純明快に聞こえる、ところが、実際にクレルヴォー城を訪れると、その意味についての再解釈を迫る光景を目にする。城壁にそってカーブの坂道を上り、城門をくぐったところで目に入るのは、人々の顔写真を用いた〈ザ・ファミリー・オブ・マン〉の垂れ幕がかかった城であるが、城門のすぐ脇には米軍戦車、M4シャーマンが置かれているのである（図7）。「一九四四年一二月一七日の戦闘において、この城門でクレルヴォーを防衛した第九機甲師団の中で唯一生き残った戦車として知られている」という英語の碑があり、「CEBA（Cercle d'Études sur la Bataille des Ardennes アルデンヌの戦い研究会）」なる退役軍人を中心とした団体から、世界記憶遺産の認定と同じ二〇〇三年に献呈されたことが記されている。

ルクセンブルクでは、第二次世界大戦末期にドイツ占領軍と連合軍との間で激しい戦闘が繰り広げられた。なかでも映画にもなった〈バルジ大作戦〉を含む「アルデンヌの戦い」として歴史に残る熾烈な戦闘は、一二世紀に建てられたこのクレルヴォー城をも破壊した。ルクセンブルクはソ連とポーランドと除いた西側としてはオランダに次ぐ犠牲者を出し、国全体の建物の三分の一が破壊されるという大きな痛手を受けた。[16] 非武装永世中立国であったにも関わらず、両大戦の二度ともドイツの侵攻を受けている。国内には親独派も存在したが、第二次世界大戦時にナチス独軍によって占領された際には、その徹底したゲルマン化政策の反動として愛国精神が強まって独立運動が起こったため、それに対するナチスの抑圧はさらに暴力を増していった。そして一九四四年一二月に米軍と独軍とが雪中で激闘した末にルクセンブルクは解放された。

戦後に再建されたクレルヴォー城には、役場と観光案内所の他に、武器や軍服などの戦時資料を展示した「アルデンヌの戦い博物館（Musée de la Bataille des Ardennes）」が入居していた。第二次世界大戦はルクセンブルク人の集団的記憶として遺されており、その記憶の火を燃やし続けるCEBAのような団体がいくつも存在していて、毎年九月に行われる米軍による祖国解放と戦争犠牲者の記念行事に種々関与しているという[17]。一九九四年には戦後五〇年を記念する盛大な行事が相次いで開催されたが、クレルヴォー城での〈ザ・ファミリー・オブ・マン〉の開館が一九九四年であったのもそれに合わせたと考えられる。

城門脇のM4シャーマンもこのような第二次世界大戦の記憶を象徴しており、その歴史を省みるならば、「人

図7　クレルヴォー城の米軍戦車，M4シャーマン，クレルヴォー（2013年，筆者撮影）

間を献身的に愛し、信頼する熱い精神」とは、解放軍としてのアメリカと、それに対するルクセンブルクの信頼という関係を意味するとも解釈できるのである。[18]〈ザ・ファミリー・オブ・マン〉がアメリカの外交手段であったように、クレルヴォーでのそれも、アメリカに対するルクセンブルクの外交手段であると考えることができよう。

5　〈ザ・ビター・イヤーズ〉のＦＳＡ写真とルクセンブルクの人々

先述のように〈ザ・ビター・イヤーズ〉はスタイケンのＭｏＭＡでの活動を締めくくる最後の写真展であるとともに、ＦＳＡ写真再評価のきっかけとなった写真展である。戦後の好景気に沸くアメリカでは、大恐慌の苦難はほとんど省みられなかった。加えて、トルーマン政権の冷戦政策のなかで核戦争の脅威と重ねられた「共産主義の脅威」から、一九五〇年代にはマッカーシズムが吹き荒れた。「赤狩り」は、一九三三年に初めてソ連を国家として認め、社会主義的改革案を遂行したニューディーラーたちにも向けられた。[19]そのような風潮のもとでニューディール政策の申し子であるＦＳＡ写真への関心も抑制されていたと考えられよう。

しかし、スタイケンは、一九六二年の〈ザ・ビター・イヤーズ〉（図８）で二〇八枚ものＦＳＡ写真を、災害、小作農、立ち退き、路上、テント、老齢、無職、英雄的な女性たち、等の一五テーマで展示し、ＦＳＡ写真プロジェクトを指揮したストライカーと写真家たちに捧げた。[20]同時期にＭｏＭＡでは一九三八年のウォーカー・エヴァンスの写真集を再版する。さらに一九六五年にドロシア・ラングが、一九六九年にベン・シャーンが没したことで、彼らの回顧展が各地で開催され、ＦＳＡ写真再評価の気運は次第に高まっていった。

カタログの序文で「今こそ『苦渋の時代《ビター・イヤーズ》』が思い起こされ、新しい世代に意識させる時が来たと私は信じている。新しい世代は彼らなりの問題を持つが、そのほとんどは大恐慌からの脱却を可能にした忍耐と不屈の精神を知らない」[21]とスタイケンが述べているように、この時期は「強く富めるアメリカ」として繁栄の影に潜んでいた社会の矛盾

図８　〈ザ・ビター・イヤーズ〉展示風景，MoMA（1962年）
出典：Françoise Poos ed., *The Bitter Years: Edward Steichen and The Farm Security Administration Photographs*, d·a·p, 2012, p.9.

が、公民権運動やフェミニズム運動やニュー・レフトによるベトナム反戦運動というかたちで吹き出してくる時代でもあった。アラン・トラクテンバーグは「六〇年代という時代環境のなかで、多数の学生たちは一九三〇年代こそがラディカルな思想の伝統のひとつの起源だという思いに駆られ、エヴァンスの小作農民やラングの移住労働者の姿にＦＳＡが弱者の代弁者たらんとする意図のもとにキャンペーンを行っていたと思えたのだろう」と分析する。(22)

ＦＳＡ写真のヒューマニズムと〈ザ・ファミリー・オブ・マン〉のそれとの間に通底するものがあることはしばしば指摘されている。ただし、〈ザ・ファミリー・オブ・マン〉が複雑な文化的・政治的・歴史的状況にある全世界を『ライフ』誌を典型とするアメリカ中流階級の眼を通して表象したために先の批判に見るような軋轢をも生み出してしまった。つまり〈ザ・ファミリー・オブ・マン〉は「世界一家としての家族アルバム」にはなれなかったのである。だが、〈ザ・ビター・イヤーズ〉は事情が異なる。ストライカー自身も、また彼を写真プロジェクトに抜擢した元ＦＳＡ局長でニューディール政策の実践者であったレクスフォード・タグウェルもともに農家の出身であり、農民の苦悩を熟知していた。またルクセンブルクの農家からの

図 9　製鉄所の溶鉱炉（右手奥の給水塔が現ヴァーサートゥエルム），デュドランジュ（1956 年）

出典：*Ibid.*, p.42.

移民であるスタイケンも、写真活動の傍ら農園で花苗栽培を続けていたことが知られているように、彼らの出自を担保としつつ、アメリカ国民に向けてアメリカ農民の過去の姿を提示した〈ザ・ビター・イヤーズ〉は「アメリカの家族アルバム」たりえたのである。

デュドランジュの〈ザ・ビター・イヤーズ〉はどうだろうか。ヴァーサートゥエルムの学芸員ガブリエラ・デル・ファブロ氏に、時代も場所も環境も異なるＦＳＡ写真をルクセンブルクの人々はどう受けとめているのか質問したところ、氏の答えは、ルクセンブルクには幸いにして深刻な自然災害はないが、経済状態が安定したのは近年のことで、それまで国民の多くを占める農民の暮らしは貧しかったことと、ルクセンブルクには移民が多く、ＦＳＡ写真がとらえた移動農民の姿に自らの移民の歴史を重ねて見ることができるというものであった[23]。

ルクセンブルクの産業の歴史を紐解けば、産業革命以後に製鉄業が誕生するが、農業改革は進まなかったため、一九世紀後半に大量の農民たちがアメリカとフランスに移民した。代わって製鉄業の労働者として、鉱山や製鉄所での厳しい労働を厭わないドイツ人とイタリア人の大量移入があった。ルクセンブルクの製鉄業を牽引した鉄鋼会社ＡＲＢＥＤ（現在は合併を経て世界最大のアルセロール・ミッタル）創業の地がデュドランジュで、ここには巨大な製鉄工場とぼた山があった。その近代産業の遺跡として唯一残されているのが、ヴァーサートゥエルム＋ポムハウスなのである（図9）。

デル・ファブロ氏は給水塔の上から見晴らせる場所に密集する小さな家屋群を指し、二〇世紀の初頭からそこにはARBED社で働く移民労働者の家族が数多く住んでいたこと、彼女の祖父もイタリアからの移民であったことを話してくれた(24)。第二次世界大戦後には戦争で失われた労働人口を埋めるようにポルトガルからの移民が急増し、EUの中枢機関が集まる現在も人口の半数近くを国外出身者と外国人定住者が占めているという。アメリカは文字通りの移民大国であるが、ルクセンブルクも「小さな移民大国」なのである。

おわりに

ここまで述べてきたことをまとめると、一九世紀後半にルクセンブルクからアメリカに渡った移民の一人であるスタイケンは、自らの写真を洗練された芸術に高めたが、ニューディール政策が生み出したFSA写真のヒューマニズムと組織化、およびフォトジャーナリズムの方法論を発展させた〈ザ・ファミリー・オブ・マン〉でドキュメンタリー写真と大規模展覧会の表現力を飛躍させた。〈ザ・ファミリー・オブ・マン〉は冷戦期アメリカの文化外交として世界を巡回するが、批判も生み出した。だが、批判を含む意見交換がパブリック・ディプロマシーの目的であるがゆえにそれは成功と見なせる。さらにスタイケンは彼の最後の企画展である〈ザ・ビター・イヤーズ〉で、FSA写真再評価をもたらすとともに、大恐慌の苦難の時代を古き良きアメリカとして回顧させた。

その後、スタイケン・コレクションとしてルクセンブルクに寄贈された二つの写真展はクレルヴォーとデュドランジュにある二つの歴史的建造物をリノベーションした美術館に常設されることになった。それらはスタイケンによるアメリカの写真展を保存し再現するだけでなく、〈ザ・ファミリー・オブ・マン〉は第二次世界大戦の記憶とアメリカとルクセンブルクの親密な外交関係を、〈ザ・ビター・イヤーズ〉は近代ルクセンブルクの製鉄産業と移民の歴史を重ねているのである。

二〇一三年の夏、ポムハウスでは、デル・ファブロ氏による企画展〈ジェニファーズ・ファミリー〉が開催されていた。ニューヨーク近郊に住むプエルトリコ移民の一家を、その一家の母親ジェニファーと同じ年齢のドイツの女性写真家ルイザ・マリー・ズマーが密着して撮影したもので、写真とともに展示されていたジェニファーと家族による率直な文章が、彼らの心情をきめ細かに伝えていた。現代でも変わらず存在する移民や低所得層の問題と個々の家庭が内部に抱える問題を、被写体の家族、撮影者、鑑賞者、それぞれの置かれている立場や環境や人種の違いを前提に置きながら「ある家族の姿」として表現されていた。

展示規模とアプローチ方法は異なるものの〈ジェニファーズ・ファミリー〉は、「家族」テーマにしている点で〈ザ・ファミリー・オブ・マン〉とつながり、社会の底辺にいる一家の生活をとらえている点でＦＳＡ写真の系譜を継ぐドキュメンタリーと見なせる。このことは、ＦＳＡ写真とスタイケンがテーマにした問題は現代にも変わらず存在していること、そして、その問題意識は国や時間を超えて共有可能であるし、共有しなければならないことを見る者に訴えているのである。

付記

本論は、平成二五年度科研費（課題番号２５３７０１９１）による研究成果の一部である。

註

（１）Jean Back, "Vintage point: 'The Bitter Years' reconsiderd", in Françoise Poos ed., *The Bitter Years: Edward Steichen and The Farm Security Administration Photographs*, d:a:p, 2012, p. 8.

（２）渡辺靖『文化と外交――パブリック・ディプロマシーの時代』中央公論新社、二〇一一年。

（3）拙稿「〈アメリカ写真〉の誕生——ＦＳＡ写真とニューヨーク近代美術館」（『民族藝術』第三〇号、二〇一四年、一一八頁）を参照されたい。
（4）ＦＳＡは一九三五年に設置された大統領直轄の再入植局（Resettlement Administration）を前身とし、一九三七年に農務省内の農業保障局（Farm Security Administration）へと改編された。よって実際にはＲＡとＦＳＡという表記が混在するが、本論では便宜上ＦＳＡに統一する。
（5）Library of Congress, Farm Security Administration/Office of War Information Black-and-White Negatives. 2013.10.30 <http://www.loc.gov/pictures/collection/fsa/>
（6）Finnegan, Cara A., *Picturing Poverty: Print Culture and FSA Photographs*, Smithsonian Books, 2003, pp. 53-6.
（7）Hurley, F. Jack, *Portrait of a decade: Roy Stryker and the Development of Documentary Photography in the Thirties*, Da Capo Press, 1977, p. 162.
（8）Edward Steichen, “The FSA photographers”, in *U.S. Camera Annual 1939*, William Marrow, 1938, pp. 43-45.
（9）Eric J. Sandeen, *Picturing an Exhibition: The Family of Man and 1950s America*, Univ. of Mexico Press, 1995, pp. 43-50.
（10）Christopher Philips, “Steichen's ‘Road to Victory’”, in *Public Photographic Spaces: Exhibitions of Propaganda, from Pressa to The Family of Man, 1928-55*, Museu d'Art Contemporani de Barcelona, 2008, p. 372.
（11）Edward Steichen, “Introduction by Edward Steichen”, in *The Family of Man*, MoMA, 1955, renewed 1983, p. 3.（エドワード・スタイケン「まえがき」、『人間家族 The Family of Man』ニューヨーク近代美術館、冨山房、一九九四年、三頁）
（12）佐藤卓己・渡辺靖・柴内康文編『ソフト・パワーのメディア文化政策』新曜社、二〇一二年、一二三頁。
（13）ロラン・バルト「人類という大家族」、『ロラン・バルト著作集３　現代社会の神話　１９５７』（下澤和義訳）、みすず書房、二〇〇五年、二八九—二九四頁。初出は *Les Lettres nouvelles*　一九五六年三月。
（14）Monique Berlier, “The Family of Man: Reading an Exhibition”, in Bonnie Brennen and Hanno Hardt eds., *Picturing the Past: Media, History & Photography*, Univ. of Illinois Press, 1999, p. 230.
（15）Jean Back, “Memory of the World Register Nomination Proposal” in UNECSO Memory of the World. 2013.10.30. <http://www.unesco.org/new/en/communication-and-information/flagship-project-activities/memory-of-the-world/register/full-

list-of-registered-heritage/registered-heritage-page-3/family-of-man/>

（16）ジルベール・トラウシュ『ルクセンブルクの歴史——小さな国の大きな歴史』（岩崎允彦訳）刀水書房、一九九九年、一七二頁。

（17）同書、一七三—一七四頁。

（18）ルクセンブルクは現在も自国の軍隊を持たないが、一九四九年に北大西洋条約機構（ＮＡＴＯ）に加盟し、ＮＡＴＯ軍として国際平和維持活動にも参加している。前田朗「軍隊のない国家㉕　ルクセンブルク大公国」、『法と民主主義』No. 426、二〇〇八年、六五—六九頁参照。

（19）共産主義者への弾圧を告発する絵画を発表していたベン・シャーンも一九五九年に非米活動調査委員会の喚問を受けている。Mora, Gilles; Brannan, Beverly, *FSA: The American Vision*, Harry N. Abrams, 2006, p. 352.

（20）この写真展に併せて、ＭｏＭＡではストライカーとベン・シャーン、アーサー・ロススタイン、ラッセル・リーの三人の写真家を招いてシンポジウムも開催された。ＭｏＭＡのサイトで公開されているアーカイブより。MoMA. PRESS RELEASE ARCHIVES. 2013.10.30. <http://www.moma.org/docs/press_archives/3067/releases/MOMA_1962_0126_122.pdf?2010>

（21）Edward Steichen ed., *The Bitter Years, 1935-1941: Rural America as seen by the photographers of the Farm Security Administration*, MoMA, 1962, p. iii.

（22）アラン・トラクテンバーグ『アメリカ写真を読む——歴史としてのイメージ』（生井英考・石井康史訳）白水社、一九九六年、四一二頁。

（23）二〇一三年七月二七日、ヴァーサートゥエルム＋ポムハウスでのDaniela Del Fabbro氏へのインタビューから。コレクションについての貴重な情報とお時間を頂戴しましたことに謝意を表します。

（24）以下の文献によると、この製鉄所で働く労働者の七〇％がイタリア人であったという。See. Antoinette Lorang, "The Château d'Eau: A Water Tower as Cultural Reservoir" in Poos ed., *op.cit.*, pp. 42-47.

4

芸術における周縁的なものと人間の生

――「限界芸術」の概念を手がかりに――

三木順子

はじめに

芸術は古くから、その在り方に即して様々なジャンルに分類され概念化されてきた。芸術と生活の関係を尋ねるときにまず思い起こされるのは、一八世紀から一九世紀にかけての西欧で、「純粋芸術 fine art／pure art」と対をなすジャンル概念として定着した「応用芸術 applied art」であろう。純粋芸術の場合、その意義と価値は、実生活から切り離されたことところに成り立つ美的な自律性に求められる。これに対して応用芸術は、一定の用途を持ち、実際に生活に適用されうることこそを特徴とする。作品の「実用性」が芸術と生活を媒介していた。

二〇世紀に入ると、芸術と生活との媒介項は、多くの人に広く馴染む「大衆性」に求められることとなる。展覧会やコンサートといった特別な場と時において享受される純粋芸術に対して、日常的に親しまれる通俗的な映画やコミックが「大衆芸術」と呼ばれるようになる。純粋芸術がエリート文化としてますます先鋭化する一方で、マス・メディアの発達に伴って増大する多種多様な大衆芸術が都市空間に溢れる。(1) 大衆芸術は、必ずしも実質的な用途をもつわけではない。それらは余暇や娯楽として消費され、生活を鮮やかに彩る。

一九八〇年代に至ると、しかし、芸術と生活の関係は大きな変化を迎えることとなる。モダニズムにおいて顕著であった、伝統や慣習に対立しようとする感覚は失われていき、芸術は、様々な時代や地域の様式を自由自在に引用しはじめる。同時に、これまでは芸術とは異質なものとみなされていたサブ・カルチャーやカウンター・カルチャーもが、芸術に積極的に流用されるようになる。(2) ありとあらゆる要素が、いずれも同等の権利を主張しながら混在するポスト・モダン的な状況のなかで、価値の多元化と平準化が進み、いまや、生活のなかでなにげなく食されるたんなるキャンディ・バーでさえ、芸術として美術館に展示されうる。分析哲学者のアーサー・ダントは、このような状況を「何でもあり anything goes」(3) と特徴づけた。キャンディ・バーが芸術たりえるのは、それが、なんらかの特別な質を備えているからではない。むしろ、画廊や美術館や批評といった社会的な制度、つまりダントのいう「アートワールド」(4) が、キャンディ・バーに「芸術」という文脈を付与しているのである。芸術として制作されるものと、生活空間のなかに流布しているものとの間に、必ずしも、質的な区別が求められるわけではなくなった。芸術概念は際限なく拡張され、それゆえに曖昧化していく。

さらにいえば、近年では、芸術を芸術たらしめる制度そのものが、以前ほどの安定性を持ちえなくなったように思われる。美術館に代表される従来の制度は、もっぱら公共の機構として、一定の秩序と制約のもとに運営され機能してきた。(5) だが、コミュニケーション・ツールとしてのインターネットが技術的に向上し普及して以来、完全に個人の裁量に任された形での芸術の表現と享受が許されるようになった。気の向くときに気の向くままにインターネットを利用するという、ごく日常的な所作が、そのまま連続的に芸術的な行為へと延長されていく。芸術と生活の区別の無化はさらに助長され、「なにもかもが芸術で、誰もかもが芸術家だ」と言い放ったところで、もはや新鮮な驚きさえない。

だが、このような一連の変化を辿り、芸術概念の拡張と曖昧化の功罪を云々するだけでは十分とはいえまい。というのも、芸術のみならず生活もまた、個人の好みに応じた様々なスタイルを許容する「何でもあり」の様相を示しているからである。芸術と呼ばれるものと気ままに結びついた生活を謳歌することは、いまや容易い。だが問題は、その容易さゆえに、そもそもなぜ芸術を求めるのかを省みることがなおざりにされている点である。人間が生きることにおいてなぜ芸術が必要となるのかという古くからの問いが、今日、改めて重要な意味を持つように思われる。探られるべきは、ダントのいうような、制度によって外側から条件づけられる芸術ではなく、生きる営みのなかで内発的に求められ醸成される芸術の在りようである。

そう考える時、鶴見俊輔（一九二二―　）の「限界芸術」の概念が、有意義な手がかりを与えてくれるように思われる。鶴見は、従来のいずれのジャンル概念からも取りこぼされてきた、芸術の最も周縁的な領域に目を向け、それを、芸術と生活との境界上に位置する「限界芸術 marginal art」と呼ぶ。限界芸術とは、芸術が、芸術という概念や制度にいまだ組みしない、いわば原初的な生《なま》のままの状態で人間の生活と繋がっているありさまにほかならない。本稿は、これまでその全体について詳しく議論されることのなかった鶴見の限界芸術論を読み解き、そこで示唆される、人間の生と芸術とのあるべき結び付きを明るみにだすとともに、そうした結び付きのアクチュアリティを尋ねようとするものである。

1　限界芸術の定義
――問題の所在――

まず、限界芸術が、どのように定義されているのかを確認することからはじめよう。鶴見は、一九六〇年に発表した論考「芸術の発展」(6) において、芸術を、「純粋芸術」「大衆芸術」「限界芸術」の三つのジャンルに分類し、次のように述べる。

今日の用語法で「芸術」とよばれている作品を「純粋芸術」（Pure Art）とよびかえることにし、この純粋芸術にくらべると俗悪なもの、非芸術的なもの、ニセモノ芸術と考えられている作品を「大衆芸術」（Popular Art）と呼ぶこととし、両者よりもさらに広大な領域で芸術と生活との境界線にあたる作品を「限界芸術」（Marginal

Art）と呼ぶことにしてみよう。

純粋芸術は、専門的芸術家によってつくられ、それぞれの専門種目の作品の系列にたいして親しみをもつ専門的享受者をもつ。大衆芸術は、これもまた専門的芸術家によってつくられはするが、制作課程はむしろ起業家と専門的芸術家の合作の形をとり、その享受者としては大衆をもつ。限界芸術は、非専門的芸術家によってつくられ、非専門的享受者によって享受される。(7)

三つのジャンル概念は、作り手と享受者のそれぞれが、芸術に専門的に携わる者であるか否かによって区別される。第一に挙げられる「純粋芸術」は、芸術家によって制作され、エリートの愛好家によって、美術館や劇場といった特定の場において享受される。第二に挙げられる「大衆芸術」は、芸術家やデザイナーやプロデューサーによって制作され、消費社会のなかに流通し、不特定多数の大衆に向かって提供される。その典型は、デザイン製品や娯楽メディアに求められよう。第三に挙げられるのが「限界芸術」で、この場合、作り手も享受者も専門家ではない。

鶴見によれば限界芸術は、二重の意味で純粋芸術や大衆芸術に先んじる。限界芸術は、一方では、アルタミラの壁画のように文明の成立以前にすでに発生していたもので、系統図的にいえば、後に純粋芸術や大衆芸術を生みだす母体となる。もう一方でそれは、新聞紙でつくったカブトや奴ダコやコマのように、人間が生まれて成長していく過程の早い段階で体験されるもので、純粋芸術に向かおうとする者も、大衆芸術に向かおうとする者も、必ず、まず限界芸術の体験を経ることとなる。このような鶴見の説明を踏まえるならば、限界芸術とはすなわち、純粋芸術や大衆芸術を支えるとともに、それらが生まれ出るベクトルをすでに内包する、広い裾野のようなものであると定義することができよう。

ところで鶴見は、この論考「芸術の発展」の末尾において、それが未完のままに終わっていることをことわり、書き進める予定であったことの覚え書きを、「芸術の体系」と題する表（次頁）にまとめて添えている。また、後にこの論考は、『限界芸術』あるいは『限界芸術論』という表題のもとに編集された鶴見の著作集(8)に度重なり再録されるが、それらの著作集では、限界芸術を主題とするのはこの「芸術の発展」の一編のみで、その他の収録論考は、いずれもみな大衆芸術に関するものであった。そのような事情も手伝って、これまで、鶴見の論考「芸術の発展」については、もっぱら限界芸術の定義に関する部分のみが取り上げられ、その定義を援用して現代の新動向を記述したり(9)、メディア時代の大衆文化のなかに限界芸術的な性格を見て取ったり(10)、鶴見自身が表に掲げた限界芸術の具体例を分析することに力が注がれてきた(11)。

芸術の体系

芸術のレヴェル／行動の種類	限界芸術	大衆芸術	純粋芸術
身体を動かす →みずからのうごきを感じる	日常生活の身ぶり、労働のリズム、出ぞめ式、木やり、遊び、求愛行為、拍手、盆おどり、阿波おどり、竹馬、まりつき、すもう、獅子舞	東おどり、京おどり、ロカビリー、トゥイスト、チャンバラのタテ	バレー、カブキ、能
建てる →住む、使う、見る	家、町並、箱庭、盆栽、かざり、はなお、水中花、結び方、積木、生花、茶の湯、まゆだま、墓	都市計画、公園、インダストリアル・デザイン	庭師のつくる庭園、彫刻
かなでる、しゃべる →きく	労働の合の手、エンヤコラの歌、ふしことば、早口言葉、替え歌、鼻唄、アダナ、どどいつ、漫才、声色	流行歌、歌ごえ、講談、浪花節、落語、ラジオ・ドラマ	交響楽、電子音楽、謡曲
えがく →みる	らくがき、絵馬、羽子板、しんこざいく、凧絵、年賀状、流灯	紙芝居、ポスター、錦絵	絵画
書く →読む	手紙、ゴシップ、月並俳句、書道、タナバタ	大衆小説、俳句、和歌	詩
演じる →見る、参加する	祭、葬式、見合、会議、家族アルバム、記録映画、いろはカルタ、百人一首、双六、福引、宝船、門火、墓まいり、デモ	時代物映画	文楽、人形芝居、前衛映画

出典：『鶴見俊輔論集　6』筑摩書房，1991年，60頁

だが、実際のところ、鶴見の論考で限界芸術の定義について述べられるのは、「限界芸術の理念」と題された冒頭のごく短い章においてであり、また、限界芸術が具体的に列挙されるのも、末尾の表の中のみである。この論考が目指すのは、たんに、新しいジャンル概念として限界芸術を打ち出し、多くの事例を示すことではない。むしろ、紙面の大半を割いて論じられるのは、限界芸術と呼べるような事象にすでに関心を向けていた先行者たちについてであり、

彼らがどのような観点から限界芸術にアプローチしていたのかである。さしあたって必要なのは、鶴見の論考の全体を読み解き、未完に終わったものであるにせよ、それが一貫して目指していたといえるような方向性を明るみにだすことである。

2　限界芸術の位相
——三つのアプローチ——

限界芸術という概念をいまだ持ちえてはいないものの、限界芸術と呼べるような事象に関心を向けた先行者として鶴見が取り上げるのが、柳田國男、柳宗悦、そして宮澤賢治の三人である。鶴見は、各々のアプローチの観点を特徴づけながら、その意義と問題点を吟味していく。

(1) 歴史と保存——柳田國男の民俗学研究

鶴見は、柳田國男（一八七五—一九六二）がその民俗学研究の対象としていた、地方の村に伝わる民謡や盆踊りに、限界芸術の典型的な在り方をみいだす。柳田の研究においては、民謡そのものだけでなく、民謡が歌われる場や文脈や、歌の伝承のされ方の全体へと目が向けられている。限界芸術としての民謡は、たんなる歌ではなく、それを歌い伝承する主体としての集団生活のあり方を反映するものにほかならない。

農村や漁村など、労働によって集団の単位と構成が規定されていた地域では、民謡の多くは、労働に携わる際に歌われた作業歌であった。作業歌には、歌詞の言葉の意味が曖昧化しているものが多くみられる。その曖昧さは、作業というコンテクストに他のコンテクスト——例えば恋愛のコンテクスト——が掛け合わされた痕跡であり、労働に、ゆとりと遊びが紛れ込んだことを意味する。芸術の起源が遊びのなかに認められることは、すでに、エルンスト・グローセ[12]やヨハン・ホイジンガ[13]らが指摘しているが、鶴見はさらに、その場合の遊びが、純粋な遊びではなく、あくまでも労働に付属するかたちで現れる遊びである点を強調する。

芸術は遊びに源を持つというのが、グローセ以来の説であるが、食物を獲得するとか、住居を作るとか、衣服をつくるとかの実際的な諸活動から切りはなされたものとして純粋の遊びがあって、それが最古の芸術であったというのではない。衣食住を確保する実際的な諸活動（労働）の倍音として、それらをたのしいものとする活動（遊び）があり、労働の中にはっきり遊びがあらわれるにしたがって、たとえば狩りの目的を魔術的によび出すための準備活動としてアルタミラの壁画があらわれるように限界芸術があらわれ、それらが、芸術の最古の形式となったと考えられる[14]。

柳田もまた、民謡には、宴会の席で歌われる宴会歌や子供が鞠つきをしながら歌う手鞠歌といった様々な形式がみられるが、作業歌を最もオーソドクスな民謡とみなすことができると考えていた[15]。作業歌が近代において消滅していったことは、近代以前の労働が、大部分が歌を伴うことで楽しくすることができる性質のものであったのに対して、明治期の工場での労働が、歌をともなうことの不可能な性質のものとなったことを裏付けるものにほかならない。

柳田の民俗学研究が扱う限界芸術では、民謡や盆踊りにせよ、カタツムリ、マイマイ、デンデンムシなどの呼び名[16]にせよ、それを実践し、伝承し、享受するのは、同じ場でともに生活を営む一つの集団であった。いわばそれらは、演じる者と観る者が同一である点に特徴を持つ。この特徴が、最も濃密な意味をもつこととなるのが「祭り」だといえよう。

祭りとは、集団全体が主体となって、みずからの集団生活を客体として顧みて、祝福することにほかならない。平常はアクセントなく流れている集団生活が、限定された短い時間のうちに凝縮され、集約的に表現される。同時にそれは、かけ声や歌といった言語的なもの、化粧や面や神楽といった造形的なものなど、あらゆる種類の限界芸術が出そろう場でもある。鶴見は、映画が総合的大衆芸術であるならば、祭りは総合的限界芸術であるとする。さらに、祭りの日にのみ許されていた化粧や面や神楽が、祭り以外の平常時にも許され、特別の専門家によって実践され続ける時、それらは、純粋芸術や大衆芸術へと展開していくこととなる。祭りは、限界芸術が、純粋芸術や大衆芸術に先立ち、それらを生みだす母体となることをも端的に示している。

しかし、大正期を経て昭和にはいって以降、祭りという慣わしは急速に衰退していくこととなる。観光客を集め、スペクタクル・ショー化し、演じる者と観る者が分離してしまった祭りは、もはや従来の意味での祭りとはいえない。柳田はその晩年に、土地の人々だけを集めてこっそりと行われる小祭を復興し保存することを提案する。(17) しかし、鶴見は、このような提案に批判的である。それは、祭りの衰退が、そもそもは、祭りの内実である集団生活が解消したことに根を持つことを理解していたからにほかならない。鶴見は、柳田の研究を、限界芸術の歴史へのアプローチとして評価する。だが、その一方で鶴見は、そうしたアプローチが、限界芸術の内実を欠いた形式的な保存の欲求へと転化する危険を、鋭く見抜いていたといえよう。

(2) 批評と憧憬——柳宗悦の民藝運動

柳宗悦（一八八九—一九六一）の活動は、朝鮮民族美術館や日本民藝館の設立、「雑器の美」などの評論の執筆、雑誌『工芸』の刊行、工芸品の蒐集、木喰上人の木彫仏の再評価など多岐に渡るが、限界芸術という観点からみたときに特に興味深いのは、民藝運動の一環として展開される茶道の評価と批判である。

柳は、日本の茶道で重宝される器が朝鮮の李朝の無名の陶工たちのつくったものであることに注目する。貧しい無名の陶工が、その日の生活を支えるために、なんの芸術的な意図や抱負を抱くことなく大量に生産した雑器は、鶴見の考える限界芸術に近い。柳は、まず、そのような雑器に良さをみいだし使うことにきめた茶人の眼を評価し、さらに、それを実際に用い続ける歴史のなかで、その用い方を、器に即した、無駄のない、必然的で、誰が用いたとしてもそう用いるしかないというレベルにまで深め、ひとつの型として定着させたことを評価する。

只うまく用いたというようなことではない。又用い方をよく心得ていたというぐらいのことでもない。用い方が法則にまで入ったのである。彼らが用いる如く用いずば、用いていると云えない迄にして了ったのである。（中略）物を正しく用いれば、誰でも彼等が用いたその用い方に帰るのを見いだすであろう。彼等の用い方は只彼等だけの用い方ではない。用い方が彼等で型にまで高まったのである。（中略）

それも型を考えて、『茶』をそれに当て嵌めたのではない。用ゆべき場所で、用ゆべき器物を、用ゆべき時に用いれば、自ら法に帰っていく。一番無駄のない用い方に落ちつく時、それが一定の型に入るのである。型は謂わば用い方の結晶した姿ともいえる。煮つまる所まで煮つまった時、ものの精髄に達するのである。それが型であり道である。[18]

柳は、しかし、このように極められた道具の用い方が、やがて、裕福な人々の茶室の内部だけに閉じられ、権威化され、形骸化されていくことを厳しく批判する。むしろ茶室の外の、人間の実生活における用いられ方の洗練を考えたいと柳はいう。この点で柳は、限界芸術が限界芸術として生き続けることのできる条件を、的確に理解しているといえよう。鶴見は、柳による茶道の評価と批判を、限界芸術の優れた批評とみなす。

だが、その一方で鶴見は、柳の活動のなかに一つの失敗を指摘する。柳は一九二七年に、京都で「上加茂民藝協団」を発足させる。[19]それは、工芸家たちが同じ場所に住まい集団で制作する、一種のギルドの構想であった。だが、その試みは長くは続かず、協団は二年で解散することとなる。鶴見は、集団制作のためには、柳が理想として憧れたヨーロッパの中世のギルドがそうであったように、集団を束ねる宗教的な信仰や道徳が必要だと指摘し、もし今日、ギルドが成立するとすれば、それは、近代化の進む都市においてではなく、むしろ、前近代的な思考と生活形態が存続している地方においてではないかと示唆する。

上加茂民藝協団には、バーナード・リーチ、富本謙吉、河井寛次郎、浜田庄司といった陶芸家も在籍していた。制作に専門的に携わる者が参加した協団は、厳密な意味においては限界芸術の試みだとはいえまい。だが、鶴見があえてこれに言及していることには、理由があるように思われる。近代以前の世界では、芸術の実践に先立つ生活の次元において、すでに集団が形成され、そこでは、集団を一つに束ねる原理が強固に機能していた。その原理とは、多くの場合は宗教的なもので、人間が個人でコントロールすることのできない超越的な強制力をもって集団に働きかける。柳田國男が民俗学研究で調査した漁村や農村は、共通の労働を基盤とする生活集団であったが、同時にそれは、氏神の土着的な信仰によって束ねられた宗教的な共同体でもあった。小祭も、そもそもは宗教的な儀礼である。近代以降、宗教意識が薄れ、共同体を束ねる原理がかつてほどの強制力をもたなくなっていく。小祭の保存に対する鶴見の批判は、共同体なき祭りや、宗教なき儀礼が、果たして本当の意味での保存たりうるのかという疑問にほかならなかった。同様に、上加茂民藝協団の理想と憧憬に対する批判は、中世の宗教に代わって、近代の芸術が、共同体を束ねる新たな原理となりえるのかという疑問を意味している。

鶴見の批判は、柳田に対しても柳に対しても、一貫した方向性をもってなされている。

(3) 創作と展望──宮澤賢治の「農民芸術」

宮澤賢治（一八九六─一九三三）の活動もまた、詩と童話の創作、農学校の教師、宗教家、農業肥料を扱う技術者など、多岐に渡る。それらのなかで、限界芸術への自覚的な取り組みとみなされるのが、一九二一年から勤めた花巻農学校での理科の教員としての活動と、一九二六年にそこを退職して設立した「羅須地人協会」での活動である。

農学校で上演された学校劇や学校歌は、演劇や音楽の専門家ではない生徒らのために、同じく演劇や音楽の専門家ではない宮澤が脚本を書いたり作曲したりするという点で、限界芸術の典型的な実践とみなすことができる。また、「羅須地人協会」では、宮澤は農作業に携わり自給自足の生活を送りながら、夜間は、農業指導や肥料設計をボランティアで行うとともに、農民に、エスペラント語や、みずからが「農民芸術」と呼ぶものについての講義を行った。宮澤の記した「農民芸術概論綱要」は、羅須地人協会での講義のテキストとして使用されたものである[20]。それは、専門的な芸術家ではない農民が、芸術の実践者となることの意義と可能性を論じたものであり、一つの限界芸術論としての性格を持つ。

宮澤の考える農民芸術とは、しかし、厳しい農作業に規定された日常の状況からの、束の間の逃避や気晴らしなのではない。むしろそれは、実生活を力強く肯定することからはじまる。

農民芸術とは宇宙感情の　地　人　個性と通ずる具体的なる表現である／そは直観と情緒との内経験を素材としたる無意識或は有意の創造である／そは常に実生活を肯定しこれを一層深化し高くせんとする[21]。

（中略）

世界に対する大なる希願をまづ起せ／強く正しく生活せよ　苦難を避けず直進せよ／感受の後に、模倣、理想化、冷く鋭き解析と熱あり力ある綜合と／諸作、無意識中に潜入するほど美的の深と創造力はかはる／機により興会し胚胎すれば製作心象中にあり／練意しまって表現し　定案成れば完成せらる／無意、識即から溢れるものでなければ多く無力か詐偽である／髪を長くしコーヒーを呑み空虚に待てる顔つきを見よ／なべての悩みをたきぎと燃やし　なべての心を心とせよ／風とゆきさし　雲からエネルギーをとれ[22]

職業芸術家は一度亡びねばならぬ／誰人もみな芸術家たる感受をなせ／個性の優れる方面に於て各々止むなき表現をなせ／しかもめいめいそのときどきの芸術家である／創作自ら湧き起り止むなきときは行為は自づと集中される／そのとき恐らく人々はその生活を保証するだらう／創作止めば彼はふたたび土に起つ[23]。

農民芸術の実践は、生活を保証すること、つまり、生活をこれまでよりも、一層確かで濃密でリアルなものとして実感し直すことに繋がる。芸術は、実生活を肯定し、それをより深く高いものに向かって変革し、より良く生きる可能性を見いだす行為にほかならない。そこで必要なのは、わざとらしい工夫や大げさな構想にふけることなどではない。むしろ重要なのは、自然のエネルギーを、農作業の時とは異なる仕方でじかに感じ取るすがすがしさである。感じ取ったものに、冷静に、なおかつ熱意をもって集中すれば、おのずと表現すべきものがわき起こる。それは、しかし、日常に、何か異質なものを引き込んでくることではない。むしろそこでは、生活なかにすでにあるものが、日常とは別の仕方で捉えられ、生活の営みのなかに深く根ざしつつも、新たな方向性を帯びるものとして価値づけられることとなる。

鶴見は、宮澤のこのような理念の実現を、宮澤が引率した花巻農学校の修学旅行の中に読み取ろうとする。宮澤は、一九二四年五月に、北海道への九日間の修学旅行を引率し、その記録を「修学旅行復命書」に残している[24]。そこには、何を見、それにつてどのように生徒と話したかが記される。鶴見は、宮澤が、北海道で何を見るにしても、いつもそれを花巻での日常生活や労働のあり方と引き比べている点に注目する。札幌ビール工場を見学すれば、そこでの労働の工業的オートメーション化を、農業に応用することの是非や困難が省みられ、農業の将来に思いが向かう。北海道帝国大学農学部の温室を見学すれば、青森の温泉地方出身の生徒に、温泉を利用した温室栽培にここの温度や湿度を参照するように促す。北海道の開拓地の資料館で開拓構想の模型をみれば、岩手県の物産館では古い農具の展示しかないことを思い出し、ここに例えば理想的な農民住宅の模型を置けば、農民が明るい将来への目標を持つことができるのではないかと生徒と話し合う。修学旅行をとおして、花巻での生活が、いつもとは別の仕方で新たに捉え直され、どのような方向で改められるべきかが模索される。そうすることをとおして、見慣れたはずの生活が、新しい意味をもつこととなる。修学旅行そのものが、実生活を肯定し、よりよく生きる展望を開く、ひとつの農民芸術となる。鶴見はそれを、旅行のプログラムの立案、旅行の目標の設定、生徒と一緒にする合唱、食事、散歩や雑談によって構成される、九日間のドラマという形をとった限界芸術として評価する。

宮澤は、花巻農学校に五年間勤務したあと依願退職する。続いてみずから設立した羅須地人協会は、健康上の問題が原因ではあったが、柳宗悦の上加茂民藝協団が二年で解散に至ったのよりもさらに短い、わずか七ヶ月で解消されることとなる。長くは続かなかったという点で、宮澤の努力もまた、一つの挫折であり失敗であったといわねばならない。しかし鶴見は、そうだとしてもなお、宮澤の限界芸術へのアプローチは、柳田や柳のアプローチ以上に評価されるべきだと考える。柳田による小祭の保存は、研究者としての実証主義的な価値観に導かれて現状を維持しようとする提案であった。柳は、批評家ゆえに、現状に対していささか傍観者的な態度をとるとともに、前近代的なものへの回顧的な憧憬を強く示していた。これに対して宮澤は、限界芸術の実践者として、現状に変革をもたらそうとする意志を強く示す。その意志のベクトルは、遠い未来へと向けられている。

未来に向けて構想される共同体は、もはや、前近代的な共同体のように特定の宗教によって束ねられるのではない。宮澤はいう。

> 近代科学の実証と求道者たちの実験とわれらの直観の一致に於て論じたい／世界がぜんたい幸福にならないうちは個人の幸福はあり得ない／自我の意識は個人から集団社会宇宙と次第に進化する／この方向は古い聖者の踏みまた教へた道ではないか／新たな時代は世界が一の意識になり生物となる方向にある／正しく強く生きるとは銀河系を自らの中に意識してこれに応じて行くことである／われらは世界のまことの幸福を求めよう　求道すでに道である。(25)

銀河系が、途切れることのない連続的な広がりであるように、共同体は、個人から人間の全体へ、さらには、その全体が生きる場としての宇宙の全体にまで、一元的に延長されていく。このような共同体の構想が、多分にユートピア的であるという批判は否めない。だが、われわれにとって重要なのは、そこで、未来を強く希求する精神が、共同体を束ねる原理として力強く働いている点である。そうした精神を生みだし育む実践が、宮澤の目指した農民芸術であり、鶴見はそこに、限界芸術のアクチュアルな意義を求めようとしたといえよう。

3　周縁からの出発
――ノン・テクニカルな芸術――

以上の議論をふまえたうえで、限界芸術の可能性ついて若干の考察を加えておきたい。

芸術の周縁に位置する限界芸術は、技術的な修練を必要としない。もちろん、作業歌を歌い盆踊りを踊ること自体が、すでに一つの技術であるし、祭りにはなんらかの作法が求められる。だが、それらはいずれも高度なものではない。誰もが作り手になれるからこそ、それらは、何世代にも渡って伝承され、受け継がれてきた。かつての茶人たちがみいだした雑器にしても、それは、洗練された技術の産物などではなく、柳が「下手もの」と評したように、むしろ歪みをもつ。宮澤が生徒たちのために作曲した歌は、詩人の本郷隆が「いい意味でも悪い意味でも〈プリミチブ〉という言葉のあてはまるもの(26)」と評するとおり、西洋近代の楽曲を基準としてみたときの稚拙さに、その特色を持つ。芸術という概念は、周知のとおり、そもそもは技術を意味するギリシャ語・テクネーに由来する。そうだとすれば、限界芸術には、ギリシャ以来のテクネー＝モデルの芸術とは異なる、別の可能性が潜在しているといえよう。

技術を必要としない、いわばノン・テクニカルな傾向は、今日の、参加型のワーク・ショップやプロジェクトのなかにも見て取ることができる。とりわけ興味深いのは、そこで、人間が生きていくなかでもっとも基本的な営みの一つである食事の行為に注目が集まっている点である。都市部で開かれるワーク・ショップには、カフェでの飲食という形式を採るものが少なくない。瀬戸内国際芸術祭二〇一〇や越後妻有トリエンナーレなどの、過疎化する地方を舞台とするアート・フェスティヴァルでは、土地の主婦が賄う食堂のプロジェクトが話題となる。そもそも食事という行為は、家庭、町内会、職場、結婚式、葬式など、生活における様々な局面で、その都度、なんらかの意味を生みだす。共に食すことが、すでに一種のコミュニケーションとして機能しうることは、恋愛や異文化体験において誰もが経験していることであろう。食事は、生存を維持する生物学的な手段であると同時に、人間としての「生きる術／生き方 the art of life」にほかならない。

ただし、食事の行為のような「生きる術」が、限界芸術として成熟するのには、大きな困難が伴うといわざるをえない。生活においてすでに慣れ親しみ、それ以上の修練を必要としない事柄を、芸術として実践することは、技術的には容易い。だが、容易であるがゆえに、その実践は、濃密な経験としてなかなか高まっていかない。ここに、限界芸術の成り立ち難さがある。そうだとすれば、この困難を克服する突破口は、どこに求められるのだろうか。

例えば、二〇世紀のアヴァンギャルドらは、伝統や因習を拒否するための戦略として、技術を徹底的に放棄してみせた。未来派の集会で上演された、筋書きも練習も必要としないドタバタ劇や、なにも制作しないマルセル・デュシャンのレディ・メイドのオブジェは、伝統的なテクネー＝モデルの芸術概念を否定し、常識を覆す。そうした身振りは、観る者にショックを与え、日常の惰性的な意識の流れに裂け目を入れ、価値観の転換を強いる。アヴァンギャルドの戦略においては、激しい否定とそれがもたらすショックが、現状に変化を引き起こす装置として否応なく作用し、ものの見方の変換が迫られる。しかし、これとは対照的に、生活を肯定することに基礎を置く限界芸術は、現状に変化をもたらす装置など持たない。限界芸術を実践する者に求められるのは、生活のなかに着実に身を置きながら、よりよい生き方に向かって現状を飛び越えていく力、つまり、しなやかで強靱な想像力だといえよう。

4　生き方としての想像力
――結びにかえて――

想像力の問題は、今日では一般的には、倫理的な観点から語られることが多くなった。多様化し複雑化する現代社会のなかで、自己の直接的な経験の限界を超え、その外側にある他者の思いに触れ、それを自己の内部に深く刻み込み共感することは、ますます重要になっている。本来、異文化交流や政治は、成熟した想像力に基づく他者の理解のうえに成り立つ営みでなければならない。今日では特に、ユダヤのホロコーストや広島の原爆など、体験者が減少しつつある負の歴史の伝承とその記憶の分有をめぐって、想像力の必要性が叫ばれている。

芸術においてもまた、場所が担う過去をテーマとし、廃屋や閉鎖された学校に残る痕跡を、記憶の住処として呈示するインスタレーションが多くみられる。しかし、人間が、過去や伝統を担う責任から逃れることのできない生き物である一方で、未来を構想し、それに向かって生きることを許された存在であることも忘れてはなるまい。

さらにいえば、想像力は、過去を想起し未来を展望する時にのみ働くのではない。想像力とは、われわれの生きる日常や現状を、なにか別の可能性に向かって媒介するものにほかならない。その限りにおいて、想像力は、今をよりよく生きることに不可欠の能力であるといえよう。かつては芸術は、そうした想像力に媒介されて、人間の日常的な生と強固に結びついていた。芸術においては、日常のなかですでに慣れ親しんでいる論理とは別の論理が、リアリティをもって働いている。別の論理をもつがゆえに、芸術は、これまでの生活では気づかれることなのないまま奥深くに潜んでいたものを照らしだす力をもつ。芸術は、圧倒的な美をとおして、また、近寄りがたい崇高さをとおして、あるいは、不条理な悲劇のカタルシスをとおして、ときには、醜くグロテスクなものをとおして、さらにはペーソスを含んだ笑いをとおして、有無をいわさぬ説得力で、日常とは別の可能性に向かって人々の想像力を跳躍させるとともに、日常の奥深くに潜むものへと再び人々を投げ返した。人々は、想像力を媒介にして、日常と日常を越えた領域とのあいだを力強く、しなやかに往復し、豊かな広がりとしての「現在」を生きていた。

しかも、こうした芸術経験は、個人で気ままになされるのではなく、多くの場合、共同体の行事において、集団で、感情の高揚を伴いながら、儀式的に、祝祭的になされていた。限界芸術に数えられている日本の祭りも、本来、このような類の実践であったはずであろう。それは、日常生活から屹立した濃密な経験である一方で、それまでの生活をとおして沈殿したものを洗い流すカタルシス効果を発揮し、より健全な日常を再びもたらす。

本来的な共同体が解消してしまった今日、われわれが芸術——とりわけ限界芸術——に求めることができるのは、擬似的で暫定的な共同体の仮構などではなく、生き方としての想像力を鍛え育む機能なのではなかろうか。

註

(1) 大衆とは、少数のエリートの対極に位置しながら社会の大部を占める、不特定多数の人々のことを意味する。産業革命以降の資本主義社会では、このような大衆が大量に都市に流入し、時代の通俗的な価値観を決定づける主体となっていった。「エリート」vs.「大衆」という図式をとおして近代という時代を読み解く思想の系譜として、F・ニーチェの『反時代的考察』(一八七六)、J・オルテガ・イ・ガセーの『大衆の反逆』(一九二九)、W・ベンヤミンの『複製技術時代の芸術作品』(一九三六)、M・ホルクハイマーとTh・アドルノの共著『啓蒙の弁証法』(一九四七)などを挙げることができよう。そこでは、大衆が社会の主体となる現状が厳しく批判されるとともに、そうした大衆が、無自覚で通俗的な存在に留まることなく、文化の改革を担う能動的な存在へと転じていく可能性が探られる。「エリート」vs.「大衆」という対立図式念は、「ハイ・カルチャー」vs.「ロー・カルチャー」、「メイン・カルチャー」vs.「サブ・カルチャー/カウンター・カルチャー」などの図式へと敷衍され、近代の文化のコードを形成することとなる。

(2) 芸術にとっては異質とみなされてきたものを、積極的に表現のなかに引き入れようとする動きは、すでに、一九一〇年代のM・デュシャンのレディ・メイドのオブジェや、一九五〇年代から七〇年代にかけてのポップ・アート——例えば、映画スターのブロマイド写真や商品のパッケージ・デザインを流用した、A・ウォーホルのシルク・スクリーン——に認められよう。そこでは、しかし、芸術と生活との具体的な関連づけが目指されたわけではない。レディ・メイドのオブジェやポップ・アートが意図したのは、伝統的な芸術観を徹底的に否定することによって芸術概念そのものを根底から問い直すことであった。それはすなわち、都市生活に流布する低俗なものを取り込むというラディカルな身振りを示しながらも、みずからの純粋芸術としての立場はなんら損なうことなく、巧妙に企てられた、芸術のコンセプチュアルな変革にほかならない。一方、八〇年代以降の芸術によるサブ・カルチャーやカウンター・カルチャーの参照——例えば、村上隆によるフィギュア作品の大量生産や、そのフィギュアを市場に参入させる手法——では、参照するものと参照されるものの差異、つまり、芸術として造形されたイメージと生活空間に流布するイメージとの差異が明確ではなく、何が芸術で何が生活なのかの区別が無化され、芸術概念そのものが曖昧化する傾向にある。この点に、レディ・メイドのオブジェやポップ・アートと八〇年代以降の芸術の違いがある。

（3）Arthur Danto, *After the End of Art*, Princeton University Press, 1997, p. 47.

（4）Cf. Arthur Danto, "The Artworld", *The Journal of Philosophy*, Vol. 61, No. 19, American Philosophical Association, 1964, p. 571-584.

（5）ピエール・ブルデューは、美術館の来訪者の調査に基づき、共著『美術愛好――ヨーロッパの美術館と観衆』（ピエール・ブルデュー、アラン・ダルベル、ドミニク・シュナッペー著、山下雅之訳、木鐸社、一九九四年、原著は一九六九年）で、美術館が誰に対しても開かれた在り方をしているわけではなく、一部のインテリ層にのみ妥当する枠組みを必然的に設定する機構であることを明らかにした。

（6）鶴見俊輔「芸術の発展」（初出は、『講座・現代芸術』第一巻　芸術とはなにか、勁草書房、一九六〇年）『鶴見俊輔集　6　限界芸術論』筑摩書房、一九九一年、三―六〇頁に再所収。

（7）同書　六頁。

（8）主なものとして、『限界芸術論』勁草書房、一九六七年／『限界芸術』講談社学術文庫、一九七六年／前掲書　の三冊が挙げられる。

（9）福住廉『今日の限界芸術』BankART1929、2008年を参照。

（10）粟谷圭司「限界芸術論からのメディア文化史――鶴見俊輔、フォーク音楽、ローカル文化」慶応義塾大学メディア・コミュニケーション研究所紀要　No. 61　二〇一一年、一七三―一八二頁を参照。

（11）池井望「比較限界芸術論」（『日本文化の社会学』〈岩波講座：現代社会学　23〉井上俊・上野千鶴子ほか編、一九九六年、一六七―一八七頁を参照。

（12）エルンスト・グローセ『芸術の始原』安藤弘訳、岩波書店、一九三八年（原著は一八九四年）を参照。

（13）ヨハン・ホイジンガ『ホモ・ルーデンス　人類文化と遊戯』高橋秀夫訳、中央公論社、一九六三年（原著は一九三八年）を参照。

（14）鶴見俊輔『鶴見俊輔集　6　限界芸術論』、一一頁。

（15）柳田国男「民謡覚書」一九三五年（『柳田國男全集　第18巻』筑摩書房、一九九〇年、七―三〇八頁に所収）を参照。

(16)　柳田國男「蝸牛考」一九二七年（『定本　柳田國男集　第18巻』筑摩書房、一九六二年、一一―一一〇頁に所収）を参照。
(17)　柳田國男『日本の祭』角川書店、一九五六年を参照。
(18)　柳宗悦「茶道を想う」一九三五年（『茶と美』講談社、二〇〇〇年、一三八―一六〇頁に所収）一四五頁。
(19)　柳宗悦「工藝の協団に関する一提案」一九二七年（『民藝四十年』岩波文庫、一九八四年、一二六―一四〇頁に所収）を参照。
(20)　宮澤賢治「農民芸術概論綱要」一九二六年（『宮沢賢治全集　第十二巻（上）』筑摩書房、一九六五年、九―一六頁に所収）。
(21)　同書　一一頁。
(22)　同書　一三頁。
(23)　同書　一三―一四頁。
(24)　宮澤賢治「修学旅行復命書」一九二四年（『宮沢賢治全集　第十二巻（下）』筑摩書房、一九六六年、一三〇―一三五頁に所収）。
(25)　宮澤賢治「農民芸術概論綱要」一九二六年、九頁。
(26)　本郷隆「宮沢賢治の『音楽』と歌曲について」一九五八年、（『宮沢賢治研究』草野心平編、筑摩書房、一九五八年、一五〇―一五六頁に所収）一五三頁。

5 「ひとは誰もが音楽家」
――中国・ドイツの「文化交換」の発想生まれる――

岡林　洋

1　侗族小黄村の生業音がヒントに

はじめて中国の少数民族、侗族の音楽文化の拠点である小黄村を訪れた時（二〇一二年一一月）には、ある意味手の込んだ方法論で中国とドイツの文化を相互交流させるつもりなどなかった。また侗族の小黄村の生活がこれほど音楽、歌に満ち溢れているとは思わなかったので、正直に言ってこれをどう考察すればよいのか頭をかかえてしまった。どのような美学的、音楽学的学問方法を用いようとも、この村で起こっていることを捉えることは不可能だと思ってしまった。しかし案外ヒントとなるものは、意外な所にころがっているもので、音楽や歌とは直接かかわりを持ってはいない、村のあちこちから聞こえてくるある生活音に私は引きつけられたのである。

この生活音は何か。家の軒下で「コンコンコンコン」と木槌を打ちおろす音である。どうやらそこでは村人たち特に女性の生業である侗族民族服作りが行われていて、その途中の藍染の綿布作りの過程で木槌の音がしているらしい。侗族の女性が二人ひと組で向かい合って、藍色に染められた綿布に木槌を振り下ろす（皮をなめす場合も同じことをやる?）際に聞こえてくるこの軽やかな音は、メトロノームのそれを思い出させるものである。しかしメトロノームの二百を超える、その意味で西洋音楽には早過ぎて使えないテンポが速すぎる。

しかし小黄村の二人は決してバラバラに綿布を打っていない。互いに呼吸を合わせていて、交互に打ちおろされる二人の槌音はとても一人では出せないものであり、そのテンポは早すぎもせず、また遅すぎもせず、間延びもしていないではないか。この生業音としての藍染生地に対して打ちおろされる木槌の小気味よい響きを耳にしながら、村民のほとんどは大合唱に参加するために場所を移すのだなあ、彼女たちや彼らが声を溢れ出させるお待ちかねの千人大歌のはじまりはもうすぐだなあと、その場を足早に立ち去ったときである。どこかから仕事歌が流れてくる街角の情景が甦ってきた。金槌の振り下ろされる音も一緒に聞こえてくる場面が思い出されたのである。すぐさまそれが《ニュルンベルクのマイスタージンガー》であることは直観できた。それからかなり時間が経過したころであったが、小黄村とニュルンベルクの音楽文化どうしを「文化交換」の対象にはできないものかと考えはじめた。

2　試行錯誤される「文化交換」の方法論

ある文化・芸術現象解釈について従来から定評のあった方法論が形骸化してしまい、その現象から、もう新たに何も発見できなくなってしまうことを我々は幾度か経験してきた。そういう方法論に浴びせられる批判のひとつに「その取り上げ方、研究方法は文化相対主義に陥ってしまっているのではないか」というものがある。その批判の矛先は、この方法が民族社会を外部からは作品や現象に対して口出

侗族小黄村の民家軒下から聞こえる木槌の音

侗族鼓楼壁絵　木綿糸を紡ぐ

侗族村民生業過程
藍染染料作り，民族服生地の染め，服地売買

しできないような閉鎖的王国に変えてしまった点や、その王国の内部でも内部と外部との間にも美的価値の差異と優劣を問うことを忘れてしまっている点に向けられている。

カルチュラル・インターラクティヴ・エステティックス（文化双方向的（文化交換）美学）は、異なる地域の交換される文化事例をまず選び出さなければならないが、選び出された事例の数はまだ少ない（私自身の台湾原住民ルカイ族のアートと日本のオタクカルチャーを文化交換の事例とした論文「二つの日常生活のアート間の文化交換」、さらに中国侗族小黄村とドイツのニュルンベルクの音楽文化を考察対象とした論文「文化交換の美学――ドイツ・中国両文化圏における歌への疎外を事例として」の二点が本書の中で公表されている）。この方法の吟味もまだこれからであるが、ドイツのフランクフルトは「文化交換」特区とでもいうべき地域である。世界文化博物館の企画展のカタログには「トレイディング・スタイル」のコンセプトが記述されている――「歴史上の民族誌的人工物を現代の営みと新たに関連させ、人類学に現代アートとファッションを結合して我々はミュージアムのコレクションの展示物を、専門家と同様に広く大衆にとっての新たなる知の内容の源泉となる素材として理解したい」。これらの言葉は、これから行おうとしている中国南部の侗族の小黄村の歌文化を中世ドイツのニュルンベルクの「マイスタージンガー（職匠歌手）」の歌文化の文脈から解釈せんとしている我々にとってすこぶる役に立つ。

ここでいう「文化交換」の方法論の仕組みを説明しておく。図を参照されたい。Aの地域にはaという文化（音楽）が根付いている。aを育てたのは、Aであり、生活環境、文化文脈、学問方法論などを意味する。そのaをAから一旦抜き出し、異国のBという地域に移植するのが文化交換の前半である。さらに後半でB地域にもとからある文化（音楽）bをA地域に移植させ、両地域間において文化を交換させる。Aにあったものを B に行かせ、Bにあったものを Aに行かせるとは、ミスマッチになることを覚悟の上であえてやってみるのであるが、ここで疑似文脈とか疑似環境、疑似的方法論という言葉がその際に必要になるので言葉の意味を説明しておきたい。A地域に移植させられたbには、A地域でかつてaを研究するための方法論や文化文脈が再び提供されることになるが、それはあくまで疑似的方法論

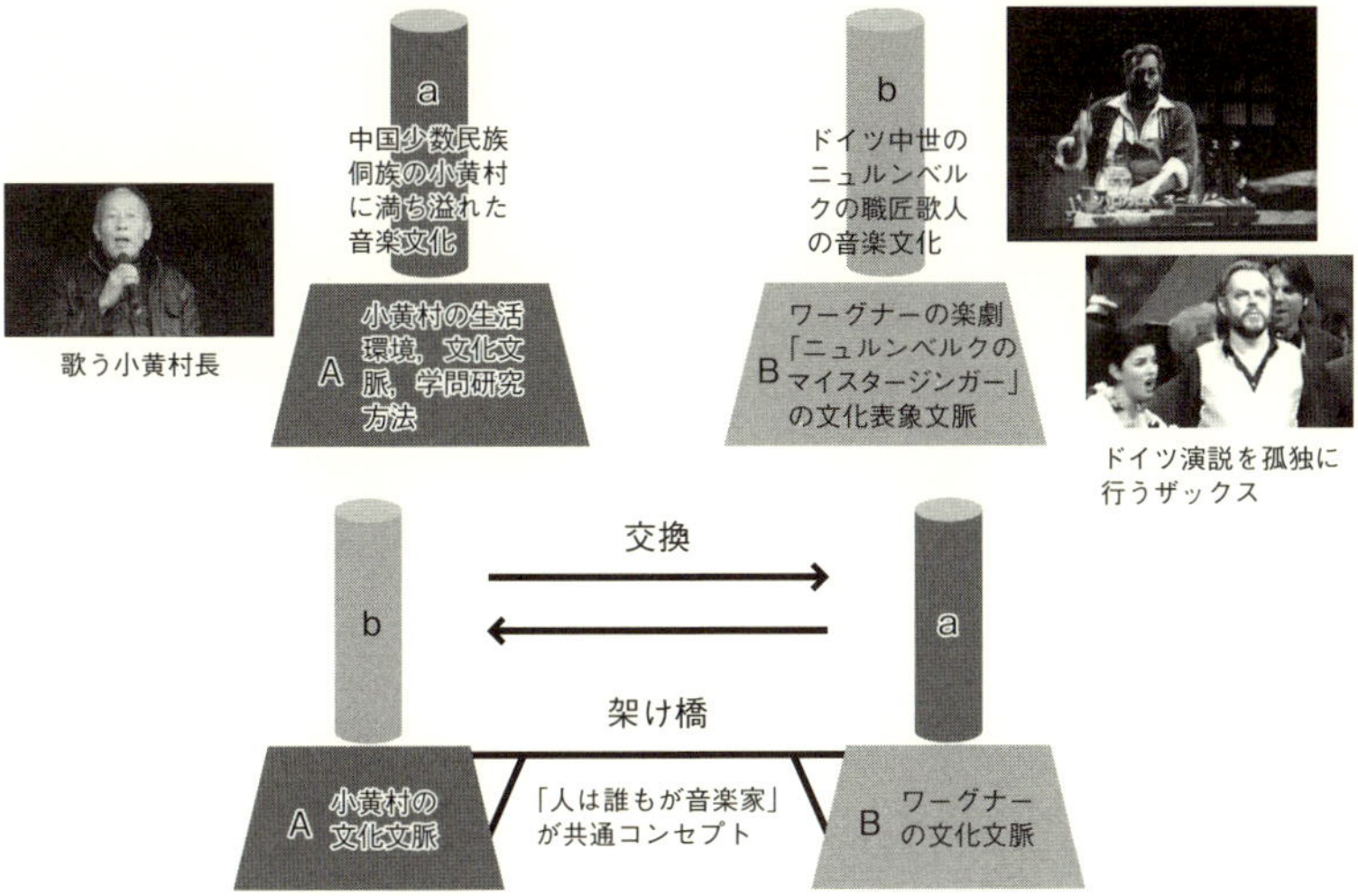

歌う小黄村長

ドイツ演説を孤独に
行うザックス

中独二つの文化事例の「文化交換」

や文脈である。本来そうでない方法論や文脈を今仮に新参者の解釈に使ってみるのである。古典的美学理論がやるやり方でいうと、カントによれば大自然の脅威が我々観照者の生命に危険が及ばない場所がから構想力の作り出される疑似恐怖の感情となったとき、それは崇高という一種の美的感情となる。

たとえば今回の話では中国貴州省の侗族小黄村に満ち溢れている歌の事例をドイツの中世の職匠歌手の文脈まで引っ張ってくるが、カントのいう大自然の脅威を構想力の対象とするのと同じで、一種の美的現象として小黄村の歌を扱うのである。その際逆にドイツ中世から中国南部へと移植させられるものも出てきて、侗族の歌文化が逆にニュルンベルクの職匠歌手の文化文脈になったりもする。両文化地域をつなぐ架け橋、二つの文化交換事例をつなぐ共通項がその場合に考えられなければならず、中国とドイツ、民族学とドイツロマン主義の文化交換にはもう一つの現代の眼が必要だということである。その架け橋というか、もう一つの眼が「人は誰もが音楽家」である。このコンセプトが両文化をつなぐ共通項であり、同時に現代の眼ということになる。疑似文脈という考え方を使って現象を本来の故郷、民族文化ではなく、別の地域の文脈に移植する。現象には異国の地の文脈がたとえ疑似的にではあったとしても役に立つ役に立つので、外部の評価は適切に受けることはできており、文化相対主義に陥っているとの批判にさらされることがなくなる。

3　ワーグナー《ニュルンベルクのマイスタージンガー》が本研究にとっての先行研究

先に私は二国間での「文化交換」を思いつくより前のことであるが、そこに至るきっかけとなった現象が侗族の村の軒下から聞こえてくる木槌を打つ生業の音であると言った。中世ドイツの職匠歌手のハンス・ザックスのよく似た場面を求めて、現地ニュルンベルクに小黄村ではないが靴型をハンマーで叩く音が聞こえて来ないかという期待もあった。しかし結論から言えば現地を訪れてみて分かったことだが、これはワーグナーの楽劇のあの有名なザックスの仕事歌の場面でしか聞けないものであった。中世ドイツのニュルンベルクに生きていた職匠歌手の文化は、すでにワーグナーの楽劇では十九世紀化というか、ロマン主義化されている。我々が現在見ているのはその部分なのである。したがって結局のところ小黄村とニュルンベルクの両文化圏での「文化交換」は、一九世紀ロマン主義化による中世文化の表象を手掛かりにする他ないことが分かった。

ここではまずワーグナーの楽劇作品《ニュルンベルクのマイスタージンガー》（一八六七年完成、一八六八年初演）に描かれている職匠歌手とその代表ハンス・ザックスの表象をこれまでのドイツ中世の職匠歌人文化の最大で最も重要な研究成果と考えることから考察をはじめる。ワーグナーの作品をこの作曲家自身による職匠歌人についての研究の成果とみるのである。しかし他方で彼の楽劇の文脈がはたして中国の侗族の歌文化の疑似的文脈となりうるのかという疑問もわいてくる。あらかじめこのワーグナーの楽劇のメインストーリーは、私自身の研究の文脈とは正反対の道を辿って行くことになることをことわっておく。

楽劇での主要登場人物は、ニュルンベルクの職匠歌手の代表格ハンス・ザックスと彼と敵対するベックメッサー、それにミンネゼンガーもどきの外部から参入してきたユンカー（貴族）のヴァルターの三人であろうが、我々の中国の小黄村の歌文化の解釈に役立つのは、職匠歌手の方である。しかもワーグナーはこの職匠歌手の歌文化の文脈を二重構造にしているのではないかと私は考えていて、その点を十分に理解する必要がある。いうまでもなくハンス・ザックスは職匠歌手でありながら、ヴァルターの自由奔放な歌に理解を示しつつ忠告をも与え続け、最終的に職匠歌手の栄誉を彼に贈る。ちょうど両方の立場を橋渡しする役柄をハンス・ザックスは担っていたことになる。しかし私はこのことをもって理解するのが相当困難な職匠歌手文化の二重構造と呼んでいるのではない。またワーグナーにはこの楽曲作りのプロセスの一部で当時の彼にとって目障りな音楽批評家であったハンスリックに対して当てつけを行なったことが今日まで過大視されており、ザックス対ベックメッサーの構図の中に私のいう「二重構造」がかくされていることもほとんど見えなくなってしまっている。二人の対立をそのままハンスリックへの敵対構造と見なすことによって、興味深い職匠歌手の文脈が見えなくなってしまったのである。つまりザックスは職匠歌手文化の重要さが十分に分かっていたがゆえに忠告を職匠歌手の外の世界にいるヴァルターに対して行った。それと同じとは言わないまでも職匠歌手の内部の最も保守的な部分、それがベックメッサーなのだが、彼に対してさえザックスは有益なアドバイスを行なっている。それを私は二重構造と呼んでいるのである。しかしこのことについては、しばらくこの楽劇の内部を旅をした後で確認をした方がよい。

まずザックスが職匠歌手文化の外にいるヴァルターに行う忠告からみておこう。ザックスには「規則を無視せず、自由を求める」、「自分で規則を立て、それに従う」（Ⅲ－二）を強く主張させている。これに自由奔放な歌を歌ってきたヴァルターを従わせる。まるでカント美学の美の分析の「目的なき合目的性」や芸術に規則を与える天才の定義をザックスに言わせているようである。近代美学者の役割をザックスに担わせ、荒削りであった天才ヴァルターの趣味を洗練させ、最後にヴァルターに職匠歌手の栄冠が授けられる、これがヴァルターとハンス・ザックスによる二人三脚のサクセスストーリーである。しかし私の素直な感性で感じるところを正直に言えば、「自分で規則を立て、それに従う」という優等生のモダンな音楽家になったヴァルターの「朝はバラ色の光に輝き（Morgenlich leuchtend in rosigem Schein)」（第三幕　Ⅲ－二）は、最終的にこの歌で栄冠を彼は手にしたはずなのに、大いに退屈である。どこがよいのかと首をかしげたくもなる。そもそも第一幕（Ⅰ－三）で自由な創造の例として歌われた「はじめよ！　と春が森へ呼びかけると……」も含めて、ヴァルターの歌は退屈である。型破りな近代音楽であるはずなのに、したがって高く評価される歌のはずなのにこの始末である。作曲家は彼に退屈な曲しかプレゼントできなかったということであろうか。第三幕のヴァルターの歌には「シュトレンＡＡの歌いおさめを変えたのはマイスターたちに苦痛を与えるだろうが」とザックスは言葉を添えているが、私には彼の歌はすべて聴いていて苦痛であり、よっぽどあの形に縛られたと批判的に述べられているベックメッサーのセレナーデの方がましである。というよりベックメッサーのセレナーデは私にとってはこの楽劇の名曲ベスト三に入るくらいで、いつまでも心に残り、誰にでも楽しめるのではないか。少し不規則な発言になるが、私は誰でも規則を守れば歌えるという職匠歌手の立場を支持したいと思っている——この楽劇では、近代音楽、モダンアートへの方向が指し示しめされていると思われるヴァルターの歌自体に私はさほど興味がなく、歌が面白い、覚えやすい、私たちも簡単に口ずさめるなどの意味では職匠歌手（特にベックメッサー）の方のポップミュージック、歌謡曲的世界の方がお勧めである。

よく注意してみると、この楽劇の第一幕で徒弟の身のダフィトのいう彼の親方のザックスから教えられたという「極意」など、我々が中国での疑似文脈の一部として使えそうである。その「極意」は、小黄村の鼓楼内部に掲げられている壁絵に書かれていたとしてもさほど不思議なこととは思えない。この極意は職匠歌手が言ったことであるけれども、中国の歌師のそれだといっても少しもおかしくない——「靴作りも詩作りも、極意はひとつと教えられ、皮を打ってなめしながら母音と子音の発音を学び……」（Ⅰ－二）。もう一つ、職匠歌手流の歌の作り方で、小黄村においても使えそうなのが、「バール形式」という歌の旋律のパターン（シュトレンAを二つ、アプゲザングBの形式）である。またそれとは違うが職匠歌手が歌の部分的型紙のようなものも作っており（「調子」や「旋律」）、これも使える。ワーグナー自身がかなり細かいところまで調査しており、歴代の職匠歌手は「雲雀の調子」、「吠え犬の調子」、ザックス自身「バラの調子」を作っており、全部でこの「調子」には一四例があったという。「旋律」にも「ナハティガールの旋律」、「蛙の旋律」、「仔牛の旋律」など二二例があった（I－二）。これらは謎の多い侗族の歌の蝉の旋律の解釈にも使えるかもしれない。侗族の蝉の声を真似た歌に関してはその由来がよく知られていて、昔、木の下に坐っていた一群の若い男女の笑い声によって山の中の無数の鳥や虫が一斉に鳴き出し、彼らはそれを真似した「カジョ」（蝉之歌）などの多声部混声合唱が誕生した。これが最初の「侗族大歌」であると言われている。[1]私は二〇一二年の一一月にこの侗族の小黄村を訪れた際に別のシチュエイションではあったがこれを聞いた経験がある。《侗族小黄村千人大歌》を聴く一〇数分間の合唱の中でのことである。突然、蝉の鳴く声が合唱の形で聞こえ出し、そしてその蝉の声は十数秒で消えるのだが、その時これは世界中で侗族だけの野性的な歌唱法で特殊な例であり説明はできないものと受け止めていた。しかしそのような受け止め方は間違っていて、中世ドイツの職匠歌手たちにも、蝉はどうか分からないが生き物たちの鳴き声を歌に使うやり方のことはよく知られていたのであろう。親方たちは雲雀や蛙らの生き物の鳴き声をお手本の形にして徒弟たちに学ばせ、彼らの仕事場で、あるいはニュルンベルクの聖カタリーナ教会で開かれた歌学校の場で盛んに歌わせていたことも推測できる。実際には、ドイツ中世の動物の鳴き声がいかに旋律となり歌われたのかは、現在それを確認する方法がないのであるから、この中国とドイツの文化交換の手法を手掛かりに知る他ない。ドイツ中世の職匠歌手の世界でも「雲雀の調子」、「吠え犬の調子」、「ナハティガールの旋律」、「蛙の旋律」、「仔牛の旋律」などの生き物たちの鳴き声は侗族のように一斉に鳴き出すものなのだろうか。侗族の蝉の鳴き声なら金属的な響きを感じさせるが、ドイツではそれは生き物の自然な声を写実的に真似て歌うやりかたなのか、それとも声は抽象化されているものなのか、と改めてゆっくりと考えてみたいところである。

　中国の小黄村の歌文化の文化交換的な解明にとってもうひとつ別の疑似的文脈となるものをニュルンベルクから選び出したい。あのザックスの仕事場から聞こえてきたハンマー音がそれである。このハンマー音は、楽劇においてザックスが靴作りの仕事歌「イェールム　イェールム！　ハラハロヘー、オホー！……主なる神に楽園を追われたエファは……」で最初に使用されたものである。靴職人のザックスの靴を作りながらの仕事歌にハンマーで靴型を打つ音が入る。但しこの仕事歌に入って来るハンマー叩き音はあまりにも大きすぎて誰にとっても耳障りなはずである。しかしワーグナーはこの仕事歌でのハンマー叩きを最初は我々に耳障りな存在にしておいて、それを次第に音楽の世界の中に移して行く。ハンマー叩きを、後の重要な場面であるザックスとベックメッサーの歌のさや当ての場面（II-六）でまた、今度はその音に対してベックメッサーに「まさかハンマーに合わせて歌えとでも」と言わせるほど意味を持たせる。

ザックスにしてみればベックメッサーのセレナーデはどうしようもない規則に縛られた歌としか言いようのないものである。実は我々はワーグナーというとすごく真面目に聴かなければならないと思っているが、ベックメッサーのセレナーデでの韻の踏み方は、この喜劇中で最も大笑いできる箇所である。erscheinen の語尾に韻を踏んだ結果、次の行の einen をも歌詞の語尾にしてしまうが、このベックメッサーをみんなで笑ってあげて、よくぞそこまで笑いをとろうとしてくれたなと褒めてあげないといけない。笑えるほどしっかりと韻を踏んでくれていることを歌の欠点とするのでなく、ここでこそみんなで彼の歌に感謝して笑ってあげましょう。ここは喜劇作品の笑い所に違いない。

ザックスという人間もそうしゃくし定規にベックメッサーを完全につぶしにかかっていたわけではなく、面白い助け舟を出してやっている。ザックスのハンマー音は、ただベックメッサーのセレナーデの誤りを指摘することで終わらず、ベックメッサーの我々にとっては覚えやすい歌と曲の中へと入り込む。ザックスの軽快なハンマー音はベックメッサーの歌を次第に調子づけ、「拍子取り」をするようになると指摘されている。(2) ワーグナーはこの第二幕の場面において、ベックメッサーとザックスが二人でジャムセッションを行っているとさえ思われる場面を作っている。音楽学の専門の立場からすると、ザックスのハンマー音がベックメッサーの歌をリードするという話は単なるエピソードにしかすぎないであろう。ワーグナーは《ニュルンベルクのマイスタージンガー》の楽譜にザックスのハンマーを打ちおろす箇所に自らしるしを入れているが、世界各国での、またドイツ各地での作品の上演の際にはその回数に大きな開きがあり、ハンマー音の回数が二分の一ほどに減少する場合もある（ニューヨークのメトロポリタンでの上演会ではほぼ楽譜通りに対し、ベルリン・ドイチェオパーではおよそ半数に）。そのハンマー音の減少傾向の理由として音楽演奏の邪魔になるからという指摘もある。一方、小黄村の藍染生地をなめす時の木槌音は、同時に歌が入ることがなければ、それは単なる仕事の際に出ている騒音ではないかという指摘もある。

結びに代えて

ワーグナーは、自由な芸術創造へと突き進んで行く楽劇全体のストーリーとは別仕立てで、途中でこの楽劇自体からも脇道に逸れる小さなストーリーを考えていたのではないだろうか。これは私の単なる推測にすぎないが、その脇道はポップスやジャズさらに歌謡曲に進む世界に向かって延びており、この形式に従い規則通りにやれば誰でも歌ができる世界へと通じるはずなのである。

西洋音楽でいう叙事歌に属すものなのではないか、あの小黄村で聴いた侗族の鼓楼大歌、独唱、村長の歌う挨拶（村長の——《侗族小黄村千人大歌》の前日に開催された歌祭りでの——途中から歌に変わった挨拶のこと）のことを思い返してみてそう思った。またさらにこんなことも考えてみた。ひょっとすると、これらのメリハリのきいていない、歌っているのかしゃべっているのか判断のつかない侗族の歌であるが、そこには、我々には聞こえないある明確なテンポが流れていて彼らの歌を支えているのではないか。この我々には聞こえないが、侗族のメリハリのきかない叙事歌を安定させる明確なテンポというのが、あの村の各所から聞こえてきたこきみ良い侗族の生業の音だったのではないか。このテンポは彼らには聞こえているが、我々にはそれが聞こえないので、彼らの歌にはメリハリがないと感じるのも当然なのではないか。私は侗族の生業の中から聞こえてくる木槌音を複数の箇所で録音しており、その結果メトロノームの限界二〇〇を超えた早さであることが判明した。このテンポは西洋音楽には使えそうもないしろものであるが、このテンポを侗族たちの生活環境から生まれたものと考えれば、彼らの音感もまたそれによって日々研ぎ澄まされているはずである。八部合唱からなる千人大歌にも伴奏とか演奏が全く存在しないが、このテンポが大合唱を根柢で支えており、村の各所から流れてくるあの木槌音が、彼らの音感の生業即音楽の下部構造を形成しているように感じた。

註

（1）薛羅軍『侗族の音楽が語る文化の静態と動態』二〇〇五年、三九頁。

（2）『ワーグナー　ニュルンベルクのマイスタージンガー』三宅幸夫編訳、池上純一監修、日本ワーグナー協会、二〇〇七年、一一四頁。

主要業績
『美学と現代美術の距離』（東信堂，2004 年）
「ベニス・ビエンナーレは何をもたらしたのか」（岡林洋・大森淳史・川田都樹子編『アートを学ぼう　INVITATION TO ART THEORY』ランダムハウス講談社，2008 年所収）
「韓国―近現代美術の流れ」（林洋子編『近現代の芸術史　造形篇 II　アジア・アフリカと新しい潮流』幻冬舎，2013 年所収）

三 木 順 子（みき　じゅんこ）
1966 年生まれ
大阪大学大学院文学研究科博士後期課程
京都工芸繊維大学工芸科学部准教授
主要業績
『形象という経験』（勁草書房，2002 年）
『芸術展示の現象学』（太田喬夫・三木順子編，晃洋書房，2007 年）
「科学技術の時代の芸術における『想像力』の問題」（大森淳史・岡林洋・仲間裕子編『芸術はどこから来てどこへ行くのか』晃洋書房，2009 年所収）

学会，2012 年）
「チャップリンとカフカ――ベンヤミンにおける救済のイメージについて」（『文化学年報』第 61 号，同志社大学文化学会，2012 年）
「ベンヤミンの『パサージュ論』――「敷居学」の観点から」（岡林洋編著『パサージュ文化論』，晃洋書房，2011 年所収）

平山敬二（ひらやま　けいじ）
1952 年生まれ
東京芸術大学大学院美術研究科博士後期課程単位取得後満期退学
東京工芸大学芸術学部教授
主要業績
マルティン・ゼール『自然美学』加藤泰史・平山敬二（監訳）・阿部美由起・小川真人・菅原潤・高畑祐人・長澤麻子・宮島光志（訳）（法政大学出版局，2013 年）
「柳宗悦の民芸思想とその位置」，（神林恒道編『日本の芸術論――伝統と近代――』ミネルヴァ書房，2000 年所収）
「シラーの崇高論――カント美学の受容における異見的一局面」（雑誌『美学』第 153 号，美学会，1988 年）

越前俊也（えちぜん　としや）
1958 年生まれ
同志社大学大学院文学研究科博士課程
同志社大学文学部教授
主要業績
「クシシュトフ・ヴォディチコの《パブリック・プロジェクション》の変容とその意義」（『美学』第 226 号，美学会，2006 年）
「エルネスト・ネト――陰翳は礼賛されたか――」（『美術フォーラム 21』第 18 号，醍醐書房，2008 年）
「イサム・ノグチ《広島死没者慰霊碑》案――その制作期間と起源について――」（『文化学年報』第 62 輯，2013 年）

田之頭一知（たのがしら　かずとも）
1959 年生まれ
大阪大学大学院文学研究科博士課程中退
大阪芸術大学准教授
主要業績
「映画における“歌”の働き――木下恵介，市川崑，黒澤明の 3 作品を例に――」（『藝術』第 36 号，大阪芸術大学，2013 年）
「アリストテレス『自然学』における時間の概念――「〈より先・より後〉に関する運動の数」としての時間に関する試論――」（『京都精華大学紀要』第 39 号，京都精華大学，2011 年）
「映画音楽の 2 つのスタイル――オリジナル・メイン・テーマと既存曲の活用――」（『現代映画思想論の行方――ベンヤミン，ジョイスから黒澤明，宮崎駿まで――』（山田幸平編著，晃洋書房，2010 年所収）

竹中悠美（たけなか　ゆみ）
1964 年生まれ
大阪大学大学院文学研究科博士課程修了
立命館大学大学院先端総合学術研究科准教授

《**執筆者紹介**》（執筆順）

田 中 圭 子（たなか　けいこ）
1977 年生まれ
立命館大学大学院先端総合学術研究科一貫制博士課程満期退学
京都造形芸術大学アートプロデュース学科専任講師
主要業績
「抒情画とロマンキモノ」（『涼をよぶロマンキモノ展』，神戸ファッション美術館，2013 年）
「芸術としての人形――平田郷陽の挑戦――」（岡林洋編著『パサージュ文化論』，晃洋書房，2011 年所収）
「岡本神草とその周辺――初期作品を中心に」（大森淳史・岡林洋・仲間裕子編著『芸術はどこから来て，どこへ行くのか』，晃洋書房，2009 年）

アラン・スコット・ペイト（Alan Scott Pate）
1963 年生まれ
ハーバード大学東アジア研究所大学院修士課程修了
日本人形研究家
主要業績
“Kokeshi! History, Culture, Meaning,” Morikami Museum and Japanese Gardens, Delray Beach, FL, Spring 2013.
"Japanese Dolls: The Fascinating World of Ningyô," Tuttle Press, December, 2007.
"Ningyô: The Art of the Japanese Doll," Tuttle Press, June 2005.

是 澤 博 昭（これさわ　ひろあき）
1959 年生まれ
東洋大学大学院修士課程修了.
大妻女子大学家政学部児童学科准教授・博士（学術）
主要業績
『教育玩具の近代』（世織書房，2009 年）
『日本人形の美』（淡交社，2008 年）
『決定版日本の雛人形』（淡交社，2013 年）

清瀬みさを（きよせ　みさを）
同志社大学大学院文学研究科博士課程後期満期中退
同志社大学文学部美学芸術学科教授
主要業績
『人文学としての芸術研究』（法律文化社　2001 年）
「淀屋橋・大江橋の意匠設計図案懸賞競技の意義――橋梁による都市景観構築についての一考察――」（『文化学年報』第 61 輯，同志社大学文化学会，2012 年）
「都市美の創出と橋梁　――建築家・武田五一と第一次大阪都市計画事業」（『文化学年報』第 62 輯　2013 年）

村 上 真 樹（むらかみ　まさき）
1979 年生まれ
同志社大学大学院文学研究科博士課程（後期）修了
同志社大学助手
主要業績
「ヴィーナスとルシファー――ベンヤミンの仮象概念についての一考察」（『美学』第 240 号，美

《編著者紹介》

岡林　洋（おかばやし　ひろし）

1952年生まれ

大阪大学大学院文学研究科博士課程（後期）

現在，同志社大学文学部美学芸術学科，大学院文学研究科教授

主要業績

『シュライエルマッハーの美学と解釈学の研究』（行路社，1998年）

『美楽——恋心で楽しむ美学』（丸善出版，2003年）

『パサージュ文化論』編著（晃洋書房，2011年）

同志社大学人文科学研究所研究叢書 XLVII

カルチャー・ミックス

——文化交換の美学序説——

2014年3月30日　初版第1刷発行　＊定価はカバーに表示してあります

編著者の了解により検印省略

編著者　岡林　洋©

発行者　川東義武

印刷者　田中雅博

発行所　株式会社　晃洋書房

〒615-0026　京都市右京区西院北矢掛町7番地

電話　075(312)0788番(代)

振替口座　01040-6-32280

ISBN978-4-7710-2529-5

印刷　創栄図書印刷㈱

製本　藤原製本㈱